Le Vicomte DE CHAUNAC,
Lieutenant-Colonel du 9ᵉ Dragons.

VIES
DES GRANDS
CAPITAINES FRANÇAIS
DU MOYEN AGE.
—

TOME III.

Ire PARTIE.

SE VEND AUSSI CHEZ

CHARLES-BÉCHET, libraire, quai des Augustins, n. 57;
ANSELIN, libraire, rue Dauphine, n. 9;
GABRIEL DENTU, libraire, rue du Colombier, n. 3, et au Palais-Royal.

PROPRIÉTÉ DE L'AUTEUR.

IMPRIMERIE DE H. FOURNIER
Rue de Seine, n. 14.

VIES

DES GRANDS

CAPITAINES FRANÇAIS

DU MOYEN AGE,

POUR SERVIR DE COMPLÉMENT A L'HISTOIRE GÉNÉRALE DE LA
FRANCE AUX XIIe, XIIIe, XIVe ET XVe SIÈCLES ;

PAR ALEXANDRE MAZAS,

ANCIEN OFFICIER D'ÉTAT-MAJOR.

Ne quid falsi dicere, ne quid veri non audeat.
Cicero.

Dédié à Monsieur le Dauphin.

TOME TROISIÈME.

Ire PARTIE.

BERTRAND DUGUESCLIN,
CONNÉTABLE DE FRANCE.

———•◦◦◦•———

A PARIS,

CHEZ M. EUGÈNE DEVENNE, ÉDITEUR,
RUE GÎT-LE-COEUR, N° 12.

M DCCC XXVIII.

BERTRAND DUGUESCLIN,

CONNÉTABLE DE FRANCE.

AVERTISSEMENT.

Duguesclin, s'étant élevé d'un rang modeste à une haute fortune militaire, parut aux yeux de ses contemporains un personnage surnaturel, car dans le moyen âge ces exemples étaient fort rares; aussi a-t-on plus écrit sur son compte que sur celui de tout autre général. L'histoire la plus ancienne sont des mémoires en prose rimée, composés par un nommé Cuvilliers, du temps même du héros. En 1387 Jean d'Estouteville engagea un anonyme à mettre en prose cet œuvre poétique; Claude Ménard fit imprimer cette traduction en 1618. La rudesse du style en est telle, dit l'éditeur, *qu'une oreille médiocre ne la sauroit supporter sans nausée*. En 1660 Paul Hay Duchâtelet publia une Histoire de Duguesclin, dans laquelle il fondit les mémoires précédens, en y ajoutant des détails qui tiennent du merveilleux, sans s'appuyer d'aucune autorité. En 1692 parut un ouvrage intitulé: *Anciens Mémoires du quatorzième siècle, depuis peu découverts, contenant la vie du fameux Duguesclin, traduits par Jacques Lefèvre, théologal d'Arras. Douai, 1692*. On trouve dans ces mémoires des faits curieux; cependant ceux de Claude Ménard nous paraissent plus authentiques. Guyard de Berville puisa dans les deux pour composer, en 1767, une Vie de Bertrand. Le style diffus et trivial de ce livre en rend la lecture fatigante. Au reste, ces divers *Mémoires* et ces diverses *Vies de Duguesclin* ne font point de ce guerrier un grand homme, mais bien un être singulier, un matamor. Ils s'appesantissent sur les duels qu'il soutint, et ne disent presque rien de ses belles campagnes de Normandie, d'Espagne et de Poitou. C'est dans Froissard, dans les historiens anglais, dans Lobineau surtout, dans Dom Vaissette, dans les annalistes espagnols, Zurita, Ayala, Ortis, Ferreras, Mariana, qu'il faut juger Duguesclin; et alors on se convaincra qu'il fut réellement le plus grand général du quatorzième siècle. C'est à ces autorités respectables que nous avons eu recours pour tracer la vie de ce héros.

BERTRAND DUGUESCLIN,

CONNÉTABLE DE FRANCE.

LIVRE PREMIER.

Naissance de Duguesclin.— Son enfance.— Sa jeunesse.

La Bretagne est une péninsule dont les côtes ont à peu près trois cents lieues de contour ; sa position topographique s'opposa à la fusion des habitans avec les Romains qui les conquirent, et plus tard avec les Francs ; cette population ainsi isolée conserva sa langue, ses mœurs, son caractère particulier ; si elle ne profita pas des bienfaits de la civilisation, du moins n'en reçut-elle pas les vices, et conserva-t-elle ses vertus sauvages. Le pays offrait un aspect très-varié : on y rencontrait des villes populeuses et des contrées désertes ; sur les côtes, des terres d'une fertilité surprenante ; dans l'intérieur, des cantons entiers frappés de stérilité, de hautes montagnes granitiques et de vastes plaines, des rivières paisibles et des torrens impétueux, et au milieu de tout cela, des pierres brutes plantées symétriquement, restes mystérieux d'une croyance inconnue. On conçoit qu'entourés de la mer, de ses fureurs, et sans cesse en présence des grands phénomènes de la nature, les habitans de ces contrées devaient avoir une ame plus fortement trempée que ceux de la tranquille Beauce ou de la riante Touraine.

Le caractère était aussi diversifié que le sol ; d'abord la Basse-Bretagne, c'est-à-dire la moitié du promontoire, parlait un langage inintelligible pour tous ceux qui ne le savaient point en naissant ; cet idiome très-âpre se subdivisait en quatre dialectes, de Vannes, de Quimper, de Léon et de Tréguier. Le vulgaire attribuait un vice particulier aux habitans de chacun de ces quatre évêchés (1).

La population de la Basse-Bretagne se com-

1. On trouve le proverbe suivant dans le Dictionnaire français et breton du père Grégoire de Rostremen, imprimé à Rennes en 1732, article *Vannes* :
Diocèses de
Vannes, *Sod evel ur Gwennedat*...Sot comme un Vannetais.
Quimper, *Brusk evel ur C'hernevat*..Grossier comme un Cornouaillais.
Léon, *Laer evel ur Leonard*.....Voleur comme un Léonard.
Tréguier, *Traitour evel ur Tregheriad*....Traître comme un Tréghérois.

Ce dicton a souvent occasioné des rixes dans les foires et dans les marchés.

posait d'hommes extrêmement courageux ; comme dès leur enfance ils s'accoutumaient à braver les périls au milieu des écueils dont leurs rivages étaient semés, ils méprisaient les dangers et prenaient de bonne heure des habitudes martiales; la vue d'une arme les faisait tressaillir, ils la saisissaient avec transport et la brandissaient violemment. Duguesclin, Clisson, Arthur de Richemont, les plus grands capitaines du moyen âge, sortirent du duché, et cette particularité n'a rien de surprenant, car les Bretons semblaient être nés pour la guerre : robustes, patiens, sobres, quand la nécessité le commandait ils supportaient sans murmurer les fatigues les plus dures ; ils cachaient sous des formes apathiques un esprit aussi fin que délié et surtout une impétuosité de caractère dont l'explosion était terrible; les revers, loin de les décourager, leur donnaient de la ténacité, et les succès exaltaient leur imagination à un degré extrême. Ils avaient les goûts des peuples sauvages, aimant passionnément le jeu, la danse et les liqueurs fortes; ils en avaient également les mœurs dures et cruelles, mais la religion en corrigea la rudesse sans l'effacer entièrement, et si les Bretons n'eussent pas été chrétiens, ils ne seraient jamais devenus sociables.

On les taxait d'entêtement, parce qu'on les voyait rarement varier dans leurs affections ou dans leurs déterminations ; une pareille ténacité tenait sans doute à cet esprit national dont les Armoricains de tous les âges se montrèrent animés : aujourd'hui encore l'hermine bretonne apparaît en tout lieu comme l'emblème d'une même famille, on la considère avec enthousiasme ; les siècles, les malheurs et les changemens d'institutions, n'ont pu altérer ce sentiment : exemple unique en France !

Les femmes, qui dans bien des sociétés diffèrent totalement des hommes, en Bretagne avaient avec eux une similitude parfaite ; elles déployaient dans les occasions difficiles le même courage et la même énergie : ces qualités s'alliaient parfaitement aux graces de leur sexe, graces dont le ciel se montrait fort prodigue envers elles.

Les habitans des territoires de Rennes et de Nantes participaient davantage, quant aux mœurs et aux coutumes, de la France dont ils parlaient la langue ; aussi différaient-ils au moral comme au physique des Bretons du promontoire ; ils avaient une taille moins élevée, une humeur plus paisible. Malgré cet esprit national dont toute la Bretagne paraissait animée, cependant est-il certain qu'il n'exista jamais en aucun lieu autant de rivalités particulières que dans celui-ci ; sept à huit grandes familles, véritables tributs, couvraient le duché de leurs immenses rameaux et enfantaient des intérêts qui se choquaient violemment.

Ces Bretons, si divisés par les usages, par les costumes, par le langage, et même par les institutions politiques, avaient deux points de conformité qui paraissaient sensibles depuis Ingrande jusqu'à la pointe du Finistère, et depuis le Croisic jusqu'au cap Sainte-Anne, c'était la ferveur religieuse et une loyale franchise, qui ne permettait pas que la bouche avouât ce que le cœur désapprouvait. Cette loyauté qu'ils portaient dans tous les actes de la vie privée, jointe à un courage indomptable, suffisait, nous le croyons, pour les distinguer de tous les autres peuples ; aussi la nation bretonne brilla-t-elle dans le moyen âge d'un éclat qui ne fut jamais obscurci. Duguesclin, dont la Bretagne fait son orgueil, à qui les principales villes du pays ont élevé des statues, fut celui qui contribua le plus à sa gloire.

Les historiens ne s'accordent pas sur l'époque de sa naissance : l'opinion la mieux établie est celle qui le fait naître en 1320, au château de la Mothe-Broon, à dix lieues de Rennes, dix de

Lamballe et six de Dinan. On conserva longtemps la chambre où sa mère lui donna le jour ; ce monument historique a subi le sort de bien d'autres que la reconnaissance avait consacrés : il a disparu, et maintenant à peine peut-on distinguer la place que le château de la Mothe-Broon occupa dans le quatorzième siècle (1).

Il est certain qu'avant les croisades les ancêtres de Bertrand ne tenaient point un rang très-distingué dans la noblesse de la Bretagne ; diverses expéditions d'outre-mer les illustrèrent en les ruinant. Cette famille supporta sa mauvaise fortune avec dignité. Quelques alliances l'avaient déjà un peu relevée, lorsque Renaud, père de Bertrand, répara les pertes que sa maison avait essuyées, et lui donna un nouveau lustre par son mérite personnel ; il épousa Jeanne de Mallemains, châtelaine d'une beauté rare ; il eut de ce mariage trois garçons et six filles. A la fin de

(1) Ce château était situé hors de la petite ville de la Mothe Broon, à droite sur la route de Lamballe; les fossés étaient remplis de l'eau venant de la petite rivière d'Arguenon : on ne voit aujourd'hui que les restes des fondations; une allée d'arbres dessine le quarré des remparts. On a quelquefois confondu mal-à-propos ce la Mothe-Broon avec le bourg qui porte le même nom, et que l'on trouve sur la route de Vitré.

1320, la dame de Mallemains mit au monde son aîné, le héros dont nous écrivons la vie. Bertrand de Saint-Pern en fut le parrain. La naissance d'un fils dans une famille noble causait beaucoup de joie ; c'était l'héritier du nom et de la gloire de ses aïeux : l'on cherchait à lire d'avance dans ses traits, dans sa conformation, les indices de sa grandeur future. On peut juger du désespoir du père et de la mère de Bertrand, quand ils le virent d'une laideur si repoussante que l'amour maternel lui-même ne pouvait se faire illusion. Le temps, loin de diminuer cette laideur, ne fit que la rendre plus sensible. La chronique de Mesnard le dépeint de la manière suivante : « Il étoit laid en façonnet et mal gracieux, n'étoit plaisant ni de visage ni de corsage, car il avoit le visage moult-brun et le nez camus, et, avec ce, étoit rude de taille de corps, rude aussi en maintieng et en paroles, et pour ce, son dit père et sa dite mère desiroient sa mort. »

Nous ajouterons à ce portrait que Bertrand avait les yeux vairons et à fleur de tête, le front renversé en arrière, ce qui rendait son nez saillant quoiqu'il fût court ; son cou, très-gros, était penché à gauche et donnait à son buste une raideur désagréable ; il avait les bras fort longs et les mains petites et blanches, les épaules très-larges ; sa taille était moyenne ; l'ensemble de sa personne, quoique désagréable au premier aspect, annonçait une force extraordinaire (1).

A peine Bertrand fut-il né qu'il devint l'objet de l'aversion générale dans la maison de son père, dont la famille s'augmenta bientôt de deux autres fils aussi beaux que leur frère était laid ; on éloigna donc l'aîné en l'abandonnant aux soins des domestiques, qui, réglant leurs sentimens sur ceux de leurs maîtres, ne se piquèrent pas de respect pour un enfant qu'on semblait rejeter. Les mauvais traitemens irritèrent le jeune Bertrand, son caractère s'aigrit; *il devint*, dit la chronique, *méchant, rude, malotru et de mauvaise jeunesse*; toujours refrogné, tapi dans un coin, prêt à se ruer sur ceux qui paraissaient le regarder avec mé-

(1) Lorsqu'on viola les tombeaux de Saint-Denis, plusieurs personnes, aussi zélées que courageuses, s'introduisirent dans les caveaux avec l'espérance d'avoir quelques débris de ces tristes dépouilles. C'est ainsi que l'on prit avec du plâtre l'empreinte du visage d'Henri IV. On fit la même chose sur la face de Duguesclin, mais celui qui s'en acquittait, pressé par le temps, ne put en lever que quatre épreuves; nous en avons vu une à Brest, chez M. de Freminville, officier supérieur de la marine royale et savant antiquaire.

pris, il se vit obligé de se garantir des attaques continuelles des gens de la maison; mais il ne tarda pas à se sentir capable de repousser les outrages, et bientôt il en vint à punir les domestiques de leur insolence : ceux-ci, se croyant soutenus, lui ripostèrent; il s'ensuivit une sorte de lutte perpétuelle qui lui faisait passer les jours à battre et à être battu : telles furent les premières années de celui qui, par son courage, devait être un jour le vengeur et le soutien de la France.

Tout est précieux dans un homme comme Duguesclin ; les moindres détails ont un intérêt puissant, c'est ce qui nous fera pardonner de nous appesantir un peu sur les premiers temps de sa vie. Il sortit enfin de sa tendre enfance pour entrer dans l'âge où l'on reçoit les premières leçons ; on lui donna un précepteur, mais ce soin fut inutile, au bout de quelques jours, l'élève força le maître à s'enfuir (1). Cette indocilité attira sur le coupable la juste sévérité de sa mère, qui le bannit de sa table et le fit

(1) Guillaume de Saint-André, romancier du quatorzième siècle dit :

Que le heirs Bertran ne se laissait doctriner
Ançois vouloit son maître et ferir et frapper.

loger dans une chambre séparée comme un enfant intraitable et qu'il fallait abandonner.

Le jeune Bertrand atteignit sa onzième année ; on le crut amendé, et on lui permit un jour de fête (l'Assomption) de reparaître au dîner de famille : il était d'usage, dans les maisons bien réglées, de mettre les enfans à une petite table, touchant presque celle des parens ; on plaçait les fils du châtelain par rang d'âge, de manière à ce que les aînés se trouvassent assis dans le bout le plus rapproché de la grande table. Bertrand vit avec dépit qu'on n'avait pas observé à son égard l'usage établi ; en effet, il se trouvait relégué à l'autre extrémité, tandis que ses frères et ses sœurs se serraient auprès de leur mère, qui les servait les premiers. Il resta quelque temps immobile sur son siège ; mais enfin, ne pouvant plus se contenir, il se leva furieux et vint déclarer à ses frères, qu'étant leur aîné, il avait le droit d'être servi avant eux ; les autres enfans, qui le redoutaient, lui cédèrent la place au plus vite, et Bertrand vint hardiment s'asseoir non loin de sa mère, qui n'avait pu s'empêcher de sourire en le voyant revendiquer aussi énergiquement son droit d'aînesse. Mais bientôt Bertrand porta la main à tous les plats, et mit le service en une telle confusion, que la châtelaine fut obligée de le renvoyer. Le jeune homme obéit d'abord, mais il revint en courroux peu d'instans après ; il saisit la petite table et la renversa violemment sur ses frères et sœurs. Une pareille conduite allait lui attirer une punition exemplaire ; déjà les gens de la maison avaient voulu se saisir du coupable, qui se débattait vigoureusement entre leurs bras, lorsqu'on annonça une abbesse, parente de la dame de Mallemains. La religieuse, étonnée du désordre qui régnait dans l'appartement, aperçut, dans un coin, Bertrand, encore tout ému de la terrible scène qui venait de se passer, et tenant le bâton dont il était toujours armé. Elle n'eut pas de peine à deviner que ce jeune garçon était la cause de cette agitation ; elle l'attira à elle en le flattant. Duguesclin se laissa amener, traînant derrière lui la gaule dont il ne se dessaisissait jamais ; ses vêtemens étaient en désordre : il avait perdu une de ses chaussures en se débattant contre les domestiques. La religieuse le considéra long-temps, et parut frappée de sa tournure vigoureuse et de l'air énergique qui dominait dans toute sa personne. Devinant qu'on l'avait aigri mal à propos, elle essaya de le gagner par des procédés plus bienveillans, mais la dame Duguesclin l'en détourna en pleurant. « Vos soins sont inutiles, dit-elle, c'est le plus méchant enfant du pays, il fait ma désolation : il s'échappe de la maison, attaque tout le monde; il est toujours battant ou battu; son père et moi nous voudrions le voir mort. » La douleur de cette pauvre mère toucha l'abbesse, qui la consola de son mieux : c'est sans doute dans cette intention qu'elle dit : « Je veux tirer l'horoscope de mon jeune parent. » (La chiromancie était de mode.) Elle prit la main de Bertrand, que la curiosité rendit attentif; et après en avoir considéré les linéamens, elle s'écria : « Je vois que cet enfant deviendra un homme très-remarquable, et qu'il fera des choses surprenantes; il sera l'honneur de sa race et de sa patrie! — Je n'en crois rien, dit alors le maître-d'hôtel, qui était resté dans la salle avec les autres gens de la maison, car c'est le plus mauvais garnement de la contrée; certainement il restera tel. » Ces paroles indiscrètes confirmèrent l'abbesse dans l'idée que toute la maison se plaisait à maltraiter cet enfant. « Je ne m'en dédis point, répondit-elle, il fera l'orgueil de son pays. » La religieuse avait jugé qu'il fallait piquer l'amour-propre de ce jeune garçon, et consoler en même temps une mère désolée. La fortune voulut qu'elle ne se trompât point : il n'est pas étonnant que l'opinion populaire ait regardé comme l'effet du merveilleux ce qui n'était qu'un heureux effet du hasard. Quoi qu'il en soit, les paroles de l'abbesse émurent singulièrement Bertrand, et dès ce moment son cœur s'ouvrit à de nouveaux sentimens.

Le lendemain on remarqua déjà un changement: on le mit à table avec toute sa famille et la religieuse; il y conserva une tenue décente; et lorsque, vers le milieu du repas, on apporta avec les cérémonies d'usage le paon rôti, le jeune Bertrand alla le prendre des mains du maître-d'hôtel, et vint avec grace en faire hommage à l'abbesse qui lui avait prédit un si bel avenir. Il lui promit de se conduire dorénavant de manière à contenter tout le monde; il versa ensuite du vin dans une coupe, et la présentant à sa parente, il la pria d'en boire pour l'amour de Bertrand. La prédiction de la bonne religieuse ne s'effaça jamais de son souvenir, elle contribua beaucoup à lui inspirer, lors de ses premières armes, une confiance aveugle en sa destinée.

Le seigneur Duguesclin, absent depuis quelques mois, revint à son château. On s'empressa de lui faire part de l'heureux changement qui s'était opéré dans le caractère de son fils aîné; il voulut s'en assurer lui-même, et la certitude qu'il acquit à cet égard lui causa une joie extrême : il résolut de guider désormais les premiers pas de son héritier dans la nouvelle carrière qui s'ouvrait devant lui. Mais tous ses efforts pour le faire apprendre à lire furent inutiles; le jeune homme se refusait à l'application ; et comme au surplus la noblesse d'alors ne se piquait pas de ce genre d'instruction, Renaud s'en consola, il ne s'attacha plus qu'à cultiver les vertus dont son fils paraissait avoir apporté les germes en naissant. En effet, Bertrand avait de la candeur et de la sincérité ; il était libéral, compatissant, et d'un courage que rien n'étonnait. Privé des graces personnelles, il rachetait ce défaut par une extrême vigueur et par beaucoup d'adresse. Renaud avait long-temps voyagé; il avait vu l'Italie, et consulté les bons modèles en histoire; il avait connu Villaini : il conçut l'idée de donner à son fils une instruction orale, puisqu'il en refusait toute autre. Il lui fit le récit des combats fameux où il s'était trouvé, sans oublier cette expédition de Flandres qui avait illustré les premières années du règne de Philippe de Valois. Bertrand était tout oreilles, chaque fait d'armes le faisait tressaillir, chaque trait de générosité l'attendrissait; collé sur la table, le cou tendu, il ne perdait pas un seul des mouvemens de son père. Malheur à ses frères si dans leurs jeux bruyans ils venaient le distraire! il les chassait rudement. Lorsqu'il était bien animé par ces récits, il sortait de sa maison transporté d'ardeur; il allait s'exercer contre les enfans du voisinage, mettant en usage les leçons qu'il recevait au château. Ni le froid, ni la pluie, ni la chaleur, ne l'arrêtaient; il devint la terreur des enfans du voisinage. Le sire Duguesclin, désirant arrêter les courses vagabondes de son fils, et en même temps l'occuper d'une manière régulière, lui permit de lever et d'organiser une bande de jeunes garçons : il en forma une compagnie, dont le nombre s'accrut jusqu'à 200 (1) : Bertrand, plein des récits de son père, retenait la description des évolutions et des marches, et les faisait exécuter à ses petits soldats avec une précision étonnante. Il fallut cependant mettre un terme à ces exercices, parce que dans ces combats simulés les enfans, trop animés, se blessaient; les parens portèrent des plaintes qui firent réformer la compagnie. Mais Bertrand était d'une pétulance ex-

(1) L'histoire de Bretagne a conservé le nom de plusieurs de ces enfans, qui dans la suite se signalèrent à la guerre sous les ordres de Bertrand, leur premier capitaine.

trême; on le surveillait inutilement; il trouvait moyen de s'échapper, et rentrait toujours couvert de sang et ses vêtemens déchirés. Son père prit le parti de l'enfermer dans un donjon, d'où Bertrand ne sortait que pour prendre ses repas. Cette détention ne pouvait être un obstacle bien réel pour un caractère aussi bouillant. Un soir le domestique vint le prendre afin de le conduire à l'oratoire, où la famille réunie faisait chaque jour la prière accoutumée. Bertrand, voyant ouvrir le donjon, en sort brusquement, et ferme la porte sur son geôlier; il s'échappe, et comme il connaissait fort bien les lieux, il s'introduit furtivement dans les écuries du château, détache un cheval, le monte à nu, part au galop : favorisé par la clarté de la lune, il arrive à Rennes de grand matin, et va descendre chez un de ses oncles dont il était fort aimé. Les domestiques l'accueillirent assez mal; la scène allait devenir vive quand son oncle descendit de son appartement; il fut étonné de le voir à cette heure et dans cet équipage. Bertrand lui conta avec sa candeur ordinaire toute son aventure; le gentilhomme était d'humeur à la trouver plaisante : il embrassa son neveu, l'encouragea, et obtint le lendemain qu'on le laissât quelque temps chez lui. Bertrand avait alors plus de quinze ans; sa taille, quoique épaisse, s'était développée, et sa force avait pris un accroissement prodigieux.

Bertrand se trouvait à Rennes depuis trois ans quand il apprit qu'on venait d'annoncer pour le dimanche suivant une grande lutte sur la place des lices, entre les jeunes gens de la ville et ceux des environs ; on sait que les Bretons aimaient avec passion ce genre d'exercice emprunté aux anciens. Bertrand sentit battre son cœur en apprenant que ce spectacle allait avoir lieu; il se promit bien d'y figurer ; mais il fut deviné par sa tante, qui s'en alarma et lui ordonna de la suivre à l'église pour entendre le sermon : force fut d'obéir; il trouva cependant moyen de s'esquiver; sortant de la cathédrale, il accourut sur les lieux, et se mêla aux lutteurs : l'un d'eux venait de vaincre tous ses rivaux; Duguesclin court à lui et le provoque. D'abord le vainqueur le regarde en pitié; mais comme il ne pouvait refuser de répondre au défi, le combat s'engage, et au bout de quelques instans Bertrand terrasse son adversaire et le force à demander quartier : en se relevant il se heurta le genou si violemment contre une pierre, que la douleur le fit tomber évanoui. On le rapporta vainqueur et blessé, suivi de la foule qui lui témoignait le plus vif intérêt;

il resta un mois malade. Au bout de ce temps son oncle le renvoya à la Mothe-Broon, en écrivant en sa faveur. Mais ce soin était inutile ; le bruit de la petite victoire du jeune lutteur avait réjoui Renaud Duguesclin, qui, loin de se montrer sévère envers son fils, l'accueillit au contraire avec tendresse, lui donna armes et chevaux, avec la permission d'assister aux joutes qui avaient lieu tous les dimanches dans les châteaux voisins : la seule condition qu'il mit à cette faveur fut qu'il resterait simple spectateur, sans chercher à prendre part aux tournois. Bertrand le promit. Il s'élança donc alors dans le monde militaire, et sut s'y faire aimer ; on oublia sa laideur en faveur de sa politesse et de sa douceur. Malgré la promesse qu'il avait faite à son père de ne prendre aucune part aux joutes, Bertrand viola sa parole, mais ce fut dans une circonstance si notable, et il le fit d'une manière si remarquable, qu'on ne put lui adresser un seul reproche ; voici en quelle circonstance : Jean III, duc de Bretagne, maria en 1338 Jeanne de Penthièvre, sa nièce et son héritière, avec Charles comte de Blois. Tout le duché s'empressa de célébrer cette union par des fêtes brillantes ; le sire Renaud Duguesclin se joignit à la haute noblesse pour former un tournoi en l'honneur des dames; des cartels invitèrent les preux de France, d'Angleterre et de Flandres à venir rompre des lances. Rennes fut la ville indiquée pour le rendez-vous. Le prix du tournoi était un diamant que la comtesse de Blois devait rendre plus précieux en le remettant de sa main au vainqueur: des hauts barons, des chevaliers, accoururent en foule pour répondre à l'appel de la noblesse bretonne.

Renaud Duguesclin se rendit à Rennes suivi de ses vassaux et dans un équipage digne d'un homme de son rang; mais il crut devoir laisser à la Mothe-Broon son fils, âgé alors de dix-huit ans. Bertrand ne put supporter cette privation; la vue d'un tournoi, le spectacle qui devait s'y déployer, et peut-être même l'instinct secret de la gloire, l'entraînaient vers le lieu qui devait être témoin de cette solennité chevaleresque: mais son père avait emmené tous les chevaux, il ne restait qu'une seule jument de haras; Bertrand s'en empare, la monte, et accourt à Rennes, sans équipage et sans armure; aussi sa tenue grotesque fut-elle l'objet de la risée publique.

Honteux de sa piteuse apparence, Duguesclin alla se confondre dans la foule du peuple: c'était avec une secrète envie qu'il regardait ces chevaliers couverts de brillantes armures, maniant de magnifiques coursiers. Tout dans ce spectacle guerrier était fait pour exciter son enthousiasme : cette quantité de bannières et de pennons confondus dans la lice, couverts de chiffres et d'emblèmes amoureux ; les juges du camp armés de la baguette blanche, courbés sous le poids des ans, et qui venaient s'unir encore, par le souvenir, aux exploits des jeunes paladins ; les hérauts répétant de distance en distance ces paroles faites pour soutenir l'ardeur des poursuivans : *Souviens-toi de qui tu es fils, et ne forligne pas.* Quelles sensations l'ame ardente de Bertrand ne devait-elle pas éprouver ! Chaque course que fournissait un chevalier le mettait hors de lui, le cliquetis des armes le transportait, il considérait avec avidité ces femmes richement parées qui animaient de la voix et du geste les poursuivans, en jetant à leurs chevaliers des bracelets et des écharpes ; mais il passait bientôt à l'abattement lorsqu'il ramenait sa vue sur sa personne, qu'il pensait à son état, aux dons que la nature avait prodigués aux autres, et dont elle avait été si avare envers lui. Il était plongé dans ces amères réflexions lorsqu'il vit passer un chevalier parent de sa famille, Guillaume de Bizien, qui, harassé de fatigue après avoir parcouru plusieurs fois la lice, se retirait pour prendre quelque repos; l'ayant reconnu, il le suivit jusqu'à la maison de son oncle, chez qui le chevalier logeait; là il conta comment il était venu de la Mothe-Broon, et supplia Guillaume de lui prêter un coursier et des armes pour qu'il eût l'honneur d'entrer dans la carrière. Charmé de l'ardeur que montrait Bertrand, le chevalier se rendit à ses vœux, il l'arma et lui fit donner un cheval frais. Duguesclin, bondissant de joie, pique des deux, se présente à la barrière, la visière baissée et la lance haute; à l'instant paraît à l'autre extrémité de la lice un chevalier; Bertrand pousse son cheval et agite son gantelet en signe de combat; les trompettes du camp sonnent, les deux champions partent comme un trait; du premier coup de lance Duguesclin enlève la visière de son adversaire : c'était certainement un effet du hasard, mais c'était le chef-d'œuvre de l'adresse; son cheval, abandonné, choqua si violemment celui de l'autre pursuivant, qu'il le renversa; le chevalier se releva en courroux, et voulut fournir une seconde course, qui ne fut pas plus heureuse; il fut culbuté derechef et mis hors de combat. Renaud Duguesclin se présenta pour le venger, mais son fils le reconnut à son écu et à son cimier; baissant sa lance avec respect, il passa sans férir. Cette action excita la curiosité générale ; on pensa que l'inconnu rendait hommage à la réputation de Renaud, et cette modestie lui attira l'intérêt de tous les spectateurs. Les tenans se présentèrent pour soutenir l'honneur du tournoi ; plusieurs bannerets combattirent successivement, et furent tous vaincus les uns après les autres avec autant de promptitude que de dextérité.

Le jeune chevalier fut couvert d'applaudissemens unanimes. Son écu tout uni et le soin qu'il prenait de conserver la visière baissée excitaient vivement la curiosité générale; chacun s'abandonnait aux conjectures sur son nom ; enfin un baron normand, qui se reposait après avoir rompu les premières lances, fut piqué des applaudissemens que l'on prodiguait à l'inconnu. « Je vais, dit-il aux dames avec qui il causait, vous apprendre bientôt le nom et le pays de ce chevalier. » En disant ces mots il monte sur son coursier et jette son gantelet, qui fut aussitôt relevé par ordre de Bertrand. L'intérêt redouble; on se dresse pour voir cette nouvelle joute. « Qu'on les laisse aller, » crièrent les juges du camp. Aussitôt les deux adversaires s'élancent l'un sur l'autre : le Normand, fort exercé dans ces sortes de jeux, fait sauter d'un coup de lance le casque du jeune Breton; celui-ci resté ferme sur ses étriers, sans être ébranlé, joint son ennemi corps à corps, le saisit, l'enlève de son cheval et le jette dans l'arène : les hérauts du camp proclament sa victoire en criant : « *Honneur au fils des preux !* »

Les acclamations sont générales; on se presse, on fixe les traits du vainqueur, on veut le reconnaître; vains efforts. Bertrand restait inconnu, quoique à visage découvert, quand un cri, parti du coin de la lice, attire l'attention générale : c'est Renaud; il a reconnu son fils; il se précipite vers lui, en croyant à peine le témoignage de ses yeux, le serre dans ses bras, et le couvre de ses larmes en l'appelant des noms les plus doux. Le jeune Duguesclin, proclamé vainqueur au bruit des fanfares et dans les chants des ménestrels, fut présenté par son père au duc Jean et à la comtesse de Blois, qui lui remit le prix du tournoi. Bertrand le reçut avec respect et courut l'offrir à Guillaume Bizien, qui lui avait donné les moyens d'entrer dans la lice. Cet acte de désintéressement transporta tout le monde; le peuple partagea l'enthousiasme de la noblesse : on se précipitait sur les pas du héros de la fête; on poussait des cris de joie en le voyant passer : ces acclamations semblaient présager la haute fortune du héros qui devait faire rejaillir sur la Bretagne une gloire impérissable. Ce ne fut que trois ans après ce tournoi que la guerre vint enfin lui offrir l'occasion de s'élancer dans la carrière militaire : nous le verrons, constamment valeureux dans les combats, modeste après la victoire, s'efforcer d'adoucir les maux causés par les armes; nous le verrons, disons-nous, venger la France et la faire triompher de sa redoutable rivale.

LIVRE II.

Guerre pour la succession de la Bretagne.—Premiers exploits de Duguesclin.

Nous serons forcés de revenir plusieurs fois sur cette querelle fameuse qui déchira si long-temps la Bretagne, et qui alluma en Europe un vaste incendie : nous en avons déjà parlé dans la vie de Jacques de Bourbon.

Jean III, duc de Bretagne, avait été surnommé le Bon : il le méritait. Pour prévenir les maux dont il prévoyait que sa mort serait le signal (il n'avait pas d'héritier direct), ce prince régla de son vivant sa succession, espérant que cette disposition aurait l'assentiment général. En conséquence il déclara son héritière Jeanne sa nièce, fille de Gui, comte de Penthièvre son frère puîné, mort en 1330. Cette fille, représentant son père, avait, d'après les coutumes de la Bretagne, plus de droits que Jean comte de Montfort, quatrième fils d'Artus II, père de Jean III, mais issu d'un second lit. Pour mieux assurer la légitimité de sa nièce, Jean-*le-Bon* songea à lui ménager l'alliance d'une maison souveraine. Édouard offrit un prince de sa famille, mais la haine irréconciliable que les Bretons avaient conçue pour les Anglais rendit cette union impossible. La France proposa le jeune Charles d'Évreux, roi de Navarre, surnommé depuis le Mauvais : ces premières ouvertures furent accueillies favorablement, et l'alliance allait être conclue lorsque le Navarrois refusa de quitter ses armes pour prendre les hermines bretonnes : le mariage fut donc rompu. Cependant, comme la France tenait beaucoup à donner un successeur à Jean III, elle présenta en second lieu Charles de Chatillon, comte de Blois, fils de Marguerite de France, sœur de Philippe de Valois : Jean III transmit aux états assemblés à Rennes cette nouvelle proposition. Les états voyaient avec peine qu'un étranger fixât le choix de leur souverain : ils auraient voulu que Jeanne de Penthièvre choisît pour époux un Breton, soit parmi les Rohan, soit parmi les Laval ; mais Jean III pensait avec raison que le duché étant, par sa position topographique, ouvert aux attaques de la France et de l'Angleterre, devait chercher à se faire un appui de l'une de ces deux puissances pour l'opposer à l'autre ; en conséquence ce prince se décida pour la France. Cette résolution fut vivement combattue, parce que les partisans de Montfort, assez nombreux dans le duché, rejetaient toute alliance étrangère : le caractère faible de Charles de Blois fut peut-être pour quelque chose dans ce refus. Jean III, fatigué de la résistance qu'il trouvait, annonça qu'il allait céder son duché à la France, qui ne cessait de lui proposer des conditions très-favorables. Cette fière noblesse bretonne, frémissant à l'idée de voir son pays cesser d'être un état indépendant, consentit à l'alliance du comte de Blois : on célébra le mariage en 1338; et ce fut dans le tournoi donné à cette occasion que se signala le jeune Bertrand, comme nous l'avons vu dans le livre précédent.

Jean, comte de Montfort, avait inutilement essayé de s'opposer à cette union; et, quoiqu'elle fût consommée, il n'abandonna pas le projet de s'emparer du duché. Il était peu capable de soutenir ses prétentions, car la nullité de son caractère passait toute croyance; mais sa femme, Jeanne de Flandres, princesse énergique et habile, agissait pour lui. Son adresse, jointe à une infatigable activité, lui fit de nombreux partisans dont elle ne cessait d'exciter le zèle. Le comte de Blois, presque aussi nul que son rival, ne cherchait point à soutenir personnellement les droits qu'il venait d'acquérir; il se reposait de ce soin sur le roi de France son oncle. Le goût des armes, si ordinaire dans les hommes de cette époque, était chez lui remplacé par une dévotion contemplative, poussée jusqu'à l'excès : couvert d'un cilice, prosterné aux pieds des autels, il priait quand il fallait agir, laissant la nation la plus éminemment guerrière se diviser entre deux concurrens incapables de marcher à sa tête.

Il se forma deux partis qui restèrent en présence : l'amour et le respect que l'on avait pour le vieux duc contenaient leur impatience. Enfin, au bout de trois ans, Jean III expira, en 1341; sa mort fut le signal de la guerre civile. Le comte de Blois se trouvait dans ce moment à la cour de France; il n'imaginait seulement pas que dans cette circonstance sa présence fût nécessaire en Bretagne, et n'y parut point; Jeanne de Flandres, au contraire, déployait l'activité d'un guerrier entreprenant : s'étant emparée, pour son mari, de Nantes et de Rennes, elle court à Limoges, où l'on gardait les trésors de Jean III, et les enlève. Cependant, malgré tous ces succès, elle ne put décider la masse entière de la population, ni même la plus grande partie de la noblesse, à se prononcer en sa faveur: la religion du serment n'était point illusoire pour les Bretons. Montfort ne rallia à sa cause que des hommes ambitieux et turbulens, qui espéraient acquérir de l'importance en se rendant redoutables. On avait cru que Charles de Blois serait accouru pour se mettre à la tête du parti qui l'attendait, mais il resta à Paris, et soumit à la décision du roi de France une affaire qui était jugée depuis trois ans par le dernier duc. Philippe de Valois saisit avec empressement l'occasion d'exercer son droit de suzeraineté sur un pays dont il ambitionnait la possession : il mit le plus grand appareil à ce jugement. Montfort, sommé de comparaître devant la cour des pairs, se présenta suivi de quatre cents chevaliers, voulant, par une nombreuse escorte, donner une idée de la force de son parti, ou plutôt en cacher la faiblesse. L'arrêt fut rendu à Conflans, le 7 septembre 1341 : le roi déclara lui-même Charles de Blois souverain du duché. Quelques jours auparavant, Montfort s'était en quelque façon échappé de Paris pour revenir au plus vite à Rennes.

La Bretagne n'avait pu voir sans mécontentement Charles de Blois recourir à une autorité étrangère pour faire sanctionner des droits reconnus par les états : un homme plus habile que Montfort aurait su profiter de ces dispositions pour augmenter le nombre de ses partisans, mais il fit une faute irrémissible aux yeux de la nation dont il fallait gagner les suffrages. Ne doutant pas que Philippe de Valois ne voulût soutenir son neveu par la force des armes, il se jeta dans les bras du roi d'Angleterre. La Bretagne poussa un cri d'indignation; la haine nationale se ralluma plus vive que jamais; la portion de la noblesse qui ne s'était pas encore prononcée ouvertement se déclara pour Jeanne de Penthièvre: le peuple l'imita. Quelques bannerets qui avaient embrassé le parti de Montfort, indignés comme les autres, mais retenus par un faux amour-propre, restèrent fidèles à sa cause, craignant de montrer une versatilité inconnue au caractère breton. On ne vit pas, dans tout le cours de ces démêlés sanglans, dix chevaliers changer de parti par intérêt ou par oubli de leurs sermens.

Renaud Duguesclin n'avait pas été du nombre de ceux qui avaient vu avec peine Charles de Blois recourir à l'intervention de Philippe de Valois; sa prédilection pour la France était aussi prononcée que sa haine pour l'Angleterre était manifeste. Accueilli à la cour du monarque français, il avait combattu sous ses bannières, et il se fit un devoir d'élever ses enfans dans ces sentimens. Fermant les yeux sur le peu de mérite de l'époux de Jeanne de Penthièvre, il se déclara hautement pour lui, et se prépara, avec toute sa famille, à prendre part à la lutte dont son pays allait devenir le théâtre.

Cette guerre de Bretagne se fit d'abord avec peu de vivacité; les rois de France et d'Angleterre envoyèrent ensuite des armées assez considérables, qui se battirent long-temps sans songer à la principale cause de la querelle; enfin le comte de Blois se vit obligé de sortir malgré lui de son inaction : il arriva en Bretagne avec l'armée formidable que le roi de France envoyait pour soutenir les droits de son neveu. A son approche, les villes ouvrirent leurs portes; néanmoins Rennes, occupée par les Anglais, opposa une grande résistance : c'est devant les murs de cette place que Duguesclin fit, à vingt-un ans, ses premières armes, et fixa tous les regards par son coup d'essai. La haine que les habitans de Rennes portaient aux Anglais servit le comte de Blois : ce prince entra en possession de la ville après un mois de siège; il prit ensuite Aurai, Guérande, et alla assiéger Vannes, dont Geoffroi de Malestroit était gouverneur. La place, très-importante par sa position, était regardée comme le boulevard du parti de Montfort; une forte garnison la défendait avec opiniâtreté; mais resserrée tous les jours davantage, elle allait succomber par famine lorsque les Anglais essayèrent d'y jeter du secours. Ils se réunirent à Ploërmel au nombre de 3,000, et résolurent de surprendre, pendant la nuit, les assiégeans dans leur camp : ces sortes de surprises étaient rarement mises en usage; on les regardait comme indignes de gens de cœur; aussi se tenait-on pendant la nuit fort peu sur ses gardes. Les Anglais, favorisés par l'obscurité, s'approchent du camp, y pénètrent précisément par le côté où Duguesclin se trouvait avec la compagnie du comte de la Bellièvre dont il faisait partie. Le jeune Bertrand, à la tête de 20 Bretons, défendit l'entrée des barrières courageusement, persuadé qu'il avait affaire à quelques partisans. Les ennemis, de leur côté, jugèrent à une résistance aussi soutenue que leur projet était éventé, et que toute l'armée se trouvait sur pied pour les recevoir; les ténèbres contribuaient à les entretenir dans cette erreur, et ils ne pensèrent plus qu'à regagner leur position. La retraite était déjà effectuée avant que les généraux de Charles de Blois fussent venus au secours du jeune Duguesclin. Quelques prisonniers restés entre ses mains expliquèrent toute l'affaire, en faisant connaître le nombre des ennemis. L'on vit alors que le camp avait été défendu contre 3,000 hommes, grace à la présence d'esprit et à l'intrépidité d'un simple écuyer. Le comte de Blois, le maréchal Andreghen et tous les autres chefs, comblèrent d'éloges Bertrand Duguesclin. Vannes se rendit peu de jours après. Dès ce moment le fils de Renaud fut choisi pour faire partie des expéditions difficiles, et cependant l'histoire générale ne fait plus mention de son nom jusqu'en 1351 : on doit peu s'en étonner; il combattait avec tout ce qu'il y avait alors de plus brave en Europe; chaque rencontre donnait lieu à mille traits de prouesse; et comme les chroniques écrites à cette époque ne prévoyaient pas la haute fortune qui attendait Bertrand, elles ne le signalèrent pas au milieu d'une foule de chevaliers intrépides comme lui. Toutefois on peut regarder comme certain qu'il ne resta point oisif dans cet intervalle, car il devint si redoutable aux Anglais, qu'on voit, en 1351, les Bretons prendre son nom pour cri de guerre, et ce cri devenir l'effroi de l'ennemi.

La période de ces neuf années avait été témoin d'événemens qu'il importe de rappeler pour ne point interrompre le fil de l'histoire contemporaine. La querelle qui occupait la Bretagne semblait avoir dû se terminer en 1342, par la prise de

Montfort, qui fut fait prisonnier dans la ville de Rennes; mais Jeanne de Flandres avait relevé le parti de son époux par son énergie; elle était passée en Angleterre afin de presser les secours que promettait Édouard III: ce prince avait débarqué dans le duché une armée assez forte qu'il commandait en personne, ayant pour lieutenans Robert d'Artois, le comte de Salisbury et le duc de Lancastre. Philippe de Valois y était accouru, et après quelques opérations de peu d'importance, avait imprudemment signé une trêve à Malestroit. Édouard abandonna le théâtre de la guerre sans que pour cela les hostilités fussent suspendues. Les deux partis avaient eu des succès balancés, lorsque l'évasion de Montfort de la tour du Louvre (1345) parut un moment faire pencher la balance en sa faveur : mais les succès de ce prince furent de courte durée; cerné dans son camp devant Quimper, il s'échappa par miracle, et mourut de chagrin quelque temps après, le 26 septembre 1345, loin de sa famille qu'il recommanda au roi d'Angleterre.

Jamais la fortune ne montra mieux son inconstance que dans cette occasion; la mort de Montfort semblait devoir assurer les succès de son rival, elle fut au contraire le commencement de ses revers.

Le comte de Blois, réduit à ses propres forces parce que Philippe de Valois était occupé par Édouard dont l'armée venait de pénétrer jusqu'au centre de la France, ne put tenir contre le général anglais Thomas d'Aigwort ; il perdit la sanglante bataille de la Roche-Dérien le 18 juin 1347, fut pris couvert de blessures, et envoyé à Londres : il y resta jusqu'au mois de mai 1351. A cette époque on entra en négociations pour sa rançon, dont la France proposait de payer la moitié. Bertrand Duguesclin reparaît sur la scène en cette circonstance : il fut choisi pour faire partie de l'ambassade que la noblesse bretonne envoya à Édouard, et se rendit à Londres avec le sire de Beaumanoir, Martin de Flechières, Penhouët et Bertrand de St.-Pern (1).

Édouard, voulant donner une idée avantageuse de sa puissance, reçut cette ambassade magnifiquement : les fêtes se succédèrent, les tournois surtout furent remarquables autant par l'affluence des poursuivans que par la richesse des armures. Ce luxe contrastait avec la simplicité des ambassadeurs bretons : ruinés par une guerre

(1) Guyard de Berville et les autres historiens de Duguesclin ont confondu cette ambassade avec celle de 1353, qui avait pour objet le mariage projeté de la fille aînée d'Édouard III avec l'un des fils de Charles de Blois.

désastreuse, ils portaient avec orgueil des vêtemens usés que rehaussait une contenance martiale : ils ne refusèrent point de rompre quelques lances dans les tournois préparés en leur honneur; la force et l'adresse qu'ils y déployèrent les firent admirer. Dans un de ces combats, le favori d'Édouard III, Robert Melvill, reçut une blessure dont il mourut quelques jours après. Les historiens de la Bretagne assurent qu'il avait couru contre Duguesclin. Le monarque anglais fut très-sensible à cette perte, et dès lors il cessa de traiter les seigneurs bretons avec la même distinction. Dans une occasion remarquable, il laissa même percer son mécontentement : il leur communiquait le projet d'une trêve entre les deux partis de Blois et de Montfort : « J'espère, dit-il durement, que vous observerez la trêve que je veux bien vous ménager ; répondez, l'observerez-vous ? » Le ton menaçant avec lequel ces paroles étaient prononcées montrait à quel point le roi était irrité. Les Bretons gardèrent d'abord le silence, mais Duguesclin le rompit sans ménagement : « Seigneur, dit-il, nous observerons la trêve comme vous l'observerez ; si vous la rompez, nous la romprons. » Ces mots, prononcés avec fierté, piquèrent vivement le roi, qui s'emporta en menaçant de punir le téméraire qui semblait avoir mis en doute sa bonne foi. Penhouët le supplia de pardonner au jeune Breton : « C'est, dit-il, un léger cerveau, un fou plaisant. » Édouard s'apaisa, et laissa même voir quelques instans après que cette courageuse réponse ne lui avait pas autant déplu qu'on aurait pu le croire.

Duguesclin quitta l'Angleterre, le mois suivant, avec les autres ambassadeurs, qui avaient à peu près rempli l'objet de leur mission. Charles de Blois obtint la faculté de revenir dans son duché pour compléter la rançon exigée par son vainqueur.

Bertrand, de retour en Bretagne, y trouva les moyens d'occuper son courage. La trêve nouvellement conclue était mal observée ; les garnisons anglaises sortaient des places fortes, dévastaient le pays, enlevaient les femmes, les enfans des plus riches habitans, et ne les rendaient qu'après les avoir forcés à racheter leur liberté. Ceux de Becherel surtout tenaient la contrée dans un effroi perpétuel : plusieurs seigneurs s'unirent en 1352 pour arrêter leurs ravages. Duguesclin, qui aspirait à se signaler, se joignit à ces bannerets ; on dressa une embuscade où l'ennemi vint tomber : Bertrand se distingua dans cette circonstance d'une manière si particulière, que les chroniques, en faisant la relation de cette rencontre qui fut toute en l'honneur des Bretons, placent son nom en tête de ceux de ses compagnons de gloire. Il ne fut cependant pas toujours heureux, car, pris deux fois et mis à rançon, il ne dut sa liberté qu'à la nouvelle assurance d'une paix définitive.

Le pape, qui favorisait Charles de Blois, avait su décider Edouard à reconnaître ce prince pour le véritable souverain de la Bretagne; il proposait un fils du comte pour la fille d'Édouard, et le jeune prince était déjà passé en Angleterre avec son frère; mais au moment où le traité allait être conclu, le comte de Derby, qui était en grande faveur auprès du roi, le fit revenir sur ce qui venait d'être arrêté, en représentant à son maître la honte qui rejaillirait sur lui s'il abandonnait le jeune Montfort, dont il avait juré de défendre les intérêts. Le roi d'Angleterre se rendit aux instances de Derby, et retint même à Londres les deux fils de Charles de Blois, comme otages de leur père, à qui on avait permis de passer en Bretagne. Ce prince n'ayant pu trouver la somme nécessaire pour acquitter sa rançon, vint reprendre ses fers à la fin de l'année 1353. Alors la guerre recommença, mais elle ne fut pas générale; les Anglais seuls la continuèrent, afin d'avoir un prétexte de désoler le pays : animés contre les Bretons d'une haine implacable, ils les poursuivaient sans distinction de parti, surprenaient les châteaux, les pillaient, et allaient se renfermer dans les places fortes avec leur butin. La dame de Tintinac, Isabeau, douairière de Laval, donnait une fête dans son château de Montmurean, en l'honneur du maréchal Andreghen ; Duguesclin y avait suivi les sires de Saint-Pern et de Porrohet : les Anglais, en ayant été instruits, se mirent à battre la campagne pour cerner le château et prendre les nobles bretons qui s'y trouvaient réunis.

On devina leurs projets, et pour les déjouer on réunit pendant la nuit, dans le parc de Montmurean, une division de 1500 hommes : c'était dans le mois d'avril 1354 ; et bien loin de donner à l'ennemi le temps de se présenter devant le château, on alla à sa rencontre. Duguesclin sortit de Montmurean avec les autres nobles, fondit sur les Anglais, et arrêta leurs premiers détachemens. Le combat dura plusieurs heures ; la valeur des Bretons décida de l'affaire : les soldats d'Édouard, taillés en pièces, laissèrent au pouvoir du vainqueur dix pennons et Calwerley leur général.

Ce fait d'armes augmenta la réputation de Duguesclin. Le maréchal Andreghen, charmé de sa valeur, voulut l'armer chevalier : un noble d'une naissance ordinaire ne recevait l'ordre qu'après avoir donné des preuves éclatantes de sa bravoure. La cérémonie se fit dans la chapelle de Montmurean, en présence de toutes les dames que la dame de Laval y avait rassemblées pour la fête (1). Bertrand, dont la consistance personnelle venait d'être augmentée par la chevalerie, leva sur-le-champ une compagnie de 60 hommes qui s'enrôlèrent sous sa bannière, dont le blason représentait un aigle à deux têtes, aux ailes déployées : les exploits du chevalier firent que dans la suite cette bannière reçut le nom de l'aigle bretonne.

Duguesclin n'était pas riche; sa famille, fort

(1) Ce château, à huit lieues de Rennes, bâti dans un vallon très-pittoresque, est assis sur une masse de granit; ses magnifiques tours existent encore telles qu'elles étaient dans le quatorzième siècle; les bâtimens intermédiaires ont été rebâtis à la moderne. La chapelle a été conservée intacte. En 1350 il appartenait à la maison de Laval; il passa, au seizième siècle, dans la maison de Coligni, puis dans celle de Duplessis-Mornay. Cette terre a été vendue plusieurs fois, elle appartient maintenant à M. de Bizien, maire de Saint-Malo, descendant de ce Guillaume de Bizien qui prêta ses armes et un cheval à son parent le jeune Duguesclin.

nombreuse, ne pouvait guère l'aider à entretenir sa compagnie. Ne sachant comment y pourvoir, il trouva moyen de se rendre maître des joyaux et bijoux de sa mère, et les vendit pour payer ses soldats. La dame courroucée ne voulait plus le voir, mais il ne tarda pas à l'apaiser ; car ayant appris qu'un capitaine anglais devait passer à Coiron avec un riche convoi, il alla l'attendre, le combattit, se rendit maître de tout le butin, dont une grande partie était en argent monnayé ; il en donna la moitié à ses gens et le reste à sa mère, ne se réservant rien pour lui. Sa générosité bien connue et quelques autres entreprises exécutées avec autant d'audace que de bonheur, attachèrent à sa fortune un grand nombre de Bretons : l'histoire a conservé leurs noms.

L'exploit le plus éclatant de Bertrand, dans l'année 1354, fut la prise du château de Fougerai, citadelle importante qui dominait les routes de Vannes et de Redon ; elle avait pour gouverneur Robert Bembro, guerrier célèbre, parent de celui qui commandait les Anglais au combat des trente. Bertrand ne désespéra pas de s'en rendre maître : toutes les ruses de guerre qu'il avait employées lui avaient réussi ; il voulut en tenter une en cette occasion car il n'avait pas assez de monde pour enlever de force un semblable boulevard. Il apprit que Bembro était sorti avec une partie de la garnison pour faire une excursion : le moment paraissait favorable. Déguisé en bûcheron, avec soixante et quelques des siens, il cacha sous une longue blouse une forte dague et couvrit sa tête d'un bonnet de peau de renard : la coignée de bûcheron était dans ses mains une arme redoutable. Sa troupe, divisée en quatre bandes, se répand dans la campagne en abattant des arbres à la vue des soldats de la garnison ; chargeant ensuite d'énormes fagots sur ses épaules, Duguesclin se présente à la porte du château avec plusieurs de ses compagnons, en demandant asile pour une nuit, craignant, dit-il, de tomber entre les mains des partisans de Penthièvre, qui les maltraiteraient. On le laisse entrer; alors il décharge ses fagots sur le seuil de la porte, de manière à l'empêcher de fermer : tandis que le concierge essaie de débarrasser le passage, Bertrand tire sa dague, fond sur le chef de poste et le désarme; en même temps tous les soldats, qui couvraient de leur bois le pont-levis pour qu'on ne pût le relever, arrivent en foule et pénètrent dans la place en criant : *Duguesclin! Duguesclin!* Les Bretons étaient à peine 80 contre 200; mais sans se laisser effrayer par cette disproportion, Bertrand soutint avec audace les efforts de tant d'ennemis : ses compagnons le secondèrent. Ils allaient cependant être victimes de leur témérité, lorsque 100 hommes de cavalerie du parti de Blois, passant par hasard devant Fougerai, vinrent les délivrer ; ils trouvèrent Bertrand adossé à une muraille, tenant tête à 6 Anglais : sa hache lui avait échappé des mains, il se battait à coups de poings : cette lutte inégale cessa par l'arrivée de ce renfort. Les Bretons réunis dispersèrent les Anglais et se rendirent maîtres de la place. Ils accordèrent l'honneur de la journée à Duguesclin, qui, ayant saisi de nouvelles armes, avait fait mordre la poussière à ceux qui l'avaient assailli. Mais, peu satisfait de ce premier succès, il alla s'embusquer sur la route que devait tenir Bembro pour rentrer au château, l'attaqua, et le tua de sa main. Cette action mémorable fut célébrée dans toute la Bretagne ; mais elle ne fut pour le jeune héros que le prélude de succès plus éclatans. Sa réputation s'était tellement accrue, qu'en 1356 le comte de Blois, revenu d'Angleterre, le combla des marques de sa munificence, en lui disant qu'il ne désespérerait jamais de sa cause tant qu'il le compterait au nombre de ses amis. Ce prince était revenu dans ses états avec le consentement d'Édouard, mais en laissant ses deux fils en otage; il osait moins que jamais se flatter de voir terminer à son avantage ses différends avec son compétiteur. Le roi d'Angleterre, pour resserrer les liens qui l'unissaient déjà au parti de Jeanne de Flandres, donna une de ses filles au jeune Montfort, en même temps il redoubla d'efforts pour assurer à son gendre la possession entière du duché. En conséquence, décidé à porter à la maison de Penthièvre le dernier coup, il envoya en Bretagne Henri de Lancastre, son troisième fils : c'était un prince magnanime, grand dans ses actions et doué d'un courage à toute épreuve. Il arriva en Bretagne à la fin de 1355, avec le jeune Montfort, ayant pour lieutenans les généraux les plus marquans de l'Angleterre, Pembrok, Chandos, Robert Kenolles. La présence d'un homme aussi généreux adoucit les maux dont cette contrée était accablée : obligé de faire la guerre, il voulut au moins en diminuer les calamités autant qu'il serait en son pouvoir.

L'arrivée de Lancastre à la tête de nouvelles forces, loin d'intimider les partisans du comte de Blois, ne fit au contraire que les exciter davantage; ils redoublèrent de zèle : on résolut d'affamer les Anglais en ramassant toutes les denrées dans les places fortes, et en évitant une action générale. Plusieurs chefs intrépides se chargèrent de harceler l'ennemi, d'enlever ses convois, enfin de faire cette guerre de partisans qui finit par ruiner les armées les plus formidables. Duguesclin, trop impatient pour se tenir enfermé derrière des remparts, se mit à courir la campagne; il se trouva bientôt à la tête de 2,000 hommes bien résolus, avec lesquels il fit un mal extrême aux Anglais. Le duc de Lancastre, désespéré du genre de guerre adopté par les Bretons, résolut de les étonner en attaquant leur capitale; il jura sur son épée de ne point quitter la Bretagne sans avoir planté ses enseignes sur les remparts de Rennes. Tout ce qu'il y avait de plus brave se jeta dans la place; Duguesclin, emporté loin de là par ses courses, arriva trop tard et trouva la ville si bien cernée qu'il ne put y pénétrer; il demanda au duc de Lancastre la permission d'y entrer avec 10 hommes seulement; le duc répondit qu'il préférerait y laisser passer 500 combattans plutôt que lui seul. Dans l'impossibilité de partager les périls du siège, Bertrand se promit bien de ne point rester oisif; en conséquence, caché dans la forêt de Paimpont, il épiait le moment favorable pour se jeter dans la ville. Chaque jour il tentait un coup de main; il poussait des reconnaissances toutes les nuits, taillait en pièces les postes avancés, et harassait l'ennemi en l'obligeant d'être toujours sur pied. Chandos, Kenolles, cherchèrent à le joindre ou à le chasser de ces parages, mais ils échouèrent : Bertrand leur échappait au moment où ils croyaient le saisir. Il prit dans une reconnaissance le sire de la Poole, officier estimé ; il apprit de lui que Rennes ne tarderait pas à capituler, et que le duc de Lancastre avait tellement miné la partie orientale de la ville, que le lendemain la muraille offrirait une large brèche. Cet avis était donné avec toute l'assurance qu'inspire un succès certain. Duguesclin aurait bien voulu prévenir ses compatriotes du péril qui les menaçait. Dès le soir même, favorisé par un violent orage, il se jeta sur le camp des Anglais avec une troupe de gens déterminés, et le traversa en partie. Il allait franchir les barrières et sauter dans les fortifications extérieures de Rennes lorsqu'il fut reconnu; l'alarme devint générale; il se vit obligé de battre en retraite, et le fit sans perdre un seul homme, mais sans avoir atteint son but : cependant il apprit le lendemain que Penhouët, ayant deviné la mine, l'avait fait éventer (1).

1. Lobineau, dans son Histoire de Bretagne, tome 1ᵉʳ,

Le siège durait depuis six mois, les Anglais étaient harassés de fatigue, mais les habitans commençaient de leur côté à sentir la famine : plus le duc de Lancastre éprouvait d'obstacles, plus son amour-propre se trouvait engagé à poursuivre son entreprise. Sachant l'extrémité où se trouvaient les assiégés, il voulut les tenter en leur montrant toutes les ressources de l'abondance, se flattant qu'ils ne pourraient tenir à une pareille séduction. Il fit donc promener près des remparts les vivres dont son camp regorgeait, et fit paître sur les glacis quantité de bétail, espérant que les assiégés sortiraient de leurs murs pour s'en emparer. Le gouverneur ne tomba point dans le piège, il parvint même à se rendre maître d'une partie de ce bétail : cependant ce secours ne pouvait retarder que de quelques jours la reddition de la place. Le comte de Blois, renfermé dans Vannes, ignorait sans doute la position de sa capitale, ou du moins il ne tentait pas de venir à son secours; on ne pouvait parvenir à lui faire connaître la position difficile de la place : les émissaires de Penhouet tombaient toujours entre les mains du duc de Lancastre. Le gouverneur, se voyant sans ressources, assembla à l'hôtel-de-ville les notables et les officiers; il mit en délibération si l'on capitulerait ; cette proposition allait être accueillie, lorsqu'un bourgeois, dont le nom est malheureusement resté inconnu, insista pour différer encore de quelques jours. « Je me dévoue, dit-il, pour le salut de tous : je crois avoir trouvé le moyen de traverser le camp des Anglais ; j'irai trouver le comte de Blois dans Vannes, et je le déterminerai à venir au secours des Rennois. » Cette offre rendit la confiance aux plus timides ; on consentit à différer la reddition de la ville. Penhouet commanda le lendemain quelques centaines d'hommes pour une reconnaissance ; le bourgeois sortit avec les soldats, et se laissa prendre par les assiégeans. On l'amena devant le duc de Lancastre, qui le questionna. « La famine est tellement épouvantable, dit le bourgeois, que j'ai préféré être pris par les troupes de Votre Seigneurie que de mourir de faim ; d'ailleurs le gouverneur parle de passer au fil de l'épée les bouches inutiles. Les Rennois disent bien qu'il arrive aujourd'hui un secours de 4,000 hommes, conduisant beaucoup de vivres, que le comte de Blois envoie aux assiégés ; je n'en doute nullement, mais je n'ai jamais cru que ces 4,000 hommes pussent trouver moyen de tromper la vigilance de Votre Seigneurie ; et je me suis échappé pour aller me réfugier à Hennebon, chez un de mes frères. » Le duc de Lancastre se laissa abuser par la naïveté apparente de cet homme : d'autres faux avis lui faisaient croire qu'en effet Charles de Blois accourait au secours de Rennes. Il convoqua aussitôt ses principaux officiers, et l'on décida d'aller au-devant des troupes bretonnes; le duc se mit lui-même à la tête de 6,000 hommes, abandonna son camp, et se dirigea vers la route de Vannes. Le rusé bourgeois trompa la vigilance de ses gardes, s'échappa de leurs mains, et courut en toute hâte dans la direction de Nantes; mais il tomba dans une embuscade de Duguesclin, à qui rien n'échappait; celui-ci, prenant cet homme pour un espion du duc de Lancastre, allait le faire pendre malgré ses protestations, lorsqu'un des soldats le reconnut pour habitant de la capitale du duché. Le bourgeois, prosterné aux genoux du général, raconta le stratagème dont il s'était servi pour sortir de Rennes, et annonça que le duc avait quitté son camp. Duguesclin, ne doutant plus de sa véracité, le combla de présens, et résolut de profiter de cet heureux hasard; il rassembla ses soldats, dispersés dans les bois de la Guerche, marcha toute la nuit, et, faisant un long circuit, il arriva au lever du soleil devant la ville assiégée. Il donna quelques heures de re-

4.

pos à ses troupes, se remit ensuite en marche, surprit le camp plongé dans le sommeil, égorgea les gardes, mit le feu aux tentes, brisa les barrières du parc, se saisit de deux cents chariots chargés de viandes salées, de pain et de vin, et obligea les charretiers à les conduire eux-mêmes dans Rennes : il défendit vigoureusement sa prise contre les Anglais revenus de leur frayeur. Ses soldats, ayant poussé le cri de *Duguesclin!* furent reconnus par les gardes avancées; les assiégés s'empressèrent de baisser les ponts-levis; une partie de la garnison sortit pour les protéger, et Bertrand entra avec une quantité immense de vivres, après avoir mis le camp des Anglais dans un désordre épouvantable. Il fut reçut par les Rennois comme un libérateur; son nom était dans toutes les bouches, chacun voulait le voir et le toucher.

Cependant le duc de Lancastre, après avoir marché pendant six heures, s'étant enfin aperçu qu'il avait été trompé par un avis perfide, se hâta de revenir dans ses lignes qu'il trouva rompues; ses soldats étaient dans la consternation : il apprit bientôt les malheurs que son absence avait causés, et on lui signala Duguesclin comme l'auteur de ce nouveau revers. Le duc, qui savait apprécier le courage même chez ses ennemis, ne put s'empêcher de louer la témérité de cet homme intrépide qui, depuis le commencement du siège, n'avait pas laissé passer un seul jour sans lui causer quelque dommage; il n'en résolut pas moins de continuer le siège, et jura une seconde fois devant ses officiers de ne pas quitter la Bretagne sans avoir planté sa bannière sur les remparts de Rennes : ces sermens étaient fréquens parmi les hommes de guerre; on y tenait quelque téméraires qu'ils fussent. Le duc déplorait encore les tristes effets de sa crédulité, et regardait la prise de la place comme très-retardée par cet échec, lorsqu'on lui amena les villageois conducteurs des chariots enlevés par Bertrand : le généreux Breton, ayant appris que les vivres dont il s'était emparé appartenaient à ces malheureux, leur en avait fait payer le montant, en les renvoyant avec ordre d'aller présenter ses respects au duc, et lui offrir de sa part un présent d'excellent vin; les charretiers s'acquittèrent de leur commission en exaltant l'équité de Bertrand, à qui ils devaient le remboursement de leurs denrées. Le duc de Lancastre, charmé de ces nobles procédés, manifesta publiquement le désir de connaître un homme aussi extraordinaire; le comte de Pembrock lui dit qu'il pourrait bien facilement se satisfaire en envoyant au Breton un sauf-conduit et une invitation de venir au camp : le duc expédia de suite l'un et l'autre. Le héraut, porteur du sauf-conduit, se présenta le lendemain aux barrières de Rennes avec un trompette; il fut introduit dans la ville et conduit devant le gouverneur. Penhouet, informé de la mission, dit au héraut : « Vous demandez messire Bertrand? le voilà précisément qui s'avance vers nous accompagné de quelques chevaliers. — Lequel est-ce? demanda l'Anglais (1). — C'est celui qui est en jaque noire, ayant sa hache pendue au cou. — Quoi ! c'est ce guerrier dont on parle si favorablement? il a plutôt l'air d'un brigand. — C'est lui-même, répondit le gouverneur en riant; mais prenez garde qu'il ne vous entende, vous auriez à vous en repentir. » Le héraut, d'après cette observation, s'approcha respectueusement de Bertrand, et lui présenta la lettre et le sauf-conduit du duc de Lancastre. Le chevalier, voyant la livrée anglaise, reçut assez mal l'envoyé; il prit la missive, et la remit à un de ses écuyers pour en savoir le contenu, car on se rappelle qu'il ne savait pas lire : celui-ci lut à haute voix la lettre du prince.

(1) Il ne faut pas oublier que depuis le onzième siècle jusqu'à la fin du quinzième la langue française fut en usage en Angleterre, et surtout parmi les gens de guerre.

L'empressement que l'on montrait à voir Duguesclin flatta son amour-propre; il répondit de bouche qu'il se ferait un devoir de présenter ses respects au duc; il donna ensuite au héraut cent florins d'or : l'Anglais, fort étonné de cette libéralité, n'osait pas d'abord accepter; il se retira cependant avec le présent, qu'il alla étaler aux yeux de son maître et de tous ses compagnons.

Les trompettes du camp annoncèrent bientôt l'arrivée de Duguesclin, qui n'était accompagné que de trois officiers; Lancastre envoya de suite à sa rencontre plusieurs chevaliers. Les soldats et les chefs accouraient de tous côtés pour voir ce guerrier redoutable, dont le nom seul inspirait l'effroi; ils formèrent une haie très-serrée au milieu de laquelle Duguesclin passa fièrement. Il descendit de cheval à quelque distance de la tente du général en chef, et mit un genou en terre devant le duc de Lancastre, qui s'empressa de le relever en lui disant : « Je vous sais gré de votre démarche, vaillant Duguesclin; je désirais depuis long-temps avoir le plaisir de me trouver avec vous.—Je remercie Votre Seigneurie, répondit le chevalier breton, de m'avoir procuré l'honneur de baiser les mains d'un aussi grand prince, pour qui je professe un respect si profond que je le défendrais contre qui que ce fût, excepté contre mon seigneur et maître. — Eh, quel est ce seigneur? demanda vivement le duc. — C'est le comte de Blois, à qui la Bretagne appartient de droit, répondit le preux fort librement. — Avant que cette question soit décidée, reprit le duc, il en coûtera la vie à 100,000 hommes. — Tant mieux pour ceux qui resteront, ils hériteront de tout, » s'écria le Breton. Cette saillie fit sourire le duc, qui dans le cours de la conversation lui dit : « Brave Duguesclin, si vous voulez entrer dans mon armée, je vous y promets un rang très-distingué; plusieurs de vos compatriotes y servent déjà. » Bertrand rougit en entendant une pareille proposition. « Sir, j'ai juré fidélité au comte de Blois, et rien ne pourra jamais me faire fausser mon serment. » Cette noble réponse augmenta encore la bonne opinion que le duc avait de son ennemi; il le combla de caresses. Chandos et Kenolles lui prodiguèrent également des marques d'estime; mais tous les officiers ne regardaient point du même œil ce Bertrand dont ils avaient si souvent éprouvé le courage; Bembro surtout s'indignait en voyant traiter avec une si flatteuse distinction l'ennemi le plus implacable de l'Angleterre. Ce capitaine était fils de Bembro, chef des Anglais au combat des trente, et parent de celui que Duguesclin avait tué de sa main dans le combat du Fougerai. Ne pouvant se contenir plus long-temps, il fendit la foule, et s'adressant à Duguesclin il lui dit : « Je suis Bembro, parent de celui à qui vous avez ôté la vie à Fougerai ; j'espère que vous ne me refuserez pas trois coups d'épée en sa mémoire. — Non, certes, je ne les refuserai pas, » répondit le Breton en lui serrant fortement la main. Le duc de Lancastre fut au désespoir de cette provocation ; car on pouvait dès lors regarder son invitation comme un piège tendu à Duguesclin pour le faire insulter. Il adressa de vifs reproches à Bembro, et s'efforça inutilement d'étouffer ce différend ; les gages de bataille étaient déjà donnés. Les deux champions prièrent le duc de vouloir bien être juge de ce combat ; le prince y consentit ; et, pour donner à Duguesclin une preuve de son estime, il le pria d'accepter le plus beau cheval de ses équipages. Le Breton, transporté de joie, le remercia avec respect. « Seigneur, dit-il en considérant le fier coursier qu'on avait amené aussitôt devant lui, le cheval est bel, sy le chevaucherai demain devant vous pour acquitter mon convenent. » (Meynard.)

Le gouverneur de Rennes, la garnison et les habitans attendaient avec impatience le retour de Bertrand ; enfin il rentra dans les murs, raconta à Penhouet tout ce qui s'était passé entre lui, le duc de Lancastre et Bembro. Le gouverneur désapprouva la promesse du duel ; il craignait quelque trahison. La famille de Bertrand ne voulait pas le laisser sortir : il objecta que sa parole était donnée. Le lendemain il monta le destrier de Lancastre, se couvrit de ses armes, mit sur sa tête un heaume fort riche ; mais au moment où il partait on vit accourir sa tante, la même qui le conduisit au sermon lorsqu'il avait quinze ans. Cette bonne femme, vivement alarmée, voulut l'embrasser pour la dernière fois, dit-elle. «Ma tante, répondit Duguesclin en riant, allez baiser votre mari, et hâtez-vous de préparer le dîner, car j'aurai fini aussitôt que vous.»

Enfin, Bertrand franchit les barrières au bruit des fanfares, la lance haute, et précédé de quatre chevaliers, dont un portait sa bannière. Les trompettes du camp répondirent à celles de la ville. Duguesclin fut reçu avec les honneurs de la guerre. Le duc de Lancastre était déjà placé à l'extrémité de la lice sur un siège ducal. Il se leva pour rendre le salut de Duguesclin, et fit lire par un clerc la défense, sous peine de mort, d'approcher les deux poursuivans à la distance de 20 lances. De nouvelles fanfares annoncèrent l'ouverture du champ. Les deux rivaux se mesuraient des yeux, lorsque le duc de Lancastre donna le signal : Bertrand et Bembro fondirent l'un sur l'autre. Le premier débuta par un violent coup de lance qui perça la cuirasse et le gambesson de son adversaire; celui-ci, dont la lance venait de voler en éclats, répondit par un grand coup de son épée sur le casque de Bertrand. Le Breton, ébranlé d'abord sur ses étriers, se remit promptement, et après avoir voltigé long-temps autour de Bembro, il fondit sur lui avec impétuosité, et le frappa si rudement qu'il le jeta sur le sable. D'après les lois du duel à outrance il pouvait l'achever, et cet exemple était assez fréquent; mais Duguesclin, dont la générosité ne se démentit jamais, montra combien il dédaignait de profiter d'une pareille victoire. Satisfait d'avoir triomphé de son ennemi, il lui laissa la vie, se contentant de lui prendre son cheval; et mettant le sien au galop, il fit le tour de la lice en saluant avec grace le duc de Lancastre. Le prince l'envoya complimenter par son écuyer. Bertrand fit présent à ce dernier du cheval de Bembro, et quitta le camp, qui ne put refuser de le reconnaître pour un chevalier brave, généreux et libéral.

Le convoi nouvellement introduit par Duguesclin avait ravitaillé la ville pour long-temps ; le duc ne pouvait plus espérer de la prendre par famine, aussi voulut-il essayer une seconde fois l'emploi de moyens vigoureux. Il occupa donc une partie de son armée à construire une tour pour battre les murailles. Ces machines ne produisaient aucun effet notable depuis que les places étaient environnées de fossés ; et comme ces tours étaient faites de bois, les assiégés s'attachaient à les brûler, et rarement échouaient-ils dans ces sortes de tentatives. Ordinairement, pour les garantir du feu, on entourait la base de ces tours de peaux de bœufs nouvellement tués. Dès que le duc de Lancastre vit la sienne terminée, il la fit traîner devant les murs de Rennes ; elle causa une grande frayeur aux habitans, qui n'avaient jamais vu de ces sortes de machines. Penhouet eut beaucoup de peine à les rassurer. Duguesclin s'offrit d'aller détruire ce qui leur causait ces terreurs ; on accueillit sa proposition, et on le laissa maître de ses dispositions. Il commanda 500 arbalétriers, et fit prendre à chacun d'eux un fagot de très-menu bois enduit de soufre ; il sortit ensuite à la tête de 1,000 hommes, l'épée d'une main, la torche de l'autre ; il s'avança fièrement vers le camp. La résistance de l'ennemi fut inutile ; il renversa tout ce qui s'opposait à sa marche, parvint à la tour, y mit le feu, et se battit ensuite contre les troupes qui accouraient pour éteindre l'incendie. La machine embrasée s'écroula, et ensevelit sous ses débris ceux qui en défendaient le comble.

Le duc de Lancastre s'était avancé avec une partie de ses forces; le cri de *Duguesclin!* poussé par les Bretons lui apprit que ce guerrier avait fait ce coup hardi. Cependant il parvint à le cerner si bien que la retraite paraissait impossible aux Bretons, lorsque le sire de Rohan sortit à la tête de 2,000 hommes pour protéger les siens. Il se livra au bord des fossés un combat sanglant: les partisans du comte de Blois perdirent beaucoup de monde; enfin Bertrand se fit jour au travers des Anglais, culbuta le comte de Pembrock qui s'opposait à son passage, et rentra dans Rennes aux acclamations des habitans. Ce nouvel échec consterna l'ennemi. Le duc de Lancastre voyait dépérir son armée; la disette se faisait sentir dans son camp: cette expédition lui avait déjà coûté plus de 6,000 soldats. Il consulta ses officiers; ils furent tous d'avis de lever le siège. Le duc abondait bien dans leur sens, mais il était retenu par son serment: on se rappelle qu'il avait juré de planter ses enseignes sur les murailles de Rennes, et son honneur y était engagé : on imagina un moyen pour bannir ses scrupules. Penhouet, instruit de ce qui se passait, lui fit proposer d'entrer à Rennes suivi de 10 chevaliers, et d'accomplir son serment en plaçant sa bannière sur une des tours ; mais à condition que dès le lendemain il lèverait le siège. Le duc accepta cette offre avec empressement, et mit le plus grand appareil à ce puéril simulacre. Il entra donc dans Rennes, reçut les clefs de la ville, et alla planter fièrement son étendard sur la principale tourelle ; il parcourut ensuite l'intérieur de la cité. Le gouverneur avait ordonné à tous les habitans de mettre ostensiblement devant les portes les vivres qu'ils avaient encore ; il s'en trouva beaucoup plus que Penhouet lui-même ne se l'était imaginé. Le duc fut étonné de voir une telle abondance, et cette circonstance le raffermit davantage dans la résolution de s'éloigner de Rennes ; mais avant d'en sortir sa vanité éprouva une grande mortification. Un Breton, indigné de voir flotter sur les murs de sa ville natale la bannière de l'Angleterre, l'abattit, et la jeta aux pieds du prince qui passait la porte ; il s'écria même : « On a bien dit qu'elle y serait plantée, mais on n'est pas convenu qu'elle y resterait. » Le duc sentit vivement cet affront ; il s'exhala en reproches. Penhouet le calma autant qu'il dépendait de lui, en le sommant néanmoins de tenir sa parole. Lancastre ne la viola point, et leva le camp le lendemain 30 juin 1357. Ainsi se termina le siège de Rennes [1]. Cet événement combla de joie Charles de Blois, qui accourut dans cette ville, et témoigna vivement sa reconnaissance aux vaillans défenseurs de sa capitale. Il donna à Duguesclin le château de la Roche-Dérien en récompense des services signalés qu'il venait de rendre à sa cause, ne doutant pas qu'il n'eût encore à réclamer son appui; car quoique la Bretagne fût comprise dans la trève que la France et l'Angleterre avaient signée après la bataille de Poitiers, il existait cependant trop de fermens de discorde dans le duché pour que cette convention fût religieusement observée. Le jeune Montfort, n'espérant rien de l'attachement des Bretons, implorait tous les jours l'assistance d'Édouard III. De son côté le monarque anglais rougissait d'abandonner ainsi un jeune prince devenu l'époux de sa fille : son honneur lui faisait une loi de le secourir, et quoique embarrassé du côté de

(1) L'aspect de cette ville a totalement changé depuis cette époque.

l'Écosse, il trouva moyen d'envoyer une nouvelle armée dans l'Armorique. Il en confia une seconde fois le commandement au duc de Lancastre, quoique ce prince n'eût pas été heureux l'année précédente.

Le général anglais débarqua auprès de Saint-Malo dans le mois de juin 1359; les partisans de Montfort vinrent le joindre. Les plus brillans succès signalèrent son entrée en Bretagne : Lesneven, Saint-Brieux, tombèrent au pouvoir de ses armes; il marcha vers Dinan, la ville la plus importante du parti de Penthièvre après Rennes et Nantes. Charles de Blois ordonna à Duguesclin de se jeter dans la place avec un corps de 600 hommes; le vaillant Penhouet s'y renferma, résolu de défendre Dinan comme il avait défendu Rennes. A peine ces deux intrépides chevaliers furent-ils arrivés dans la ville, qu'ils virent paraître l'armée anglaise. Le duc de Lancastre fut charmé d'apprendre qu'il allait avoir à combattre les mêmes adversaires; il se promettait bien de venger l'affront qu'il avait reçu devant Rennes : il cerna la place, et appela auprès de lui le jeune Montfort afin d'exciter l'ardeur des soldats par la présence de ce prince. Le siège fut poussé vigoureusement; la garnison était peu nombreuse, les moyens de défense presque nuls.

Le courage de Duguesclin et de ses braves compagnons d'armes avait seul arrêté la première furie de l'ennemi; mais on ne pouvait espérer de repousser une armée formidable, dont la force augmentait tous les jours par l'arrivée de nouveaux détachemens. La place était réduite à l'extrémité; Penhouet, à la prière des habitans, fit proposer au duc de Lancastre de la lui rendre dans quinze jours si le comte de Blois ne venait pas à son secours, en déclarant qu'il ne demandait ce temps-là que pour ne point paraître répréhensible aux yeux de son maître. Le duc de Lancastre, et surtout Montfort, voulant se montrer généreux envers la ville de Dinan, persuadés d'ailleurs que cette conquête ne pouvait leur échapper, acceptèrent ces propositions: les hostilités cessèrent, et les chefs des deux partis se firent des visites réciproques; quelques Anglais entrèrent dans la ville, et les habitans eurent aussi la liberté de sortir jusqu'à la fermeture des portes. Un jour Olivier Duguesclin, frère de Bertrand, sortit de Dinan pour essayer dans la plaine un jeune cheval; il fut rencontré par le beau-frère de Chandos, Thomas de Cantorbéry, qui, apprenant par un de ses gens que ce jeune écuyer était le parent du redoutable Breton, l'insulta grièvement, et le fit prisonnier contre tout droit des gens. Un varlet français vit emmener Olivier au camp des Anglais; il courut en avertir Duguesclin : il le trouva au milieu d'un groupe de bourgeois, regardant tranquillement jouer à la longue paume, et lui exposa ce qu'il venait de voir : Bertrand ne voulut pas d'abord croire à une pareille félonie, mais d'autres personnes vinrent lui certifier le fait. « Par saint Yves! s'écria le Breton, il m'a pris mon frère, il me le rendra. » Il s'arme aussitôt, va droit au camp, pénètre dans la tente du duc de Lancastre : ce prince jouait aux échecs avec Chandos, ayant avec lui Kenolles, Pembrock et le jeune Montfort. En voyant Duguesclin, ils se levèrent tous et allèrent au-devant de lui en le comblant de politesses. « Seigneurs, leur dit-il, je viens vous demander justice d'une injure que l'on m'a faite, bien sûrement à votre insu : au mépris de la foi jurée, mon frère Olivier vient d'être fait prisonnier par Thomas de Cantorbéry, qui s'est emparé de lui pendant qu'il se promenait seul dans la plaine; je supplie Vos Seigneuries de me faire rendre mon frère. » Chandos, outré de colère comme les autres spectateurs, l'assura que Cantorbéry se repentirait d'en avoir agi avec tant de déloyauté. Le duc l'envoya chercher, et lorsque le chevalier fut venu, il l'accabla des plus vifs reproches en lui ordonnant de remettre sur-le-champ Olivier entre les mains de celui qui le réclamait. « Les reproches de Votre Seigneurie, répondit Thomas, viennent d'augmenter la haine que je porte à Duguesclin ; il est présent, qu'il relève le gage du combat. » En disant ces mots il jeta son gantelet ; Bertrand, plus prompt que l'éclair, le releva en lui disant : « J'accepte avec joie votre défi, messire Cantorbéry, et je déclare que vous êtes un félon chevalier d'en avoir usé ainsi avec un des miens. » En vain le duc de Lancastre voulut-il interposer son autorité pour que ce combat n'eût pas lieu, les deux rivaux étaient trop aigris ; ils résolurent de décider leur querelle à l'instant même : Kenolles offrit à Bertrand son cheval et ses armes. Cependant les habitans de Dinan apprirent ce qui se passait dans le camp ennemi, et conçurent de véritables craintes pour la sûreté de Bertrand, que les Anglais ne cessaient de provoquer : la ville était dans la désolation ; la population se porta sur les remparts ; Tiphaine, fille de Robin Raguenel, sire de la Bellièvre, qui s'occupait d'astrologie judiciaire, fut consultée. Cette demoiselle vit dans ses opérations mystérieuses que le guerrier, objet de tant d'alarmes, sortirait vainqueur de ce combat : on avait grande foi aux prédictions de Tiphaine, aussi un écuyer

5.

s'empressa-t-il de courir annoncer celle-ci à Bertrand au moment où il montait à cheval. Duguesclin reçut cet avis en riant. « Ces prédictions sont bonnes, dit-il, pour amuser les femmes; quant à moi, je n'ai foi qu'en la justice de Dieu, en la force de mon bras et en la bonté de mes armes. »

Déjà le champ était ouvert et les champions allaient s'y précipiter, lorsque l'arrivée d'un envoyé de Penhouet arrêta leur furie : le gouverneur de Dinan demandait au duc de Lancastre que le combat eût lieu sur la grand'place de la ville : « Il est juste, disait-il dans sa missive, que Duguesclin, souvent provoqué, ait au moins une fois ses compatriotes pour juges de sa valeur; nous invitons Votre Seigneurie à être témoin de la joute et de se faire accompagner de 20 chevaliers. » Le duc de Lancastre reconnut la justice de cette demande; dans un moment tout fut disposé : le prince accepta les otages offerts pour sa sûreté personnelle, et entra dans la ville accompagné de ses principaux officiers. La grand'place de Dinan avait été préparée pour le combat : elle était fermée par des barrières. Au moment où on allait ouvrir la lice, quelques chevaliers anglais et bretons proposèrent un arrangement; Duguesclin déclara qu'il se tiendrait pour satisfait si Cantorbéry se mettait à sa discrétion, en lui présentant son épée par le pommeau : c'était pour un chevalier le comble de l'humiliation, aussi Kenolles repoussa-t-il cette proposition comme injurieuse à sa nation : Bertrand ne l'avait sans doute faite que pour rendre impossible toute espèce d'arrangement.

Les habitans de Dinan garnissaient les barrières, le faîte des maisons était couvert de spectateurs ; chacun adressait au ciel des vœux pour le guerrier l'honneur de la Bretagne. Penhouet fit mettre des gardes aux quatre coins de l'enceinte ; son héraut publia l'avertissement suivant : « *Celui qui entrera dans la lice pour nuire au chevalier anglais sera incontinent mis à mort.* »

Les préparatifs étant terminés, le beffroi de Dinan et les trompettes du camp donnèrent le signal ; la barrière fut ouverte ; les deux champions, entrant par les côtés opposés, s'élancèrent dans l'arène et se chargèrent avec impétuosité. Chacun brisa ses armes contre son adversaire ; mais quelque rude que fût ce choc, l'un et l'autre restèrent fermes sur les étriers ; alors, abandonnant les tronçons de leurs lances, ils saisirent l'épée effilée : c'était une arme terrible, il fallait une grande dextérité pour s'en servir avec quelque avantage. Les deux rivaux cherchèrent long-temps à se percer l'un l'autre au défaut de la cuirasse ou par l'ouverture de la visière. Dans cet assaut d'adresse l'Anglais laisse échapper son fer; alors Duguesclin, caracolant autour de lui, le pousse dans un des angles du champ, et, l'abandonnant un instant, court vers l'épée de son adversaire, met lestement pied à terre, la saisit, et la lance hors de la lice, Cantorbéry se trouvait donc sans armes, mais il conservait l'avantage d'être monté : car, s'apercevant que son cheval était blessé, Duguesclin venait de le lâcher, pensant bien que cet animal, affaibli, ne pouvait pas suivre celui de son adversaire, et s'était résolu à joindre son ennemi à la course. Il s'assit donc sur le gazon pour se débarrasser de ses cuissards et de ses genouillères, qui l'empêchaient de marcher. Cantorbéry ne le vit pas plus tôt assis qu'il voulut profiter de ce moment favorable pour le fouler aux pieds de son cheval, il fondit sur lui au galop : mais Bertrand avait trop de présence d'esprit pour se laisser surprendre; se levant avec agilité, il plonge son épée dans le poitrail du coursier, qui, se cabrant, se renverse sur son cavalier; le vainqueur, la dague à la main, se précipite sur l'Anglais, et lui déboucle son casque comme pour lui couper la tête : toute l'assemblée pousse un cri d'effroi.

C'était mal juger Bertrand, la modération tempérait toujours son courage : il se contenta de marquer Cantorbéry à la figure pour constater sa défaite, et le força à demander quartier. Des chants de victoire célébrèrent l'heureuse issue de ce combat ; hommes, femmes, enfans, tous se précipitèrent dans l'enceinte pour prodiguer les plus touchantes marques d'affection au vainqueur, qu'ils appelaient la gloire de leur pays. Les vifs témoignages de la satisfaction publique ne firent point oublier à Bertrand ses devoirs : il alla mettre un genou à terre devant le duc de Lancastre en le remerciant d'avoir bien voulu être le témoin de ce combat singulier ; le prince l'assura de son estime, lui fit rendre son frère, et chassa Cantorbéry de sa présence.

En rentrant dans son camp le duc trouva l'ordre de lever le siège de Dinan : Édouard III, décidé à fondre sur le régent de France, qui venait de refuser de ratifier le traité de Londres, rappelait de la Bretagne toutes ses troupes. Le jeune Montfort, se voyant au moment d'en être réduit à ses seules forces, obtint du duc de Lancastre qu'avant son départ il lui ménagerait une trève avec Charles de Blois, qui fit la faute de l'accorder ; elle fut conclue à Dinan, et devait se prolonger jusqu'à la fin de 1361 : c'est dans cet intervalle que Duguesclin passa au service de France, comme nous allons le voir.

Les anciens mémoires sur Duguesclin ont commis, à propos de cette trève, deux erreurs graves : la première est d'avoir dit que, même sans l'assistance des Anglais, le parti de Montfort était plus nombreux que celui de Blois; la seconde est de passer de suite du siège de Dinan au siège de Becherel, en mettant le premier après la prise de Melun, qui l'avait au contraire précédé de deux ans. On trouve également dans ces mémoires que Duguesclin soutint plusieurs autres combats à outrance, dont les circonstances furent à peu près les mêmes que dans celui dont nous venons de faire la relation. Nous doutons fort de leur authenticité.

LIVRE III.

Duguesclin entre au service de la France. — Ses exploits devant Melun.

La guerre que Jean II soutenait contre l'Angleterre était assez importante pour fixer à elle seule l'attention de la France. Cependant la querelle des deux maisons de Blois et de Montfort n'avait cessé d'occuper les esprits; on avait classé selon leur mérite particulier les principaux acteurs qui figuraient sur ce théâtre; et comme la réputation de Duguesclin augmentait chaque jour, il arriva que ce guerrier devint aussi célèbre en France que dans son propre pays; c'est ce qui engagea le dauphin à le rechercher. Ce prince gouvernait pendant la captivité de son père; les embarras, les dangers qui l'environnaient mettaient sa jeunesse à une rude épreuve Les États de Paris se déclarèrent contre lui; la Jaquerie couvrit le royaume de ruines : pour comble de maux, la trève conclue avec l'Angleterre après la bataille de Poitiers allait expirer;

Édouard refusait de la renouveler : jamais cet ennemi des Valois n'avait montré plus d'acharnement. Le dauphin, voyant la guerre inévitable, se disposa à la soutenir avec honneur. Il réunit le plus de troupes qu'il put, et s'attacha tous les guerriers qui avaient acquis quelque réputation dans le métier des armes. La situation pénible du royaume inspirait de l'intérêt à l'Europe entière. Plusieurs princes d'Allemagne et d'Italie, ainsi que le roi d'Aragon, envoyèrent gratuitement des secours d'hommes et d'argent. Dans cet état des choses, Duguesclin vola au secours du dauphin : la seule condition qu'il mit à ses services fut qu'il pourrait, quand bon lui semblerait, aller combattre pour Charles de Blois, son souverain naturel. Nous ne pouvons point préciser en quelle qualité il passa sous les drapeaux du régent, mais on le voit toujours en tête de la petite armée active que le jeune Charles faisait manœuvrer sur les flancs des colonnes d'Édouard. Bertrand, précédé d'une réputation justement acquise, releva le courage des soldats à un tel point qu'il leur fit entreprendre des expéditions qu'on n'aurait pas osé tenter dans un temps de prospérité. Il communiqua son ardeur au dauphin qui avait besoin de redoubler d'efforts, car un nouvel ennemi venait de se déclarer contre lui. Le roi de Navarre, voyant le régent triompher des dangers qu'il lui avait suscités, en devint plus actif; il s'unit étroitement au roi d'Angleterre, et déclara la guerre dans les formes à son beau-frère. La conduite de Charles-le-Mauvais différait bien de celle de ses pères. Louis d'Évreux son aïeul ne cessait de dire : « Un prince du sang n'est véritablement grand qu'à proportion qu'il est soumis à Dieu, au souverain et aux lois. »

Le Navarrois entraîna sa famille dans cette nouvelle coalition. Il avait persuadé à Jeanne d'Évreux, sa tante, veuve de Charles IV, de recevoir garnison anglaise dans la ville de Melun qui lui appartenait, et dont la possession était d'une grande importance, car cette ville incommodait beaucoup la capitale en interceptant les arrivages. Le peuple de Paris commençait à souffrir de la famine. Le dauphin ne pouvait sortir de ce nouvel embarras qu'en rendant libre la navigation du fleuve. Il voulut tenter de s'emparer de Melun, pendant qu'Édouard se consumait en efforts superflus devant Reims : en conséquence, il prit avec lui les gens les plus déterminés, et se mit à leur tête. Duguesclin fit partie de l'expédition avec quelques chevaliers bretons qui, ne voulant pas séparer leur fortune de celle de Bertrand, l'avaient suivi en France.

Melun avait pour gouverneur le sire de Mareuil, guerrier célèbre, dont le sang-froid égalait le courage. Il avait pourvu la place d'une garnison nombreuse dont l'ardeur était exaltée par la présence de Jeanne d'Évreux, veuve de Charles IV, de Blanche de Navarre, veuve de Philippe de Valois, et de Jeanne de France, femme de Charles-le-Mauvais, trois reines qui vinrent se réfugier dans cette ville. Avant d'user de la force des armes, le dauphin fit proposer au gouverneur des conditions honorables; elles furent repoussées avec dédain. Le lendemain matin on donna le signal de l'assaut; mille échelles furent appliquées contre les murailles, tandis que deux lignes d'archers protégeaient les assaillans en accablant de traits ceux qui défendaient les créneaux. Le baron de Mareuil animait ses gens par ses paroles et par son exemple: placé dans un angle saillant, il tirait lui-même de l'arbalète avec une adresse rare; il choisissait parmi les assaillans ceux qui lui paraissaient les plus hardis; jamais il ne lançait un trait inutilement. On échoua complètement dans ce premier assaut. Cet échec portait déjà le découragement dans l'ame des plus intrépides, lorsque Duguesclin releva leur détermination par son air résolu : il leur dit qu'il fallait s'attacher à la personne du baron de Mareuil, et qu'il ne désespérait pas de faire tomber bientôt sous ses coups ce redoutable gouverneur dont la défaite devait assurer la conquête de la place. La confiance avec laquelle Bertrand parlait ranima l'ardeur des combattans ; on recommença l'attaque avec plus de fureur ; toutes les échelles se dirigèrent vers le lieu où l'on présumait que se trouvait le baron de Mareuil. Celui-ci, voyant que les ennemis le cherchaient, voulut leur prouver combien peu il redoutait leurs efforts, et, par une témérité assez ordinaire dans ce temps-là, il remplaça son bonnet de mailles par un casque surmonté de riches panaches dont la sommité dépassait les créneaux (1), bravant ainsi le courroux des Français ; en même temps il faisait pleuvoir sur eux quantité de pierres et de poutres qu'il avait fait ramasser sur les remparts comme dernière ressource. Le dauphin, placé sur un point culminant, voyait avec une peine extrême le peu de succès qu'avait le second assaut ; il accusait la fortune de tous les maux qui, depuis vingt ans, accablaient la monarchie. Dans ce moment, le chevalier Lebegue de Vil-

---

(1) Voyez un trait pareil dans la Vie de Clisson, tome IV.

laines vint le joindre, et lui conseilla d'ordonner une attaque générale, car jusqu'alors les tentatives avaient été partielles. Le dauphin trouva l'avis fort prudent, et, d'après ses ordres, on fit les apprêts d'une nouvelle escalade : on rassembla les troupes disséminées autour des fossés; les cavaliers mirent pied à terre, et on se précipita une troisième fois vers les remparts ; les machines de guerre, conduites par Duguesclin et par ses Bretons, frappèrent la muraille à coups redoublés, afin d'y pratiquer une brèche. De son côté, le baron de Mareuil, toujours placé dans l'endroit le plus périlleux, s'attacha à ceux qui conduisaient les catapultes, et en peu d'instans mit hors de combat ceux qui les servaient. Bertrand, furieux de voir que le gouverneur seul faisait échouer ses efforts, jura en langage breton qu'il irait aux créneaux parler à ce Basque : il saisit à l'instant une lourde échelle, l'applique contre la muraille, monte et arrive jusqu'au haut, en apostrophant vivement le baron de Mareuil : Je vous ferai, lui disait-il, repentir d'avoir pris les armes contre le dauphin de France. Le Basque attendait en riant son ennemi courroucé; le voyant près d'atteindre les créneaux, il laissa rouler sur lui un tonneau plein de pierres. Bertrand, ne pouvant résister à un tel choc, tomba dans le fossé plein d'eau. Toute l'armée, qui avait suspendu le combat pour voir comment cette scène de bravoure se terminerait, poussa un cri de douleur en voyant choir le valeureux Breton ; on courut de toutes parts vers le fossé, on en retira Duguesclin que sa chute avait étourdi. On essaya, pour le ranimer, un remède fort en usage à cette époque ; on le mit jusqu'à l'aisselle dans du fumier chaud; le Breton reprit connaissance au bout de quelques instans : il demanda à ceux qui l'entouraient si l'assaut continuait encore. Leur réponse affirmative fit renaître son audace; il se couvrit d'une nouvelle armure, et, malgré les prières de ses amis, il alla rejoindre les Français : voyant que l'on avait abandonné l'attaque des tours, parce que la journée tirait à sa fin, il court vers les fortifications qui défendaient la tête de pont, parvient à briser plusieurs palissades, puis, accompagné de quelques braves, il se précipite dans les retranchemens, et taille en pièces tout ce qui s'y trouve : il serait entré le soir même dans la place, si les assiégés n'eussent aussitôt levé le pont-levis. Le dauphin, voyant monter ainsi à l'escalade un guerrier qu'il ne reconnaissait pas, désira savoir son nom : on lui apprit que c'était Duguesclin, depuis peu au service de France. Il le fit appeler, le combla de caresses, en lui disant qu'il avait bien justifié la bonne opinion que toute l'armée avait conçue de sa bravoure.

Cependant la résolution que Bertrand venait de montrer en pénétrant au milieu des retranchemens épouvanta les trois reines renfermées dans Melun; elles apprirent bientôt que le dauphin préparait un nouvel assaut pour le lendemain, et qu'il en confierait la direction à Duguesclin : ce redoutable guerrier avait juré de ne faire quartier à personne s'il prenait la ville de vive force. Les princesses, aussi effrayées que les habitans, voulurent que le baron de Mareuil capitulât sans attendre plus long-temps; en conséquence la ville et le château furent livrés au dauphin (1359). Ce prince, pour récompenser les services rendus dans cette circonstance par Duguesclin, le nomma gouverneur de Pontorson, château-fort situé sur la frontière de la Bretagne et de la Normandie.

Bertrand fit son entrée à Paris avec le dauphin; sa réputation, son aventure devant Melun et la singularité de sa personne, le rendirent l'objet de la curiosité générale. Les hostilités cessèrent quelque temps après, et les ouvertures de paix que l'on fit amenèrent ensuite le malheureux traité de Bretigny. Bertrand, affaibli par les blessures qu'il avait reçues dans cette campagne, résolut d'aller se reposer dans son gouvernement de Pontorson.

LIVRE IV.

Mariage de Duguesclin avec Tiphaine de Raguenel. — Aventure de sa sœur Julienne et du capitaine Felton.

Avant de se retirer de la cour, Bertrand eut encore le temps de voir rentrer à Paris le roi Jean, qui le confirma dans son gouvernement de Pontorson, et lui donna une compagnie de 100 lances, faveur qu'on n'accordait qu'aux princes du sang : ce n'était par le fait que la licence de lever une compagnie de 500 hommes de cavalerie, qui marchaient sous une bannière aux armes de France et du capitaine; ce corps devenait la propriété de celui qui le formait, mais le roi en acquittait la solde; et comme le prince ne se piquait guère d'exactitude à cet égard, le zèle du commandant y devait suppléer; c'est ce qui arriva souvent à Duguesclin.

Dès qu'il fut établi à Pontorson, Bertrand s'occupa à former sa compagnie; il la composa en entier de gentilshommes bretons, dont il connaissait le courage. A peine l'avait-il complétée aux deux tiers, qu'il apprit que deux capitaines anglais, au mépris de la trêve, couraient les campagnes, portant la désolation dans les bourgs et dans les villages : quoique souffrant, il ne balança pas à se mettre en mesure de délivrer la province de ces hôtes dangereux (comm. de 1361). Comme sa résidence se trouvait voisine des frontières de la Bretagne, il fit savoir de suite à ses anciens compagnons d'armes qu'il allait entreprendre une expédition contre les Anglais : en peu de jours il vit arriver 200 chevaliers ou écuyers bretons, et il partit de Pontorson à la tête de 900 chevaux pour courir à la recherche des capitaines Windsor et Plebi. Ceux-ci, apprenant que Duguesclin avait juré de les combattre partout où il les trouverait, eurent grand soin de l'éviter; néanmoins il les atteignit et les resserra dans un bois du côté de Saint-Lô, où leur nombreuse cavalerie les embarrassait au lieu de les servir. Ils envoyèrent à Bertrand un écuyer pour lui représenter qu'il était indigne de guerriers aussi braves que les Anglais et les Français de combattre dans des bois et dans des ravins; que la plaine voisine, qui était vaste, serait un champ de bataille plus convenable à des gens de cœur : Duguesclin accepta cette proposition, quoiqu'il eût 200 hommes de moins que Windsor. Il laissa défiler l'ennemi, le suivit dans le terrain désigné, et à peine vit-il ses escadrons formés, qu'il les chargea avec impétuosité ; le combat dura six heures avec un acharnement incroyable : enfin les Anglais furent défaits, leurs chefs pris, et l'immense butin qu'ils traînaient avec eux tomba au pouvoir de Bertrand.

On sentit d'autant plus le service rendu dans cette circonstance par le gouverneur de Pontorson, que Jacques de Bourbon succombait presque en même temps dans les champs de Brignais en combattant des bandes armées. Il était à craindre que des corps d'aventuriers ne se formassent dans l'ouest et dans le nord du royaume comme il s'en était formé dans les provinces du centre ; la présence de Duguesclin suffit pour purger ces parages des bandes dévastatrices ; la Normandie en fut délivrée, et les habitans de cette province le proclamèrent leur libérateur. Les villes qu'il traversait lui rendaient des honneurs extraordinaires. A Avranches, le clergé vint le recevoir avec pompe, et le conduisit au logement qu'on lui avait préparé. A peine y est-il arrivé, qu'un bourgeois se présente, et lui offre, comme témoignage de son estime particulière, un présent considérable; Bertrand le refuse avec sa modestie accoutumée. Le bourgeois, après quelques instances inutiles, se retire, et revient bientôt après avec un présent double du premier; même refus, accompagné de marques affectueuses de reconnaissance. Cet homme se retire encore une fois, et reparaît aussitôt avec un don trois fois plus riche. Surpris d'un procédé si extraordinaire, le héros en demande l'explication : « Je ne connaissais pas tout votre mérite, dit le bourgeois, quand je vous ai fait mes premières offres; vos refus successifs m'ont appris à connaître ce que vous valez, et j'ai triplé la valeur de mon présent. » Il accompagna cette explication de prières si pressantes, que le chevalier ne put s'empêcher d'accepter.

Ce fut après avoir délivré son gouvernement des bandes qui l'infestaient, que Duguesclin songea à céder aux vœux de sa famille, qui le pressait depuis long-temps de se marier; il craignait que sa laideur ne le fît mal accueillir de celle qu'il choisirait : il ne savait pas que la gloire a un grand mérite auprès des femmes, et qu'elle efface à leurs yeux les torts de la nature. La Bretagne s'enorgueillissait déjà de lui avoir donné le jour; sa générosité était citée autant que sa valeur : on oublia bientôt la difformité de ses traits pour ne songer qu'à sa réputation. Dès que l'on sut qu'il était décidé à se marier, quantité de châtelaines prétendirent à l'honneur de lui appartenir; il donna la préférence à Tiphaine de Raguenel, une des plus belles personnes du duché de Bretagne, et dont le père avait été au combat des trente : ses connaissances en astrologie judiciaire l'avaient rendue célèbre. Le lecteur se rappelle sans doute que ce fut elle qui prédit la victoire que Duguesclin remporta sur Cantorbéry. Chaque siècle a sa manie, celle du quatorzième était la magie; on en faisait une véritable étude.

Tiphaine avait des idées au-dessus de celles de son siècle; son ame ardente cherchait avec avidité à déchirer le voile d'ignorance qui pesait alors sur la société. L'étude de l'astronomie, les observations qu'elle faisait sans cesse, lui donnaient le désir de connaître le véritable système du monde; elle résolut quelques problèmes de chimie et de physique, ce qui la fit regarder par le vulgaire comme un être surnaturel. On fut persuadé que Tiphaine entretenait un commerce avec le diable; sa réputation sur ce point était si généralement établie que beaucoup de chevaliers, d'ailleurs très-braves dans les combats, refusèrent pour une raison aussi futile la main de cette femme, quoiqu'elle fût riche et belle. Une pareille crainte n'arrêta point Bertrand; il ne fit aucune difficulté de s'unir à Tiphaine, dont les graces l'avaient charmé. De son côté, la fille du sire de Raguenel avait conçu une vive affection pour Duguesclin, qui avait fait ses premières armes sous les ordres de son père; elle s'intéressait à ses succès, et avait démêlé au travers l'écorce un peu grossière de sa personne une ame brûlante faite pour comprendre la sienne, et capable de s'élever aux plus hautes conceptions.

L'alliance de Bertrand avec Tiphaine de Raguenel fit l'étonnement de toute la Bretagne; le peuple disait qu'il n'y avait que Duguesclin qui pût avoir le courage d'épouser une sorcière. Les noces se firent avec la solennité que les nobles mettaient à leurs mariages : Bertrand conduisit ensuite sa femme à Pontorson, et engagea sa sœur Julienne, religieuse dans une communauté de Rennes, à venir vivre avec eux pour tenir société à Tiphaine.

Dès que Duguesclin fut rentré dans son gouvernement, il invita la noblesse de la Bretagne et de la Normandie à venir aux fêtes et aux tournois qu'il préparait : on se rendit avec empressement à son invitation. Mais pendant qu'il célébrait sa nouvelle union au milieu de nombreux amis, on lui annonça qu'un corps de troupes anglaises, fort de 1200 hommes, débarqué récemment à la Hogue, se rendait en Bretagne par la Normandie, en saccageant sans pitié les lieux qu'il parcourait. Bertrand avertit les commandans des places de son gouvernement de se tenir prêts à repousser toute espèce d'agression. Les Anglais avaient pour chef le capitaine Felton, du pays de Sussex (1), homme présomptueux à l'excès, et surtout très-envieux de la réputation de Duguesclin, dont le seul nom le mettait en courroux. En débarquant, il apprit que Bertrand venait de se marier, et qu'il donnait des fêtes à Pontorson; il ne voulut pas sortir de la Normandie sans l'avoir provoqué : en conséquence il n'hésita pas à s'écarter de sa route, et il arriva devant Pontorson au moment où l'on s'y attendait le moins. Aussitôt les chevaliers bretons et normands renfermés dans la place prirent les armes pour aller à la rencontre des Anglais; le général arrêta leur ardeur, ordonna, au contraire, que personne

---

(1) Biographia britannica. Kippis. — Ce Felton avait un frère beaucoup plus distingué que lui, chevalier de la Jarretière, et un des meilleurs généraux du prince Noir.

ne parût, fit lever les ponts-levis et retirer les gardes de dessus les remparts. Felton s'avançait avec précaution, et fut étonné de ne trouver personne aux barrières extérieures de la place; craignant quelque surprise, il ordonna à ses officiers de fouiller les bois voisins, et pendant que ceux-ci tournaient le château, il s'approcha du bord des fossés, et d'une voix forte appela Duguesclin. Celui-ci parut aux créneaux magnifiquement vêtu, comme dans un jour de fête: « Vous voilà donc, intrépide guerrier, lui cria l'Anglais; je viens, pour l'amour de votre réputation, vous arracher des bras du plaisir, afin que votre gloire ne s'obscurcisse pas dans l'oisiveté. Je viens vous combattre, en vous laissant le choix des armes et la liberté de fixer le nombre des combattans, 20 contre 20, 100 contre 100 : je vous offre même de faire combattre 5 Anglais contre 20 Bretons que vous commanderez: parlez; choisissez. »

Duguesclin, accoudé sur les créneaux, regardait Felton en affectant de ne rien répondre à ses insultantes provocations; son silence dédaigneux augmenta la colère de l'Anglais. « Lâche! descends du haut de la tour, viens te mesurer avec moi, je te prouverai que ta réputation est mal acquise, » disait-il (1). Bertrand pouvait à peine contenir les chevaliers qui se tenaient auprès de lui cachés derrière le parapet. « Descends donc, lâche, » répétait Felton en fureur. Enfin Duguesclin se lève tout droit, regarde son ennemi, lui tourne le dos, reste quelque temps dans cette position, et disparaît sans avoir proféré un seul mot. Sur ces entrefaites, les officiers anglais, revenant de fouiller les bois voisins, entendirent leur général parler très-haut; ne voyant personne sur les remparts, ils lui demandèrent ce qu'il avait pour disputer ainsi avec des murailles. « Je viens de provoquer Duguesclin de la manière la plus forte, leur répondit Felton, mais il a disparu sans avoir osé soutenir mes regards.» Il recommença ses apostrophes, auxquelles les échos seuls répondirent. La rage dans le cœur, Felton rallia sa troupe, et se mit en marche pour la Bretagne.

Dès que Duguesclin vit que les Anglais s'éloignaient, il fit sortir deux coureurs pour porter l'ordre aux garnisons de Beuvron et de Saint-Michel de se trouver le lendemain à l'entrée d'un bois qu'il leur indiquait, et sortit le soir même

(1) On sait que pendant près de trois siècles la langue française fut commune aux deux peuples rivaux.

de Pontorson avec tous ses gens. Il trouva au rendez-vous les soldats des deux garnisons qui, réunis aux chevaliers bretons et normands amenés par Bertrand, formaient un corps de 1000 hommes, dont 700 à cheval.

Felton avait perdu du temps en se détournant pour venir à Pontorson; il désirait le regagner, aussi marcha-t-il toute la nuit. Duguesclin, qui dut toujours ses avantages à la rapidité de ses mouvemens, l'atteignit dans les landes de Mellac, après vingt heures de marche; aussitôt il envoya un de ses écuyers au capitaine anglais pour lui faire savoir que l'on venait lui enlever ses *guilledins*, afin de leur épargner la peine d'aller jusqu'en Bretagne. On appelait guilledins de très-jeunes bacheliers qui n'avaient point encore fait la guerre : c'était une épithète injurieuse. L'Anglais, étonné de voir devant lui Duguesclin avec des forces égales aux siennes, répondit néanmoins avec assurance: « Allez dire à votre maître que mes guilledins serviront à le conduire prisonnier avec tous les siens; » se tournant ensuite vers ses officiers, il leur dit : « La fortune nous favorise assez pour offrir à nos coups ce Bertrand, qui a tant fait de mal à nos compatriotes: nous sommes ici en rase campagne, nous n'avons à craindre aucune de ses ruses infernales, ainsi vous pouvez compter sur la victoire. » En même temps il fit faire volte-face à sa troupe et s'avança en bataille serrée contre les Français. Duguesclin n'avait pas besoin de stimuler ses soldats, il se contenta de parcourir les rangs avec un air de gaieté; les trompettes sonnèrent de part et d'autre, et les deux partis se heurtèrent violemment: dans ce choc les lances volèrent en éclats et furent remplacées par l'épée et la dague; Duguesclin saisit sa hache terrible (c'était son arme favorite), il tint tête à 3 Anglais qui, s'étant dévoués pour l'immoler, s'acharnaient après sa personne; il en abattit deux, le troisième fut tué par Geoffroi de Lannion; Felton, pris deux fois par les Bretons, fut deux fois arraché de leurs mains. Enfin Duguesclin arriva sur le même point où combattait le capitaine anglais, son bras redoutable promenait la mort dans tous les rangs; ses soldats firent un nouvel effort, en poussant le cri si redouté: *Notre-Dame! Duguesclin!* Tout céda alors à l'impétuosité des Bretons, et le capitaine anglais resta en son pouvoir: Rollin Bodin venait de l'abattre d'un coup de masse-d'armes. Les vainqueurs irrités faisaient main-basse sur l'ennemi; mais Duguesclin, toujours humain après l'action, se précipita au-devant des siens, et arracha le reste des vaincus à la rage de ses soldats; il fit prodiguer les soins les plus empressés aux blessés, et les renvoya; il partagea ensuite le butin et les prisonniers entre ses hommes d'armes et les arbalétriers, ne se réservant que Felton, qu'il emmena au château de Pontorson.

Il est certain qu'après cette expédition Duguesclin forma le projet d'abandonner une carrière qu'il avait parcourue jusqu'alors si glorieusement. Heureux dans son hymen, il avait savouré avec délices les jouissances du repos; les horreurs de la guerre lui parurent encore plus hideuses par la comparaison qu'il en fit avec les douceurs de la vie privée, dans la société d'une femme qu'il chérissait. Sans doute, d'après les mœurs du temps, il y avait une sorte de déshonneur à quitter les armes tant qu'on était capable de les porter; mais Duguesclin s'était placé au-dessus de cette considération par sa bravoure, dont il avait donné des preuves si éclatantes : en se retirant du théâtre de la guerre, il s'élevait au-dessus des préjugés de son siècle et renonçait à de plus grands honneurs que la fortune semblait lui promettre : c'était un sage affranchi des illusions du monde. Mais Tiphaine avait le sentiment de la gloire; elle combattit la résolution de son mari. Craignant qu'on ne lui attribuât une retraite qui priverait la patrie d'un de ses plus puissans soutiens, elle se servit de tout l'ascendant qu'elle avait sur son esprit pour lui faire abandonner sa résolution; Duguesclin céda aux exhortations d'une femme dont il était épris; les prières de Tiphaine le disposèrent à se rendre aux instances de Jean de Cintré, commandant de la Guienne, qui le suppliait de venir le seconder dans une entreprise qui pouvait avoir les plus heureux résultats pour le service du roi.

Edouard III avait signé la paix à Bretigny, mais il ne l'observait point, parce que Jean II ne pouvait l'y contraindre; aussi le gouverneur anglais de la Guienne et ceux des provinces adjacentes ne cessaient de courir sur les terres de France : ils avaient surpris le château d'Essay, place forte environnée de marais, et d'un accès très-difficile. De cette position importante, ils tenaient la province dans un effroi perpétuel, dévastaient impunément le plat pays, et couraient se renfermer dans le château sitôt que des forces supérieures approchaient. Duguesclin partit de Pontorson avec sa compagnie et d'autres troupes, en tout 1,100 hommes de noblesse et 400 archers; il longea la frontière de la Bretagne, franchit la Loire, traversa le Poitou, l'Angoumois, et fit sa jonction avec le sire de Cintré sur les bords de la Dordogne. Son arrivée releva le courage des Français. Les habitans de la Guienne ne le connaissaient que de réputation : ils accoururent pour le voir passer.

Nous avons dit que Duguesclin mettait dans ses opérations une promptitude rare : le jour même de son arrivée il investit le château d'Essay. Jean de Cintré voulait céder le commandement général au chevalier breton; celui-ci le refusa, et ne fit aucune difficulté de servir sous ses ordres.

La place fut attaquée à la fois des deux côtés; les assiégeans échouèrent d'abord dans leurs tentatives: alors, s'élançant à la tête de ses archers, Bertrand saisit une échelle, monte rapidement sur le rempart, et y plante son étendard en poussant son cri de guerre. A ce signal si connu, les Bretons montent de toutes parts pour défendre la bannière de leur général ; de son côté l'ennemi s'efforce de l'abattre : tout plie à l'approche des soldats de Bertrand, les Anglais se retirent dans le corps de la place, Duguesclin les poursuit chaudement. Mais le pont étant encombré de ses soldats, il passe sur des poutres qu'il fait jeter sur les deux parapets : l'une d'elles, à moitié rongée par la vétusté, plie sous lui et se rompt : il tombe de quinze pieds dans une cour intérieure du château, et se casse une jambe. Se traînant avec peine dans un des angles de la muraille, il s'y adosse, et, soutenu sur une seule jambe, il attend courageusement ses ennemis, ayant à sa main sa longue hache dont il se servait avec une dextérité incroyable. Du premier coup il terrasse un Anglais qui était accouru pour se saisir de lui ; d'un revers il casse les bras du second ; deux nouveaux assaillans arrivent au moment où ceux-ci tombent, ils veulent le tourner pour le vaincre plus facilement. Bertrand leur faisait face depuis quelques instans, mais la douleur qu'il ressentait de sa blessure, jointe à la fatigue, allait bientôt terminer cette lutte héroïque, lorsque un écuyer breton, nommé Hongar, l'aperçoit dans ce pressant danger ; aussitôt il se laisse couler le long du mur, saute dans la cour, se précipite sur les deux Anglais, en perce un de sa dague, et force l'autre à s'éloigner : Duguesclin épuisé tombe entre les bras de son libérateur. Des chevaliers français qui avaient brisé les portes accourent, le placent, privé de connaissance, dans leurs manteaux, et le transportent hors de la cour en mêlant des gémissemens aux cris de victoire que poussaient les soldats de Cintré vainqueurs sur tous les points.

Lorsque les Bretons virent passer ce cortège funèbre, ils ne doutèrent pas que le général ne fût mort ; rien ne put contenir leur fureur, ils mirent le feu au château : « Nous voulons, disaient-ils, que ces ruines fumantes deviennent un monument de notre douleur et de l'amour que nous avons pour Duguesclin ; » et les murailles, les tours, les portes, tombèrent comme par enchantement sous leurs efforts réunis. Au milieu de ce tumulte, on vint annoncer à ces forcenés que l'objet de tant d'affection n'avait point cessé de vivre ; ils ne voulurent pas le croire, et continuèrent d'assouvir leur vengeance sur des décombres. Enfin, à force de soins, on ranima les esprits de Bertrand ; ses fidèles compagnons purent entendre sa voix chérie, et apprendre de sa bouche qu'il espérait les conduire encore au combat.

On décida de le transporter en Bretagne. Les écuyers le chargèrent sur les épaules, et, traversant ainsi la Guienne, le Poitou, l'Anjou, ils arrivèrent à Nantes dont les habitans supplièrent Duguesclin de s'arrêter dans leurs murs pour y attendre sa guérison. Le comte de Blois accourut le visiter et lui témoigner l'intérêt qu'il inspirait à tout le duché. Un jour qu'il se trouvait seul avec le chevalier breton, il voulut le consulter sur ses affaires particulières. « La comtesse de Penthièvre et mes amis, dit-il, ont résolu de rassembler extraordinairement les soldats attachés à ma cause, afin d'attaquer à l'improviste les Anglais sur tous les points, soit dans les places fortes, soit dans les camps retranchés. — Mais oubliez-vous, répondit Bertrand avec étonnement, que la guerre n'est point déclarée en Bretagne, que les Anglais se reposent sur la foi des traités? — Duguesclin, répliqua le comte, vos scrupules se dissiperont bientôt lorsque vous saurez ce qui se passe. Les Anglais ne cessent de dévaster les campagnes, de ruiner nos compatriotes en levant sur eux à main armée des contributions excessives : lorsque je me plains de ces infractions, le duc de Lancastre les désavoue, il est vrai, mais Édouard donne l'ordre en secret de les continuer, j'en ai des preuves irrécusables : voici une lettre que le hasard a fait tomber entre mes mains; le monarque y désigne lui-même les points sur lesquels il faut diriger les excursions. » L'indignation de Bertrand fut au comble, et le comte de Blois, voulant profiter des dispositions dans lesquelles il le voyait, le somma de tenir la promesse qu'il avait faite lorsqu'il était entré au service du roi de France, c'est-à-dire de venir au secours de la Bretagne quand elle serait menacée. Le guerrier n'hésita point; il promit de se trouver à Nantes dans le délai d'un mois et demi, avec le plus de troupes qu'il pourrait réunir.

Duguesclin étant rétabli, et en état de monter à cheval, partit pour Pontorson; il fut bientôt à même de reconnaître la vérité de ce que le comte de Blois lui avait dit. Aussitôt qu'ils apprirent qu'il se préparait à revenir dans son gouvernement, les capitaines anglais résolurent de l'enlever à sa sortie de Nantes. Richard de Grevasques, le plus entreprenant d'entre eux, se chargea de l'exécution du coup de main.

Le second jour de marche, Bertrand logea dans une abbaye; son escorte et sa compagnie de cent lances s'arrêtèrent dans Nozay. Grevasques arriva devant cette ville le lendemain matin au point du jour, massacra les gardes extérieures, barricada les portes au dehors, et se porta rapidement à l'abbaye; mais un écuyer, resté sur une tourelle, le vit approcher, et donna l'alarme. Duguesclin descendit péniblement, pouvant à peine tenir ses armes; il réunit autour de lui ses gens et le peu de soldats qu'il avait auprès de sa personne. Les Anglais, arrêtés quelque temps par les valets qui s'étaient mis en défense, pénétrèrent enfin dans la dernière cour, où Bertrand les attendait : il voulut marcher à eux le premier, quoique affaibli par une longue maladie, on ne lui en laissa pas le temps; les chevaliers bretons s'élancèrent en avant pour le garantir, et le retinrent au milieu d'eux. Geoffroy Levoyer, Raoul de Kergouet, le sire de Rouillé, furent tués à ses pieds. Les assaillans poussaient des cris de joie, regardant la prise de Bertrand comme assurée, lorsqu'on entendit le galop d'une troupe de cavalerie : c'était la compagnie de cent lances, qui, ayant abattu les portes de Nozay, accourait pour délivrer son général. Les Bretons, qui se groupaient autour de Duguesclin, encouragés par l'approche de ce secours inespéré, se multipliaient en quelque façon pour résister à l'ennemi. Grevasques, furieux de se voir enlever sa proie, redoublait d'efforts, quand il vit tomber à ses côtés son fils percé de coups : le sang de ce jeune homme rejaillit sur lui. Son émotion fut telle à la vue de ce cruel spectacle, que les armes tombèrent de ses mains; on l'entoura, et on le fit prisonnier. Le malheur de ce père infortuné toucha l'ame de Duguesclin, qui, toujours magnanime, le renvoya sans rançon, avec la faculté d'enlever le corps de son fils.

Après avoir échappé à ce péril, Bertrand rassembla sa compagnie, et poursuivit sa route pour Pontorson. Déjà il apercevait les tourelles du château; le son du beffroi, qui semblait annoncer de loin son arrivée, frappait son oreille; son cœur palpitait à l'idée de se trouver réuni dans quelques instans à ce qu'il avait de plus cher, lorsque le chevalier qui commandait l'avant-garde vint l'informer que l'on apercevait dans les haies des hommes armés qui semblaient se cacher avec précaution. Duguesclin fit aussitôt reconnaître ces troupes. Ses officiers vinrent lui dire que c'étaient des Anglais, au nombre de 300 à peu près. D'après ses ordres, différens détachemens fermèrent toutes les issues, et dans l'espace de quelques heures, ces Anglais, entourés par des forces supérieures, furent obligés de se rendre : le chef seul, monté sur un cheval vigoureux, couvert d'armes brillantes, opposait la résistance la plus opiniâtre; les Bretons l'assaillirent de toute part, l'amenèrent prisonnier à Duguesclin, qui reconnut le capitaine Felton. Nous avons vu qu'il était resté captif à Pontorson. Pendant l'absence de Bertrand, cet Anglais avait recouvert sa liberté en payant à Tiphaine la rançon exigée par les lois de la guerre : mais il ne put se consoler de sa disgrace; le souvenir des traitemens généreux qu'il avait reçus de Duguesclin et de sa famille l'importunait; pour venger son affront, il aurait voulu anéantir jusqu'à la maison qu'il avait habitée. En conséquence, deux jours après qu'il eut été élargi, il visita les quartiers anglais, et à force de prières il parvint à réunir 300 hommes avec lesquels il conçut le projet d'aller surprendre le château de Pontorson, d'enlever Tiphaine de Raguenel et Julienne la religieuse, sœur de Bertrand, entreprise dont le succès lui paraissait probable, car la garnison ne s'élevait pas au-dessus de 100 hommes. Felton avait concerté sa perfide entreprise bien avant de sortir de Pontorson, en gagnant une femme du château, laquelle lui promit de le favoriser dans ses projets : en effet, ce jour-là même, avant que le soleil fût levé, elle l'introduisit dans l'intérieur des cours en lui livrant une des portes du parc, ayant également laissé ouverte une des fenêtres de l'appartement principal (1).

Felton appliqua une échelle à cette fenêtre, et monta, se réjouissant déjà de tout le chagrin qu'il causerait au rival dont il détestait le nom; mais au moment où il allait entrer dans l'appartement, Julienne Duguesclin, la religieuse, éveillée

(1) Il ne reste aucune trace de ce château.

par le bruit de l'alerte, se présenta revêtue d'une armure de son frère, à l'endroit où le bruit lui paraissait le plus près; elle fondit sur Felton, qui tenait déjà la fenêtre, l'attaqua avec courage, brisa son casque, poussa l'échelle d'un bras vigoureux, et la renversa : l'Anglais tomba tout étourdi sur le pavé. L'action héroïque de Julienne (1) donna le temps à la garnison et aux gens du château d'arriver de toute part; on se jeta sur les soldats étrangers qui, épouvantés par ce premier échec, lâchaient pied et s'échappaient à travers le parc, se hâtant de sortir de Pontorson; ils fuyaient encore lorsqu'ils vinrent tomber dans la troupe de Duguesclin, qui les ramena prisonniers au château : le général breton y trouva tout le monde en rumeur, il l'attribuait à son arrivée inattendue. En effet, Tiphaine, Julienne, vinrent le recevoir au perron avec de grands témoignages de joie; le vainqueur présenta son prisonnier aux dames; à cette vue, Tiphaine ne put contenir ses éclats de rire, qui se prolongèrent long-temps : « Ah! seigneur Felton! s'écria-t-elle; vous voilà encore! quoi! vaincu en quelques heures par la sœur et par le

(1) Julienne Duguesclin fut depuis abbesse de Saint-Georges à Rennes, et mourut en 1405, dans un âge fort avancé.

frère, c'est trop pour un vaillant homme comme vous. » Duguesclin, étonné de ce discours, en demanda l'explication ; on la lui donna : « Comment, capitaine ! dit-il à Felton, surprendre des dames endormies dans leur lit ! ce n'est pas loyal, c'est tout au plus le fait d'un amant indiscret : vous en avez reçu la seule punition que méritait votre procédé ; car, être battu par moi, c'est convenable, et d'ailleurs vous y êtes accoutumé ; l'être par une religieuse, c'est vraiment trop fort. »

Cependant Bertrand, n'écoutant que sa bonté ordinaire, aurait volontiers oublié les torts de Felton, en raison de la singularité de l'aventure, si on ne lui eût fait connaître les moyens qu'il avait mis en œuvre pour surprendre Pontorson. Indigné de sa perfidie, Bertrand l'accabla des plus sanglans reproches, et le fit conduire dans une des tours du château. La femme qui avait introduit l'ennemi dans la place fut enfermée dans un sac de cuir et jetée à l'eau, châtiment réservé aux traîtres.

La situation critique de la Bretagne ne permettait pas à Duguesclin de goûter long-temps le repos : la guerre n'était pas déclarée ouvertement, mais les ravages continuaient des deux côtés; de sorte que les peuples, toujours trompés dans leur fausse sécurité, demandaient à grands cris qu'on les tirât de cette incertitude souvent plus difficile à supporter qu'une infortune dont on connaît toute l'étendue. Les Bretons exaspérés, forcèrent enfin Charles de Blois à décider sa querelle avec son compétiteur. Le conseil décida que l'on rappellerait Duguesclin, dont le nom inspirait aux soldats une confiance aveugle; on dépêcha vers lui un banneret qui vint le sommer de tenir la promesse que, à son retour de Guienne, il avait faite au duc de Bretagne.

Bertrand pensait, comme tous les gens sages, que la querelle, dont la possession du duché était l'objet, devait se décider violemment d'un seul coup; il n'eut point de peine à quitter Pontorson, et arriva à Nantes dans les premiers jours d'avril 1363; il y reçut un accueil dont sa modestie dut être embarrassée. Charles de Blois lui conféra le commandement général des troupes; en vain voulut-il s'en défendre, regardant les sires de Rohan, de Laval et de Beaumanoir comme plus dignes de cet honneur par leur rang et par leur mérite; mais ces trois seigneurs furent les premiers à le presser d'accepter, pour le bien public, la charge qu'on voulait lui confier. Le prince remit à Duguesclin les insignes du commandement : c'était un bâton d'argent parsemé d'hermines. Bertrand, dont l'activité passait toute croyance, se mit à parcourir les villes, les bourgs et les moindres cantons. A sa voix, les plus attiédis se ranimèrent; il eut bientôt sous ses ordres 22,000 hommes, dont 5,000 de cavalerie. On peut juger par-là de la supériorité du parti de Penthièvre sur celui de Montfort.

Dès que l'armée fut prête à entrer en campagne, Charles de Blois envoya un héraut à son compétiteur pour lui déclarer la guerre, attendu qu'il n'avait pas cessé de violer les conditions de la trève. Jean de Montfort répondit qu'il le ferait repentir d'avoir provoqué une rupture aussi éclatante.

Duguesclin commença les opérations par le siège de Carhaix, qu'il enleva au bout de trois semaines. Il marcha ensuite contre le château de Bécherel. La perte de cette forteresse pouvait avoir des conséquences très-fâcheuses pour le parti de Montfort; aussi les Anglais, alliés de ce prince, s'empressèrent-ils de troubler les Bretons dans leurs opérations : ils se concentrèrent à trois lieues de Bécherel; Jean de Montfort s'avança avec eux pour bloquer les assiégeans dans leurs lignes. A son approche, Bertrand voulut abandonner le siège, afin de lui livrer bataille dans la plaine ; mais il s'aperçut dès lors que bien qu'il fût décoré du titre de commandant en chef, il n'était pas entièrement maître de prendre les résolutions qu'il croyait convenables. Le conseil du comte de Blois voulut que l'armée ne fît aucun mouvement. Bertrand, obligé de se conformer à cette décision suprême, se renferma si bien dans sa position, que les généraux anglais, indignés de voir consumer le temps en efforts inutiles, obligèrent Montfort à défier son rival en combat singulier. Duguesclin, dont la finesse égalait le courage, profita de l'impatience de l'ennemi pour sortir de la situation critique où il se trouvait contre son gré : il fit refuser le cartel, en proposant de vider l'affaire, dans un délai de huit jours, par une bataille générale au milieu des landes d'Evran. Cette proposition, acceptée par le présomptueux Montfort, sauva d'une ruine certaine l'armée de son compétiteur.

Les hostilités cessèrent pendant une semaine. Les deux partis profitèrent de cet intervalle pour réunir jusqu'à leurs plus faibles ressources. Chandos, qui commandait les troupes anglaises, les concentra sur un seul point, et vint joindre Montfort avec Robert Kenoles et le sire de Montagu ses lieutenans. Au jour marqué, les deux armées se trouvèrent dans les vastes plaines d'Evran. On distinguait, à la tête des Bretons du parti de Montfort, Olivier de Clisson, depuis connétable de France, Tanneguy-Duchâtel, Olivier de Cadoudal et Pierre de Lanvaux; ils suivaient à regret les mêmes enseignes que les troupes anglaises : cette armée était de 18,000 hommes. Celle de Charles de Blois, plus nombreuse, se composait en entier de Bretons ou de Normands : on y voyait tout ce que la Bretagne comptait de plus illustre, les sires de Rohan, de Laval, d'Avaugour, de Raits, de Rieux, de Malestroit, de Pellevé, de Penhouet, de Quélen, de Cornouailles, de Porrhoet, de Tintiniac, de Beaumanoir, de La Marche, etc. Duguesclin pouvait concevoir un juste orgueil en voyant marcher sous ses ordres les chefs de ces grandes maisons; mais d'un autre côté il ne pouvait se dissimuler que par cela même il ne serait pas maître de prendre les dispositions que la prudence lui suggérerait. Cependant la supériorité marquée que l'armée du comte de Blois avait sur celle de Montfort, lui faisait regarder le succès comme infaillible. La journée se passa en escarmouches très-vives qui furent toutes à l'avantage du parti des Penthièvre. Le lendemain matin on fit de très-bonne heure les apprêts d'un engagement général ; déjà les lignes étaient formées, déjà le hennissement des chevaux et les acclamations des guerriers répondaient au son éclatant des trompettes, lorsque les évêques qui se trouvaient dans les deux camps vinrent se placer spontanément au-devant des rangs prêts à se heurter. Les combattans, retenus par le respect, s'arrêtèrent ; les prélats s'abouchèrent au milieu de la plaine, et décidèrent de mettre un terme au différend qui depuis si long-temps agitait la nation. Les deux partis applaudirent à leur zèle, d'ailleurs fort respectable. Duguesclin fut le seul qui n'approuva point cette démarche : toujours profond dans ses jugemens, il prévoyait qu'une trêve ne serait jamais bien observée, et que la querelle ne serait véritablement terminée que lorsque l'un des deux compétiteurs serait accablé. Comme général en chef, il ne doutait pas que si on livrait bataille, les résultats ne fussent favorables à Charles de Blois ; aussi s'opposa-t-il à toute espèce d'arrangement, mais il ne put faire prévaloir son avis. Les évêques obtinrent que les deux rivaux s'aboucheraient ; ils leur peignirent avec chaleur les maux de la guerre, leur montrèrent les Bretons prêts à s'égorger pour les intérêts de deux familles ; ils finirent par les faire consentir à partager la Bretagne en deux souverainetés. Les soldats, dont la première effervescence s'était calmée pendant qu'on parlementait, témoignèrent par des cris, la joie que leur causait la proposition faite par les évêques : la convention fut donc proclamée, les deux partis se mêlèrent, et chacun se retira ensuite dans ses foyers. Ainsi finit cette campagne. Duguesclin, persistant dans son opinion, dit au comte de Blois, lorsqu'il le vit signer la convention : « Seigneur, nous avons manqué une belle occasion de vous faire seul duc de Bretagne. » On ne fut pas long-temps sans reconnaître la justesse de ses prévisions.

Les parties belligérantes se donnèrent réciproquement des sûretés (fin de 1363). Montfort menaça de rompre les négociations si Bertrand n'était pas compris au nombre des otages, ne doutant pas que son rival n'oserait rien entreprendre tant qu'il serait privé de ce vaillant capitaine. Duguesclin aurait pu alléguer qu'il était au service du roi de France, et ce motif eût paru légitime à tous les yeux : cependant il ne voulut pas que son pays pût lui reprocher d'être une des causes de ses malheurs ; il se résigna, mais il obtint de ne rester qu'un mois en otage. Il espérait que dans cet intervalle les principales clauses du partage de la Bretagne seraient arrêtées, ou que la guerre recommencerait incontinent; il pensait que, dans ce dernier cas, il lui serait permis de reprendre le commandement de l'armée. Le sort trompa ses calculs, voici comment.

L'accord fait dans les landes d'Évran avait besoin de la sanction de Jeanne de Penthièvre, héritière véritable de Jean III, et de qui Charles de Blois tenait ses droits sur le duché. On n'avait pu la consulter, puisque l'arrangement s'était fait sur le champ de bataille, et qu'elle se trouvait alors à Nantes. Cette princesse apprit avec indignation que l'on avait disposé de son héritage sans son aveu; elle déclara qu'on ne la ferait jamais consentir à un partage. D'un autre côté le roi d'Angleterre, ayant vu avec regret les différends aplanis, attisait le feu de la discorde; il ne se donna point de repos que les négociations ne fussent rompues. Ainsi les habitans de ces malheureuses contrées virent encore leurs espérances déçues. Tout reprit l'aspect de la guerre. Les hostilités ne se déclarèrent pas d'abord ouvertement; mais chacun se tint sur la défensive. Bientôt de petites escarmouches eurent lieu, et ces rencontres journalières entre des corps isolés recommencèrent à porter la désolation dans tous les cantons. On rendit les otages de part et d'autre; cependant, au mépris des lois de l'honneur, Montfort retint Duguesclin et en confia la garde à Felton, le même qui avait été fait prisonnier deux fois par cet intrépide guerrier. Ce capitaine venait de payer sa seconde rançon, et se trouvait, par le plus abominable abus de la force, gardien de celui dont naguère encore il était le captif.

Depuis un an Bertrand languissait dans la plus injuste détention; on lui avait accordé comme une grace de sortir, une heure par jour, du château de Bécherel, sous la garde d'une forte escorte. Peu à peu la surveillance que l'on observait à son égard diminua; il n'eut bientôt plus pour garde qu'un jeune bachelier âgé de quinze ans, fils du capitaine Felton. Dès ce moment il conçut le projet de briser ses fers. Il allait chaque jour se promener dans le même lieu : il envoya un dimanche son écuyer, qui ne l'avait pas quitté pendant sa captivité, l'attendre à l'entrée de la forêt avec deux chevaux très-vigoureux. Tout fut exécuté selon ses désirs : lorsqu'il fut arrivé avec le jeune Felton à l'endroit indiqué, il sauta sur un des chevaux, et dit au bachelier : « Mon enfant, votre père sait très-bien que je suis retenu prisonnier injustement; je ne lui ai point engagé ma parole d'honneur, ainsi il ne trouvera pas étonnant que je me sois soustrait à un aussi indigne esclavage. » En disant ces mots il s'éloigna. Le jeune Felton, le voyant partir, fit retentir la forêt de ses plaintes. « Vaillant chevalier, disait-il, vous allez être la cause de ma mort; mon père me tuera. » Les cris de cet enfant touchèrent Duguesclin; il revint sur ses pas, et lui dit: « Si votre père veut vous maltraiter, venez vous réfugier chez moi à Pontorson; je me charge de votre fortune. » Piquant ensuite son cheval, il disparut dans l'épaisseur du bois.

Montfort, irrité de l'évasion de Bertrand, accusa Felton de s'être laissé gagner par argent: on savait que le capitaine anglais en était fort avide. Mais Duguesclin, trop généreux pour laisser planer un tel soupçon sur ce chevalier, envoya une déclaration de ce qui s'était passé, certifiant sur son honneur que Felton avait dit l'exacte vérité: celui-ci ne fut point encore satisfait; il envoya un défi à son ancien prisonnier, qui l'accepta; mais le dauphin fit porter l'affaire au parlement: elle fut plaidée avec beaucoup d'appareil. Le parlement déclara que Duguesclin n'avait point forfait à l'honneur, puisque deux cents chevaliers à bannière attestaient qu'il ne s'était engagé à être en otage que pour un mois.

Bertrand, après avoir brisé ses fers (commencement de 1364), alla se jeter dans Guingamp, place la plus voisine, et se préparait à la quitter pour se rendre à Pontorson, lorsqu'il vit sa maison entourée par une foule considérable d'habitans qui criaient : « Vaillant Duguesclin, ne nous abandonnez pas ! » Fort étonné de ces cris, il demanda ce qu'on voulait de lui : les magistrats lui apprirent que les Anglais tenaient deux châteaux voisins, Trogof et Pithiviers, et qu'ils commettaient de tels ravages, que les habitans avaient résolu d'abandonner leurs demeures et de s'expatrier si Bertrand ne consentait à délivrer ces contrées de si cruels ennemis. Duguesclin ne fit aucune difficulté de se rendre au vœu public ; mais il déclara qu'il voulait être secondé. On mit à sa disposition tout ce qu'il jugea convenable, et dans l'espace de quelques jours, par la seule force de son génie, il sut se ménager des ressources dont on ne soupçonnait pas l'existence : il inspira tellement de confiance, que les habitans de Guingamp formèrent un corps d'arbalétriers, et consentirent à partager les dangers de l'expédition ; de plus, il fit venir la moitié de la garnison de Pontorson, obtint quelques troupes de la comtesse de Penthièvre, appela auprès de lui les chevaliers bretons qui habitaient dans le voisinage, visita les châteaux, les manoirs, les abbayes, et y recueillit des hommes, des armes et des vivres; enfin, en peu de temps, il se trouva comme par enchantement à la tête de 6000 hommes. Il marcha aussitôt contre Pithiviers, château bâti au milieu de marais, et qui avait pour gouverneur le capitaine Davy, le plus bel homme de l'Angleterre. Jeanne de Rostremen, veuve d'Alain, sire de Rohan (1), éprise de cet étranger, venait de l'épouser, et habitait Pithiviers avec lui.

La position de la place rendait l'entreprise fort difficile; mais, à l'aide des habitans des campagnes accourus de tous côtés, le général breton parvint à élever une chaussée très-large, fit approcher les machines de guerre, battit les murailles, et pratiqua une large brèche : ses gens s'y précipitèrent avec fureur; les paysans eux-mêmes montèrent à l'assaut. Pendant que les uns s'élançaient vers les remparts, d'autres s'attachaient à enfoncer une porte basse, dite porte de secours; ils la couvrirent de matières combustibles, et parvinrent ainsi à y mettre le feu. Davy, attaqué de tous côtés, jugeant à l'acharnement des Bretons que sa ruine était inévitable, n'aspirait qu'à faire payer cher sa défaite : déjà il était entouré par une foule d'assaillans; les

(1) Frère de celui qui défendit Rennes avec Penhouet.

Bretons, irrités de la résistance qu'ils avaient rencontrée, venaient de livrer le château aux flammes, ne faisant quartier à personne, et cherchaient le gouverneur pour l'immoler. Duguesclin, qui reprenait son caractère humain dès que la résistance cessait, fit abattre lui-même les échelles, afin que personne ne montât plus, et s'avançant au milieu de la scène d'horreur que présentait l'intérieur de la place, il prit Davy sous sa protection en écartant ceux qui le serraient de trop près, et arracha à la brutalité des soldats Jeanne de Rostremen, après laquelle les Bretons s'acharnaient, car ils voulaient la punir d'avoir répudié le beau nom de Rohan.

Le château de Trogof ne fit point de résistance ; les Anglais qui s'y étaient renfermés capitulèrent en demandant seulement la liberté de se rendre en Guienne ; Duguesclin y consentit, mais en leur refusant la faculté d'emporter leurs armes. Après avoir délivré le comté de Penthièvre de la domination tyrannique des Anglais, il partit pour son gouvernement de Pontorson, toujours prêt à obéir au premier ordre du régent.

LIVRE V.

Duguesclin signale les premiers jours du règne de Charles V par des succès éclatans. — Victoire de Cocherel. — Soumission de la Normandie.

Jusqu'à présent nous avons vu Duguesclin, simple chevalier, dirigeant avec succès des coups de main qui ne demandaient que de la bravoure. Il y a loin de là aux devoirs de général en chef, devoirs qu'il va bientôt remplir : il lui faudra remplacer une vaillance aventureuse par la sagesse des méditations, l'impétuosité par le talent, l'audace par le calcul; et nous le trouverons toujours à la hauteur du rôle important auquel il va être appelé : plus il s'élevait, plus il déployait de qualités nouvelles. Observateur profond, il acquit bientôt la connaissance parfaite de ses semblables; il sut prendre sur eux un empire absolu; sans avoir étudié les lois ni les coutumes, il montra dans les affaires une habileté qui étonna les jurisconsultes les plus éclairés. Nul ne fut plus habile en politique, et ne mit plus de finesse dans sa conduite ; son obstination même à dédaigner l'instruction de cette époque, atteste la supériorité de son jugement, car la science se bornait à la controverse théologique et à l'astrologie judiciaire ; de sorte que cette tendance vague que l'on avait à faire revivre les lettres, était plutôt propre à arrêter les progrès de l'esprit qu'à les étendre. En effet l'on vit encore, un siècle après la mort de Bertrand, l'université de Paris vouloir faire juger comme sorciers les premiers imprimeurs qui vinrent d'Allemagne en France.

Dégagé des préjugés superstitieux de son siècle, Duguesclin comprenait notre religion dans tout son sublime, et trouva dans ses préceptes le plus beau code de morale ; il crut que la pratique de ses maximes et un courage indomptable suffisaient pour faire un grand guerrier : la postérité a confirmé son jugement. Une droiture invariable, une ame incapable de déguisement, un noble désintéressement qui ne lui laissait voir dans ses plus brillans succès que la seule gloire de son roi et la prospérité de l'État, formèrent en lui un ensemble dont l'histoire des hommes offre peu d'exemples. Déplorant les maux de la guerre, il s'étudia à les diminuer, et y réussit en faisant revivre la discipline. Si on considère le héros breton comme général en chef, on se convaincra facilement que jamais réputation ne fut mieux acquise que la sienne; à une bravoure peu commune il joignait une rapidité d'exécution unique, une persévérance qui décelait une ame fortement trempée. Il fut le premier depuis la chute de l'empire romain qui prouva que la guerre est un art, car il obtint de grands résultats avec des moyens très-bornés. Nul n'eut un coup d'œil aussi prompt, ne suivit mieux les mouvemens de l'ennemi, ne sut l'attirer avec plus d'adresse sur le terrain qu'il choisissait, et ne mit plus de ténacité, soit dans l'attaque, soit dans la défense; personne avant lui n'avait songé à calculer les marches, à assurer les passages des rivières et des défilés, à ménager les ressources du pays où se faisait la guerre. A sa mort, la tactique que son génie seul avait reproduite, car il ignorait absolument ce que les anciens avaient fait à cet égard; cette tactique, disons-nous, s'anéantit dans les malheurs du règne de Charles VI, et ne reparut que cinquante ans après, sous le connétable de Richemont son compatriote.

Nous avons vu sortir du Nord, à la fin du dix-huitième siècle, un soldat devenu général par son courage, et qui avait beaucoup d'analogie avec Duguesclin; chez lui le génie perçait également à travers une écorce grossière et des traits disgracieux; mais il existait entre le rude Sarmate et l'enfant de la Bretagne la même différence que l'on voit encore entre les âpres contrées où l'un prit naissance, et les climats tempérés où l'autre reçut le jour.

Charles V, qui, dans un autre genre, était un des phénomènes de ce siècle, avait deviné dans Duguesclin un homme extraordinaire; il l'appela auprès de sa personne dès que l'absence de son père l'eut placé pour la seconde fois à la tête des affaires. Le roi Jean avait laissé à Londres en otages beaucoup de hauts barons et son fils le duc d'Anjou, qui devait y rester jusqu'à ce que la rançon de son père fût entièrement payée. Le jeune prince s'évada, et quitta l'Angleterre. Édouard se plaignit amèrement de cette violation de la foi jurée; Jean, pour satisfaire à l'honneur, ne balança pas à aller reprendre ses fers. Beaucoup d'écrivains ont cherché à dénaturer l'intention de ce prince, et n'ont pas craint d'avancer qu'une folle passion, et non le désir d'observer les traités, l'avait rappelé en Angleterre : pour prouver la fausseté de cette assertion, il nous suffira de dire que la comtesse de Salisbury, l'objet supposé de l'amour de ce prince, avait alors cinquante-cinq ans, c'est-à-dire onze ans de plus que lui, et il est même douteux qu'à cette époque elle vécût encore. Jean II, déjà très-occupé par les entreprises continuelles de Charles-le-Mauvais, craignit que l'évasion de son fils n'attirât sur la France une nouvelle guerre avec Édouard : c'est ce qu'il voulait éviter, tout en satisfaisant à sa conscience. Il mourut à Londres le 10 avril 1364. Le chagrin avait abrégé ses jours; il emporta au tombeau l'admiration des Anglais, qui, témoins de ses vertus, n'avaient point été victimes de ses fautes. Quoique son règne eût été fort malheureux, les Français, toujours pleins d'amour pour leurs rois, donnèrent à la mémoire de ce prince des larmes d'autant plus sincères qu'ils voyaient déjà dans son fils le réparateur de ses imprudences : c'était ce même Charles V qui, à l'âge de vingt ans, avait, par sa seule sagesse, soutenu la monarchie sur le penchant de sa ruine.

Le régent, avons-nous dit, appela Duguesclin auprès de lui dès que le roi fut parti pour l'Angleterre. Il voulait concerter avec ce vaillant capitaine les moyens de comprimer le roi de Navarre, qui se mettait en hostilité ouverte contre la France afin de faire valoir ses droits sur la Champagne, et même sur la Bourgogne. Charles-le-Mauvais, dont il s'agit, se montrait le plus lâche des hommes, comme il en était le plus pervers : retiré dans ses forteresses, il indiquait aux bandes nombreuses, soudoyées par lui, les contrées qu'il fallait dévaster, et contemplait du haut de ses tours les incendies qu'il venait de commander. C'est ainsi qu'il soutenait des prétentions qui malheureusement étaient fondées. Il déclara solennellement la guerre à son beau-frère, mais avec une jactance ridicule. Comme il ne se croyait pas capable de diriger lui-même la lutte qu'il venait d'engager, il en confia le soin à Jean de Grailli, captal du Buch, capitaine basque, de l'illustre maison de Foix, guerrier brave, jeune, présomptueux et surtout très-rusé. S'étant mis à la solde de l'Angleterre avec ses compagnies, formées de vagabonds de tous les pays, ce Grailli se trouva avec elles à la bataille de Poitiers, où il se comporta avec valeur (1). En 1364, Grailli entra mo-

(1) Le Dictionnaire de la Noblesse, de La Clusuaie des Bois, et d'autres historiens français, ont dit à tort qu'Édouard III lui donna le collier de la Jarretière ; ils le confondent en cela avec Pierre de Grailli, son grand-père, nommé le troisième chevalier de cet ordre à cause de l'importance dont il jouissait parmi la noblesse de la Gascogne.

mentanément au service du Navarrois, annonçant avec ses bravades ordinaires qu'il allait conquérir en entier le royaume de France, malgré Duguesclin dont il se montrait très-jaloux, et avec qui il brûlait de se mesurer. De son côté, Bertrand s'était empressé de se rendre aux ordres du dauphin; ce prince le nomma gouverneur de toute la Normandie que Charles-le-Mauvais s'efforçait d'envahir. Duguesclin se mit en mesure de justifier la confiance que l'on mettait dans son zèle; dès ce moment, il se voua tout entier à la défense de la France.

Il fallait former une armée capable de résister au roi de Navarre, qui avait pris à sa solde les bandes gasconnes répandues dans le royaume. L'entreprise était hardie : les ressources du royaume s'épuisaient; la noblesse, dégoûtée par les revers qu'elle avait essuyés depuis que les Valois régnaient, paraissait *engourdie,* disent les anciennes chroniques, elle oubliait son antique renommée dans la mollesse; et, par une fatalité inouïe, les chefs, ou les héritiers de ces grandes races militaires dont le noble destin avait toujours été de soutenir l'honneur de la France, les Montmorenci, les Couci, les Bourbon, les Chevreuse, étaient ou en bas âge, ou retenus en Angleterre comme otages du roi Jean. Édouard III, qui redoutait leur courage, refusait de les mettre en liberté, quoique le monarque français fût venu reprendre ses fers. Le héros breton ne désespérait cependant pas de la fortune publique; il se plaisait à braver les difficultés, et fit un appel éclatant aux nobles des provinces : sa voix les tira de la léthargie, réveilla leur ardeur martiale; ils reprirent l'épée, dont quelques-uns ne connaissaient plus l'usage.

Les premiers qui vinrent se ranger auprès de Duguesclin furent le comte d'Auxerre et le comte de Châlons, princes du sang royal; Hennequin, grand-maître des arbalétriers, le vicomte de Beaumont, Léon de Cayeux, Thieri de Bournonville, Tranchant de Granville, les sires de Rambures, de Saimpi, de Robert de Villequier, le sire de Betancourt, Odoart d'Albon, Robert de la Treille, Pierre de Villaines, Robillard de Fontebois, Renard de Renti, Petiton de Courton, le sire de Beaujeu, Guillaume de Bouestel, Eustache de la Houssaye, Thibaut Dupont, Roland Dubois, etc. : le fameux Arnault Cervolle vint se mettre sous les ordres de Bertrand avec 1500 soldats bourguignons et francs-comtois.

Le général français prépara son expédition avec une adresse rare, se gardant bien de tirer l'ennemi de la sécurité dans laquelle l'entretenait l'état de la Normandie, entièrement dégarnie de troupes. Profitant de la faute que le captal du Buch avait commise en s'enfonçant dans le Cotentin, il sortit inopinément avec l'armée qu'il avait réunie dans l'intérieur de Paris, et se porta sur la rive gauche de la Seine, à l'effet d'investir Mantes, Meulan et Rouleboise, qui tenaient la capitale dans une gêne continuelle en arrêtant les arrivages des vivres: Charles-le-Mauvais avait jeté dans ces villes de nombreuses garnisons. Quant à Rouleboise, ce n'était qu'un fort qui incommodait beaucoup le chemin de Rouen. Les habitans de cette dernière ville, très-dévoués au dauphin, sortirent au nombre de 10,000, ayant à leur tête un bourgeois nommé Lelièvre, dans l'intention d'enlever cette tour et de la raser ; le régent, prévenu de leur intention, applaudit à ce zèle, et envoya Duguesclin avec l'élite de ses forces pour protéger leurs mouvemens.

Rouleboise fut attaqué de deux côtés avec une égale ardeur, mais le courage du commandant fit échouer cette première tentative, et fit juger que cette conquête ne serait pas l'ouvrage d'un seul jour. Guillaume de Launay, un des principaux officiers, ouvrit l'avis d'abandonner le siège pour aller surprendre Mantes, dont la prise moins difficile entraînerait celle du fort : Duguesclin refusa de suivre ce conseil, regardant comme un déshonneur d'abandonner une place sans l'avoir prise ; le capitaine de Launay, le voyant inébranlable dans sa résolution, demanda la permission d'aller tenter un coup de main sur Mantes, avec un détachement : Bertrand connaissait sa bravoure ; il la lui accorda, et établit un cordon de 100 hommes qui devaient l'avertir de tous les mouvemens de de Launay, afin de le soutenir à propos s'il y avait urgence.

Le capitaine partit avec une troupe d'hommes choisis, dont il avait éprouvé plusieurs fois la résolution, et employa pour surprendre la ville un stratagème calculé avec finesse, et qu'il sut exécuter avec autant d'intelligence que de courage : il détacha d'abord 30 soldats qui se jetèrent dans les cabarets du faubourg, et s'y montrèrent chauds partisans du roi de Navarre : ils remplirent si bien leur rôle, que les bourgeois et les archers de la garnison venus dans les tavernes ne firent aucune difficulté de les laisser entrer dans la ville à la fermeture des portes ; et comme ils étaient disséminés sur plusieurs points, ils arrivèrent séparément dans Mantes, se rencontrèrent dans les rues, mais ne s'abordèrent pas, afin qu'on les crût étrangers les uns aux autres.

Le lendemain, au point du jour, 20 autres soldats déguisés en villageois, et qui tenaient leurs armes cachées sous de larges blouses, se présentèrent à la porte principale au moment où l'on baissait les ponts-levis pour laisser sortir les bestiaux; ils s'annoncèrent comme venant demander de l'ouvrage aux propriétaires des métairies avoisinant Mantes. Ils en imposèrent si bien par leur maintien, que l'on n'hésita pas à les laisser passer. Ces 20 Français n'eurent pas plus tôt franchi le pont-levis, qu'ils se jetèrent sur les hommes de garde et les garottèrent; l'un d'eux sonna du cornet; à ce signal, les 30 soldats venus la veille accoururent se réunir à ceux-ci en criant : *Launay! Launay!* Le capitaine arriva de son côté au galop, et entra dans la ville. Cependant, quoique surprise, la garnison se défendait vigoureusement dans les rues et sur les places, lorsque Duguesclin, averti du mouvement, vint lui-même avec une partie de ses forces. Les Navarrois, entourés de toutes parts, se retirèrent dans une église; le général les y bloqua, et fit prévenir les habitans que s'ils tentaient de secourir les gens de Charles-le-Mauvais il mettrait la ville au pillage. Au même instant 400 hommes de cavalerie se présentaient devant Mantes pour renforcer la garnison, mais ils furent arrêtés par le sire de Malestroit, que Duguesclin envoya contre eux avec un fort détachement : ils furent culbutés, et la majeure partie tomba au pouvoir des Français. La nouvelle de cet échec engagea ceux de Mantes à capituler.

Après cette expédition, Bertrand revint devant Rouleboise, dont le gouverneur lui reprocha en termes injurieux, à travers les créneaux, les moyens dont il s'était servi pour se rendre maître de Mantes. « Pour moi, cria-t-il plusieurs fois, je me ferai tuer plutôt que de me rendre. » En effet, ses actions répondirent à ses discours; il se défendit avec intrépidité, et repoussa plusieurs fois avec succès les Français qui montaient à l'escalade. Mais Duguesclin n'était pas homme à se rebuter; il fit venir de Melun toutes les machines de guerre qui s'y trouvaient, et les disposa avec beaucoup d'appareil devant les murs : à cette vue, la garnison perdit courage et demanda à capituler; on lui accorda des conditions honorables. Duguesclin prit possession du fort et le fit démolir pour qu'il ne servît plus d'asile aux soldats de Grailli.

Regardant son expédition comme manquée si Meulan restait entre les mains du roi de Navarre, Bertrand se concerta avec ses officiers pour aviser aux moyens de réduire promptement cette place : sans doute la prudence lui prescrivait de consulter les chefs secondaires, mais il ne le faisait que pour la forme, car dans les conseils il développait avec tant d'art ses idées et ses opinions particulières, que tout le monde se rangeait à son avis; de sorte que le moindre chevalier, croyant avoir contribué à toutes les décisions, concourait avec ardeur à l'exécution : c'est peut-être à cette manière d'agir qu'il faut attribuer les succès étonnans qu'il obtint fréquemment avec des forces peu considérables.

Ayant reçu de Paris quelques troupes fraîches et rappelé celles qui battaient la campagne, Duguesclin se trouva à la tête de 6,000 hommes : il concentra ces forces sur la rive droite de la Seine, et en partagea le commandement avec le comte d'Auxerre. On mit l'infanterie sur des bateaux, les gens d'armes cotoyèrent la rivière. Les deux généraux s'avancèrent pour reconnaître Meulan : une tour élevée, placée sur la montagne qui domine la ville, servait de citadelle; le pont était défendu par des portes, des palissades et un fort détachement; les murailles, relevées depuis quelques mois, n'offraient guère de prise à l'escalade; les fossés pleins d'eau rendaient les approches fort difficiles. Les habitans, très-dévoués au roi de Navarre, se montraient décidés à seconder de tous leurs moyens la garnison, composée de soldats anglais, normands et navarrois.

Duguesclin résolut de diriger ses premiers efforts contre la citadelle : au moment où il disposait les postes, un quarreau de pierre, d'un volume considérable, fut lancé de la tour et vint rouler aux pieds de son cheval, qui se cabra de frayeur : si Bertrand eût fait un pas de plus, il était infailliblement écrasé. Les arbalétriers reçurent aussitôt l'ordre de commencer à tirer sur ceux qui défendaient les remparts. Pendant que les Anglais étaient occupés à riposter aux assiégeans, Duguesclin se mit à la tête de la gendarmerie, fit un long circuit, vint fondre sur les retranchemens des barrières extérieures, et les enleva après quelque résistance; la garde se retira en désordre dans la place, en fermant les portes. Bertrand, qui les suivait de près, abattit lui-même à coups de hache les retranchemens, et se précipita avec les siens par cette ouverture; les assiégés, épouvantés en le voyant arriver au cœur de la place, crièrent grace; ils capitulèrent, et Duguesclin arrêta les excès autant qu'il était en son pouvoir.

La conquête de Mantes, de Meulan et de Rouleboise avait été si prompte, que le captal du

Buch, retenu du côté de Saint-Lô, n'avait pas eu le temps de venir au secours de ces trois places. Mais un événement arrivé sur ces entrefaites vint dédommager le roi de Navarre des pertes que Bertrand lui avait fait éprouver : c'était la mort de Jean II ; ce prince expirait à Londres le jour même où Duguesclin entrait dans Mantes. A peine le monarque français eut-il rendu le dernier soupir, qu'Édouard envoya en France un seigneur de sa cour pour sommer le dauphin de payer les 14 millions qui restaient dus sur la rançon du roi. Charles V refusa de payer cette somme, en objectant qu'il ne s'y croyait pas obligé, puisque son père était mort dans les fers. Édouard s'attendait bien à ce refus, mais il voulait avoir un prétexte pour commencer la guerre et devenir l'allié du roi de Navarre. Jean Jouel, commandant les troupes anglaises dans la Bretagne et dans la Normandie, reçut l'ordre de joindre ses forces à celles du captal du Buch, afin d'agir de concert contre la France. Ce nouveau renfort rendit encore plus arrogant le sire de Grailli, qui jura de mener, pieds et poings liés, aux genoux du roi de Navarre, ce Duguesclin devenu la terreur de Charles-le-Mauvais.

Ces menaces, loin d'intimider le héros breton, ne servirent qu'à doubler son ardeur. Bertrand se rendit à Paris pour se concerter avec Charles V sur les moyens qu'on pourrait prendre pour faire tête à l'orage ; il trouva le prince tout étourdi de la brusque déclaration de guerre d'Édouard, mais il sut relever son courage par la confiance qu'il faisait paraître. En effet, Charles V se montra bientôt à la hauteur des circonstances, et soutint avec la dignité d'un roi de France les traverses de la fortune.

Duguesclin fit rassembler à Paris beaucoup de bateaux, y embarqua les nobles et sa compagnie de 100 lances, descendit la Seine jusqu'à Rouen, bien résolu de tourner tous ses efforts vers un seul but, qui était de soustraire la Normandie à la puissance du Navarrois. En quittant Paris, il supplia le nouveau roi de se rendre à Reims dans le plus court délai, et de s'y faire sacrer, afin de prévenir le sire de Grailli, qui avait annoncé hautement l'intention de s'emparer de cette ville, et d'empêcher par-là que la cérémonie eût lieu. Après avoir visité Rouen, le général français partit pour Pontorson, où il avait donné rendez-vous à plusieurs capitaines bretons du parti de Penthièvre. Les Bretons, las de se déchirer entre eux, furent charmés de trouver l'occasion de s'occuper hors de leur pays; ils arrivèrent à Pontorson au nombre de 3,000 : leur mouvement ne fut point remarqué des Navarrois, puisque cette ville touchait les frontières de la Bretagne. C'est avec le même secret que s'effectua à Pont-de-l'Arche la jonction des troupes rassemblées à Pontorson avec celles venues de Paris. Elles formèrent un total de 10,000 hommes. Le captal du Buch apprit avec le plus grand étonnement l'arrivée de Bertrand à Pont-de-l'Arche, car il le croyait encore au Louvre se concertant avec Charles V.

L'armée de Grailli, forte de 12,000 hommes, comptait dans ses rangs des Anglais, des Navarrois, des Gascons, et quelques Normands commandés par les sires de Malet de Graville et Pierre de Saquainville. Ces deux barons, relevant du roi de France, pouvaient être considérés comme félons. Parmi les autres chefs supérieurs on distinguait le sire de Mareuil, ancien gouverneur de Melun, Jean Jouel, commandant les Anglais, et Jean de Beauvoir, sire de Chatellux. La cavalerie de Grailli se trouvait fort inférieure en nombre à celle des Français.

Duguesclin commandait pour la première fois les nobles de France : il avait sous ses ordres deux princes du sang, les comtes d'Auxerre et de Châlons; le grand-maître des arbalétriers, l'un des dignitaires de la couronne, et Arnault Cervole, dit l'archiprêtre, le premier chef de partisans de cette époque. Il était donc à craindre que chacun de ces barons ne voulût se prévaloir de son rang pour commander ; prétention fatale qui avait causé les désastres de Créci et de Poitiers. Bertrand ne se laissa point intimider ; fier des 3,000 Bretons qui marchaient sous ses enseignes, il déploya dans ses rapports avec les chevaliers français une fermeté qui les força à obéir franchement et sans murmurer. Les soldats, par contre-coup, se virent obligés d'observer une exacte discipline, chose qui n'était pas ordinaire, mais que Bertrand sut obtenir d'eux.

Ayant concentré ses troupes sur un seul point, Duguesclin les passa en revue et fit publier devant le front des deux lignes ce singulier ordre du jour : « Que celui qui ne se sent pas le cœur de courir les dangers de la campagne sorte des rangs sans crainte ; mais aussi que l'on sache que tout homme qui fuira devant l'ennemi sera puni de mort sans miséricorde. » Pas un soldat ne sortit des rangs. Les principaux chefs et les hauts barons se rassemblèrent devant les troupes, à très-peu de distance du centre, et mirent en délibération quel serait le cri de guerre ; précaution fort essentielle, car le cri de guerre servait à rallier les soldats autour de leurs chefs respectifs : ceux-ci n'avaient pas d'autre moyen pour se faire reconnaître dans la mêlée, les armures des chevaliers de tous les pays se ressemblant beaucoup. Chaque banneret avait son cri ; mais en campagne on en adoptait un qui prédominait sur tous les autres et servait de signal général. Duguesclin proposa de prendre celui du comte d'Auxerre : ce seigneur refusa par modestie. Il s'élevait déjà des débats assez vifs pour savoir à quel choix on s'arrêterait, lorsque les soldats poussèrent spontanément le cri de *Duguesclin! Duguesclin!* les chefs y répondirent par les mêmes acclamations; ce fut un nouveau gage de confiance qu'ils venaient de donner à leur général. Les échos répétaient encore le nom du héros de la Bretagne, lorsqu'on vit accourir un chevalier qui poussait vigoureusement son coursier en répétant de loin le même cri. L'eau découlait de son armure et des flancs de son cheval. C'était Enguerand de Hesdin, le même qui au combat de Montmuran, en 1354, avait abattu et fait prisonnier le capitaine anglais Calverley. Il venait de lever dans ses domaines des hommes d'armes pour se joindre à l'armée française. Il traversait avec eux la ville de Vernon, qu'habitait Blanche d'Évreux, lorsque cette princesse, qui s'intéressait vivement au roi de Navarre son frère, fit fermer les portes, dans le dessein d'empêcher Enguerand de sortir, et de priver ainsi les Français d'un valeureux capitaine. Enguerand, feignant de se soumettre, revint sur ses pas; lorsqu'il fut au milieu du pont de bois, fort peu élevé, il piqua vivement son cheval, lui fit franchir le parapet, et sauta dans la rivière d'Eure; mais comme elle était très-encaissée en cet endroit, il ne put gagner les bords. Il laissa son cheval suivre le fil du courant, jusqu'à ce qu'il pût trouver un lieu propice pour sortir de l'eau; il se jeta alors dans la plaine, où le hasard lui fit rencontrer Duguesclin plus tôt qu'il ne l'espérait. Cette aventure singulière fut regardée par l'armée comme d'un très-heureux augure. (Froissard, liv. 1er.)

Au moment où Duguesclin se préparait à quitter Pont-de-l'Arche, il reçut un renfort de 1,000 hommes envoyés par la ville de Rouen; il reçut en même temps quantité de haches commandées par lui aux ouvriers de Paris, d'Orléans et de Caen. La hache était son arme favorite; il l'avait mise en honneur, surtout parmi les Bretons. Enfin Bertrand leva son camp sans trop savoir quelle direction l'ennemi avait prise. Comme il connaissait fort bien la Normandie, il dirigea sa marche vers Cocherel, ayant le projet de passer l'Eure, de traverser la plaine, et d'aller occuper les hauteurs qui dominent le bassin dans lequel se trouve la ville d'Évreux. C'était une position fort redoutable d'où il se proposait d'observer les mouvemens des Anglais. Il mit son projet à exécution en faisant régner dans ses troupes la plus sévère discipline, et en garantissant de toute espèce d'excès les habitans du pays qu'il parcourait; aussi seconda-t-on avec zèle ses opérations.

Le 12 mai il logea à Passy-sur-Eure : il en partit le lendemain matin, et arriva à Cocherel en suivant l'espace très-rétréci qui se trouve entre l'Eure et la chaîne de rochers. Passy est à deux lieues de Cocherel. Déjà il avait franchi les trois bras de l'Eure; déjà il traversait la plaine pour gagner la montagne dite *de la Ronce* qui était devant lui, lorsqu'il vit apparaître sur le sommet les étendards d'Angleterre et de Navarre : il arrivait trop tard, et se trouvait prévenu par le captal, qui accourait de Vernon. Ce capitaine, ayant appris le départ des troupes françaises de Rouen, avait jugé prudent d'aller occuper la position de Cocherel dont il connaissait l'importance. Les deux généraux avaient eu la même pensée. Grailli ne croyait les Français ni aussi nombreux ni aussi près de lui; son étonnement fut extrême lorsqu'il les vit couvrant la plaine et se dirigeant vers les hauteurs, où il ne les avait devancés que de quelques instans : en les apercevant, il agita ses bannières en signe de défi. Ses coureurs vinrent bientôt après lui dire que l'ennemi comptait dans ses rangs plus de 4,000 Gascons : « Cap san Antonin, dit-il en son patois de Guienne, Gascons contre Gascons se frotteront. »

Duguesclin de son côté n'avait pu être exactement instruit de la marche de Grailli, qui parcourait la Normandie sans avoir de plan fixe. Se voyant prévenu il s'arrêta, puis se forma en bataille, ayant sa droite appuyée à l'Eure et sa gauche aux bois de Hardencourt, dont il fit abattre sur-le-champ beaucoup d'arbres afin d'élever des abatis capables de protéger ses flancs. Il vit le moment où, par leur impétuosité, les nobles allaient compromettre le salut de l'armée en attaquant de front ces hauteurs; il sut les retenir en montrant la ferme résolution de laisser faire les premiers pas aux Navarrois. Sentant de quelle importance il était que les premiers jours du règne de Charles V ne fussent point marqués par une défaite, persuadé qu'il tenait dans ses mains les destinées de la monarchie, il se montrait décidé à ne risquer l'action qu'avec une grande probabilité de succès. La prudence devenait d'autant plus nécessaire, que le captal, sage quoique d'un caractère avantageux, jugeant qu'il serait dangereux de quitter une si belle position en présence d'un rival aussi habile que Bertrand, restait immobile sur le penchant de la colline. Son armée déployée en lignes couronnait la crête de la montagne ; l'aile droite s'appuyait à un village nommé Jouy, qui se trouvait au pied de la Ronce ; c'était le côté vulnérable : l'autre aile se trouvait garantie par l'Eure. La rivière s'échappe en cet endroit entre deux montagnes (1) qui forment rideau. Cette vallée, dans laquelle se trouvait Duguesclin, avait une lieue de long ; elle s'élargissait dans la direction de la Ronce ; le sol en était très-uni : aujourd'hui il est sillonné par des haies et des allées d'arbres qui marquent le morcellement des terres. Cette petite plaine, bornée dans tous les sens par des obstacles naturels, semblait être dessinée pour devenir le théâtre d'une action générale.

Grailli occupait le sommet de la colline avec la

(1) L'une est la Ronce et l'autre la *Côte aux Anglais*, ce qui a fait croire dans le pays que la bataille se livra en ce lieu, ce qui aurait été impraticable. D'ailleurs les Mémoires sur Duguesclin, et même le récit de Froissard, indiquent trop bien les lieux pour qu'il puisse y avoir méprise.

division du centre. La ville d'Évreux, qui n'était qu'à deux lieues de sa droite, lui envoyait des vivres en profusion : il pouvait donc pour attaquer attendre le moment où l'ennemi, forcé par la famine de quitter ses lignes, déterminerait son mouvement de retraite. Duguesclin était dans ce cas. Le village de Cocherel formé de quelques maisons, et le bourg de Passy situé à deux lieues de l'autre côté de l'Eure, ne lui offraient aucune ressource.

Les deux armées s'observèrent plusieurs jours en silence. Pendant le premier quelques escadrons navarrois, ayant voulu assaillir les fourrageurs bretons, furent repoussés et taillés en pièces. Le lendemain un chevalier anglais descendit de la colline, vint planter son pennon devant le front de l'armée de Duguesclin, en défiant le plus brave au combat; les bannerets se disputèrent l'honneur de le vaincre : le général le réserva à Roland Dubois, écuyer breton, dont la force athlétique lui garantissait d'avance un succès complet. Roland sortit des rangs, tourna quelque temps autour de l'Anglais pour fatiguer son ardeur, fondit enfin sur lui, et du premier choc le renversa sans vie sur la poussière. Ayant saisi par la bride le cheval du vaincu, il l'amenait comme trophée de sa victoire, lorsque six Anglais, qui s'étaient avancés pour être témoins du combat, se précipitèrent sur lui; six Français s'élancèrent à leur rencontre, les culbutèrent, en tuèrent deux, et firent les autres prisonniers.

Duguesclin crut d'abord que cette petite escarmouche allait être le prélude d'une action générale; il s'y attendait avec d'autant plus de satisfaction, que ses troupes paraissaient enflammées d'ardeur. Il se mit à les haranguer, c'était son goût : il ne laissait jamais échapper l'occasion de le satisfaire, cherchant à imiter les anciens dont son père lui avait souvent parlé. Il possédait l'art de remuer les ames par des idées fortes, n'oubliant jamais de citer quelque grand trait de l'histoire romaine : il se complaisait à fixer ainsi l'attention des soldats. Dans cette circonstance il leur montra cette France longtemps trahie par la fortune, leur parla de l'espoir que le nouveau roi avait fondé sur leur courage, et fit retentir à leurs oreilles le mot de gloire, toujours d'un effet magique sur le cœur des Français. Un murmure universel et flatteur lui fit connaître que ses paroles avaient été bien comprises. Déjà les chevaux frémissaient dans les jambes des chevaliers, déjà les soldats brandissaient leurs armes et n'attendaient qu'un mot pour s'élancer vers l'ennemi qui les bravait;

mais leur chef se vit encore forcé de contenir l'ardeur dont il venait d'embraser toutes les ames. Grailli avait vu sans émotion la défaite des six Anglais, et n'avait fait aucun mouvement qui annonçât l'intention de descendre de la montagne : Bertrand refusa donc de se porter en avant, espérant que la fortune ne tarderait pas à lui offrir quelque chance favorable. Dans ce moment Arnauld Cervole, le fameux partisan, un de ses lieutenans, proposa de recourir aux négociations pour sortir de ce pas avec quelque avantage. Ce conseil fut goûté des autres chefs : en conséquence un héraut fut envoyé vers Grailli pour demander qu'il fût permis à l'archiprêtre de venir conférer. Cette proposition parut convenir aux généraux navarrois, et on allait délivrer le sauf-conduit, lorsque le captal s'y opposa en disant : « Cervole est si grand barateur, que s'il venoit jusqu'à nous contant jongles et bourdes, il adviseroit notre force et nos gens ; ce nous pourroit tourner à grand domaige. »

Duguesclin, voyant le refus que faisait Grailli de recevoir l'archiprêtre, songea à mettre en œuvre toutes les ressources de son génie inventif pour attirer l'ennemi dans la plaine, où il pourrait l'attaquer avec avantage au moyen de sa cavalerie plus nombreuse que celle du captal. Il résolut de simuler une retraite : cette ruse était d'autant plus ingénieuse qu'elle pouvait ne pas être un stratagème, vu la situation de l'armée française déjà pressée par la disette. Il fallut instruire les soldats du dessein projeté, de peur que, découragés par cette détermination, ils n'exécutassent ce mouvement en désordre.

Bertrand fit plier les tentes avec fracas, rappela les postes avancés, et commença sa retraite en faisant passer les ponts de l'Eure dans l'intention d'aller gagner la plaine de Passy, ou de faire volte-face rapidement pour se former en ligne une seconde fois sur le même terrain, s'il en avait le temps.

Dès que le captal vit commencer le mouvement de retraite, il tomba dans une grande indécision. Les Anglais demandaient à grands cris de fondre sur les Français ; les Normands et les Navarrois, regardant au contraire comme un piège la marche rétrograde de Bertrand, persistaient à garder leur position, et le général en chef lui-même en jugeait ainsi ; mais Jean Jouel, qui commandait spécialement les troupes d'Édouard III, s'écria que son maître ne lui pardonnerait jamais d'avoir laissé échapper un homme qui avait fait tant de mal à l'Angleterre. Aussitôt, sans vouloir écouter aucune observation, il descendit rapidement avec sa division, et se précipita sur l'arrière-garde des Français dont les deux premiers corps avaient déjà franchi la rivière. Duguesclin était resté avec le dernier en-deçà de l'Eure, pour mieux observer la contenance du captal; voyant que la totalité de l'armée ennemie hésitait à s'ébranler, il jugea qu'il aurait le temps de reprendre sa position; il opposa donc aux Anglais les troupes qui n'avaient point encore passé, et s'empressa en même temps de ramener dans la plaine les deux premières divisions; ses ordres furent exécutés avec une célérité jusque-là sans exemple. Le deuxième corps, conduit par le comte d'Auxerre, franchit les ponts de Cocherel, et vint prendre la gauche de l'arrière-garde, qui avait forcé les Anglais à reculer sur le corps de bataille : l'aile droite, marchant sous les ordres du grand-maître des arbalétriers, ne voulant pas attendre que le pont fût évacué par celle qui la précédait, se jeta dans l'eau, passa les divers bras de la rivière, arriva sur le terrain en même temps que l'autre, de sorte que l'armée se trouva de nouveau en ligne avec une promptitude admirable. Il fallait de l'habileté pour exécuter ainsi ce mouvement. Au reste, le captal du Buch servit merveilleusement les Français, car il ne sut pas se décider franchement; il ne sut ni appuyer les Anglais, ni rester sur la montagne, et la quitta lorsqu'il ne pouvait plus secourir Jean Jouel; il descendit mollement dans la plaine pour recueillir les fuyards anglais que la cavalerie française poursuivait chaudement. S'apercevant alors que le mouvement de Duguesclin n'avait été qu'un piège tendu à dessein, il voulut se tirer de ce mauvais pas en opposant ruse contre ruse. On lui avait annoncé un renfort de 1,200 chevaux qui pouvaient arriver d'un moment à l'autre; il désirait les attendre en gagnant du temps, sans cependant déceler son embarras : dans cette vue, il demanda une trève de quelques heures, comme cela se pratiquait souvent au moment d'une bataille. Voyant le général français faire halte avec ses trois corps, après son premier succès, il lui envoya dire par un héraut que sa coutume était de ne jamais profiter des chances offertes par le hasard, et qu'il ne voulait pas en ce jour tirer avantage de l'état pitoyable où de longues privations avaient mis les troupes de France. L'émissaire s'acquitta de son devoir avec esprit; il employa les moyens les plus adroits pour déguiser la vérité. « Gentil hérault, lui répondit Duguesclin, vous savez moult bien prêcher : suis content de vous, et je vous baille cent florins en régal; et vous direz à votre retour que, si Dieu plaît, je mangerai aujourd'hui du captal un quartier, et ne pense ce soir à manger d'autre chair. » Il faisait allusion au nom de Buch, qui se prononçait en français comme bœuf (1). Se tournant ensuite vers ses officiers, « Compagnons, leur dit-il, nous venons de tendre nos filets, les oiseaux s'y sont fait prendre. » Dans le même instant, il fit sonner les trompettes, et s'avança rapidement vers les Navarrois, en poussant devant lui les goujats et les valets de l'armée, afin de jeter le désordre dans les rangs ennemis. Ces valets surpassèrent son attente, ils culbutèrent les archers gascons, se jetèrent ensuite sur les ailes en se partageant, et démasquèrent ainsi le front de la ligne. Alors les deux partis s'abordèrent et se choquèrent avec fureur. Les Bretons, qui tenaient le centre, se faisaient distinguer par leur opiniâtreté; un de leurs chefs, Thibaud de Pont, armé d'une épée de six pieds, dominait les autres combattans par sa taille gigantesque; mais, ayant brisé son arme sur le casque de Bembro, il saisit sa hache, et de chaque coup il

(1) Les armes parlantes de cette maison étaient quatre bœufs.

faisait voler une tête ou un bras; il secondait dignement Bertrand, qui parcourait les rangs animant les siens de la voix. « Amis, disait-il, souvenez-vous que nous avons un nouveau roi de France, et qu'il faut étrenner son règne par une victoire; » accompagnant, comme à son ordinaire, ces paroles de saillies qui transportaient les soldats et les enlevaient. Ils répondirent tous avec enthousiasme par leur cri usité, *Duguesclin! Duguesclin!* que les échos répétèrent au loin. Bertrand, voulant alors donner lui-même l'exemple, se jette dans la mêlée, y porte la terreur. Déjà il faisait plier le centre de l'ennemi sous ses efforts, lorsqu'il vit son aile gauche reculer devant les gens d'armes navarrois que commandait le baron de Mareuil, le même qui avait défendu Melun. Ce guerrier cherchait dans tous les rangs Duguesclin pour se mesurer avec lui; Renaud de Bournonville, Jean de Sénarpont, Pierre de Lépine, avaient succombé sous ses coups. » Où êtes-vous, vaillant Duguesclin? criait-il, je vous appelle au combat. » Duguesclin arrivait dans ce moment même pour réparer le désordre; il entendit cette présomptueuse provocation, et fondit sur Mareuil avec la rapidité de l'aigle; d'un choc il l'abattit de son cheval; il allait l'achever à coups de lance, lorsque des flots d'ennemis l'arrachèrent de ses mains; la lutte devint opiniâtre autour de ces deux chefs; la bannière de Duguesclin, portée par le sire de Matignon, renversée deux fois, fut relevée par Olivier de Mauny, Thibaud de la Rivière, Yves de Charolles, Jean de la Chesnaie et Geoffroi de Kerimel. Cependant le sire de Mareuil, échappé à Bertrand, avait repris l'offensive, et vengeait son affront sur ceux qui l'approchaient. Il tua de sa main Hennequin, grand-maître des arbalétriers; mais, au moment où il cherchait quelque autre ennemi digne de sa colère, il se vit arrêté par le comte d'Auxerre et son frère jumeau le comte de Châlons, combattant toujours à côté l'un de l'autre. Ils s'attachèrent tous deux à ses pas; le premier lui enleva son casque d'un revers de son épée, et le second lui fendit la tête d'un coup de hache. Les Navarrois, privés de leur intrépide chef, reculèrent devant les Normands et les Picards. L'aile gauche des Français regagna le terrain qu'elle avait perdu, et vint s'appuyer au centre où combattait Duguesclin. Cet infatigable guerrier venait d'accourir sur ce point au moment où les Anglais, après avoir tué le vicomte de Beaumont, s'étaient jetés comme des furieux au milieu des Bretons. Ceux-ci, attaqués par des forces supérieures, commençaient à plier, lorsque la seule voix de Bertrand les ranima; ils se pressèrent autour de lui, et rétablirent le combat.

Quoique l'ennemi eût perdu beaucoup de monde, il continuait cependant à se battre sur tous les points avec une telle vigueur, qu'il était difficile de prévoir quelle serait l'issue de cette lutte remarquable. Le centre surtout, commandé par le captal en personne, soutenait les deux ailes sans se laisser entamer; c'est dans ce moment d'incertitude que Duguesclin, jugeant d'un coup d'œil la situation des affaires, conçut un de ces mouvemens habiles qui fixent la fortune; il ordonna à Thomas de La Houssaye de prendre 600 cavaliers de l'aile droite, celle qui avait souffert le moins, de se couler avec eux derrière les haies qui bordaient l'Eure, et de décrire un demi-cercle pour se jeter sur les derrières du centre de l'ennemi, en passant entre l'aile gauche des Navarrois et la montagne de *la Ronce*. La Houssaye exécuta cet ordre avec une rare intelligence. Il fondit à l'improviste sur les Anglais; ceux-ci, déconcertés par cette attaque imprévue, furent obligés de diminuer les efforts qu'ils faisaient sur le front de la ligne; cependant, malgré cette diversion, ils continuèrent à disputer le terrain avec courage. Dans ce moment important, deux coureurs français, perçant la foule des combattans, vinrent annoncer à Duguesclin l'arrivée prochaine d'un renfort de 1000 chevaux. Méprise heureuse! car les cavaliers annoncés venaient au secours des Anglais. Bertrand, trompé comme les autres, crut que le roi lui envoyait ce renfort de Paris. Cette nouvelle, passant de bouche en bouche, parvint dans les rangs ennemis, et y sema l'épouvante. Les Français, animés encore davantage, redoublèrent d'efforts, et firent plier enfin les deux ailes de leurs adversaires; toutefois le centre, composé en entier de cavalerie, ne se laissait point entamer, quoique attaqué de tous côtés. Duguesclin forma la sienne en colonne serrée, et, se mettant à sa tête, il perça la première ligne ennemie : il arriva ainsi sur le point où combattait le sire de Grailli, qui étonnait les plus hardis par sa bravoure héroïque. Roland Bodin, écuyer breton, d'une taille extraordinaire, se précipita sur lui, fit voler sa lance en éclats, le joignit corps à corps, et, le saisissant à deux mains par le casque, le tint suspendu sur son cheval. Duguesclin arriva au moment où le captal en se débattant allait percer de sa dague Roland Bodin au défaut de la cuirasse. Bertrand, voyant le danger de son écuyer, se jeta sur le captal, et, lui appuyant son épée sur la gorge, lui cria :

« Rendez-vous à l'instant, ou vous êtes mort. »
Grailli laissa tomber sa dague, et présenta son
gantelet à Duguesclin, qui laissa à Roland tout
l'honneur de cette prise importante. Saquainville mit également bas les armes devant le
général français. Jean Jouel, commandant les
Anglais, blessé à mort, venait d'être fait prisonnier par Olivier de la Chapelle. La perte de
tous ces chefs paralysa les efforts des Navarrois, et décida du gain de la bataille; le centre de
l'ennemi, entouré par les deux ailes des Français et par les chevaliers de La Houssaye, fut
enfoncé; les Navarrois, les Anglais et les Gascons combattant sur ce point furent tous pris
ou tués : pas un seul n'échappa.

Déjà les vainqueurs célébraient leurs glorieux
avantages, lorsque des éclaireurs vinrent annoncer à Bertrand que 1200 cavaliers normands
ou navarrois, accourant en toute hâte, étaient
prêts à déboucher dans la plaine par Jouy : c'é-
taient les mêmes que les coureurs avaient signalés
depuis deux heures. Duguesclin rétablit aussitôt
ses lignes, forma ses escadrons, et fit passer aux
prisonniers les ponts de Cocherel, pour qu'ils ne
pussent s'échapper pendant l'action qui allait
avoir lieu. Les nouvelles divisions ennemies arrivèrent bientôt sur le champ de bataille, s'y

enfoncèrent sans précaution; et furent enveloppées : ces troupes firent d'abord mine de vouloir charger les Français; mais, frappées du spectacle qu'offrait la terre couverte de cadavres, elles n'opposèrent qu'une faible résistance. Les soldats furent pris en totalité; leur commandant supérieur s'échappa seul, grace à la vitesse de son cheval, et si troublé par la frayeur qu'il arriva d'une traite à Nonancourt couvert d'un sac à farine qu'il avait pris dans un moulin pour cacher l'éclat de ses armes. Le gouverneur de Nonancourt, quoique du parti de Charles-le-Mauvais, ne le reconnaissant pas sous ce déguisement, ne voulut jamais faire baisser le pont-levis pour lui donner asile (1). Une autre singularité qui se passa durant l'action mérite de tenir ici sa place. Le fameux Arnauld Cervolle, voyant arriver droit à lui la bannière du captal du Buch, de qui il tenait une terre en fief, crut de son devoir de ne pas combattre personnellement celui auquel il devait soumission comme vassal; en conséquence, il sortit des rangs furtivement sans emmener aucun sergent, et en ordonnant à l'écuyer qui portait son pennon de l'élever bien haut, afin qu'on le

---

(1) Froissard.

vît et que l'on crût qu'il était présent. Cervolle avait donné des preuves trop éclatantes de sa valeur pour qu'on pût le soupçonner de lâcheté; néanmoins Charles V se montra très-irrité de sa conduite, et « les chevaliers, dit Froissard, parloient moult villainement de lui. »

Assuré de la victoire, Duguesclin dépêcha à Reims Enguerand de Hesdin pour en porter au roi l'heureuse nouvelle (1). Ce paladin, quoique blessé, avait demandé à remplir cette mission : il arriva tout armé dans la cathédrale de Reims au moment où l'archevêque allait commencer la cérémonie du sacre (19 mai 1364); les mains qui versèrent l'huile sainte sur la tête du monarque, s'élevèrent vers le ciel pour remercier le Dieu des batailles du triomphe qu'il venait d'accorder aux armes de la France; triomphe d'autant plus précieux qu'il justifiait les espérances de bonheur que la nation avait conçues à l'avénement du nouveau roi. Aussi Charles V ne mit-il pas de

(1) Le château actuel de Cocherel n'existait point alors, il appartient aujourd'hui à M. de Lacroix, ancien intendant de la maison de M. le comte d'Artois, et dont l'habitation n'est séparée du champ de bataille que par l'Eure. M. de Lacroix fait élever dans ce moment-ci un obélisque à l'entrée de la plaine, afin de perpétuer le souvenir de cette victoire, et montrer le lieu où se livra l'action.

bornes à sa reconnaissance; il combla de graces le général dont les talens et le courage avaient assuré ces succès. Il le nomma maréchal ou gouverneur de la Normandie, et lui donna en propriété le comté de Longueville (1), confisqué sur le roi de Navarre; mais après avoir distribué aux compagnons d'armes de Duguesclin les récompenses qu'ils méritaient, il sévit contre tous les Normands pris les armes à la main. Saquainville eut la tête tranchée; on préparait le même sort à Guillaume de Malet, lorsque le fils de ce seigneur menaça d'user de représailles sur la personne de Bremor de Laval, fidèle serviteur du roi, et tombé en sa puissance depuis quelques mois. Cette menace eut son effet, et les deux bannerets furent échangés l'un pour l'autre.

Duguesclin se rendit à Rouen, la capitale de son gouvernement; Charles V s'y rendit également un mois après. Il voulait se concerter avec lui, afin de tirer de la victoire de Cocherel le parti le plus avantageux. Ce prince prit dès lors la résolution de régler d'avance avec Bertrand le plan de toutes les campagnes. C'était une grande innovation; et comme ces deux

(1) Les lettres-patentes de cette donation sont du 27 mai 1364. Elles prouvent que Duguesclin était déjà chambellan du roi.

grands hommes étaient véritablement animés de l'amour de la patrie, il régna toujours entre eux un parfait accord dont la prospérité de ce règne fut l'heureux résultat. A cette occasion, Mabli dit que Charles V était la tête et Duguesclin le bras, ce qui ferait penser que le héros breton, habile à exécuter, le cédait en prudence au monarque : le croire ainsi serait une erreur, car c'est précisément à cause de sa haute raison que Bertrand fut supérieur à tous les guerriers du moyen âge ; il n'eut jamais besoin d'inspirations étrangères pour régler sa conduite. Dans plusieurs circonstances que nous ferons remarquer, il montra beaucoup plus de profondeur que Charles V, plus de rectitude dans les idées : tandis que le roi son maître avait la faiblesse de s'adonner à la magie, d'entretenir près de lui des astrologues, Duguesclin professait un mépris marqué pour ces vaines chimères, épuisait sur elles les traits du ridicule, et ne prenait pour règle que les préceptes de la sagesse.

Dans les conseils tenus à Rouen, Charles V et Duguesclin convinrent de ne travailler qu'à soumettre les places de la Normandie occupées par les troupes de Charles-le-Mauvais, et à ranger la province entière sous les lois de la France. En conséquence, après avoir laissé reposer quelque temps ses troupes, le nouveau maréchal se prépara à continuer la campagne. Il vit aussitôt accourir de tous les côtés des chevaliers aspirant à l'honneur de combattre sous ses ordres. Son armée, forte de 12,000 combattans, se composait des vainqueurs de Cocherel et de nobles accourus récemment des provinces méridionales. Il avait pour lieutenans le comte d'Auxerre, le comte de Châlons, Olivier de Mauny, Eustache de Saint-Pierre, le vaillant Thibaut de Pont, Eustache de La Houssaye, et Alain de Beaumont, qui brûlait de venger la mort de son frère le vicomte, tombé sous les coups des Anglais.

On commença l'expédition par entrer dans le Cotentin, dont les habitans, fort dévoués à Édouard III, lui avaient livré les forteresses de Valognes, de Carentan et de Douvres; l'ennemi, maître de ces places, et surtout de Valognes, protégeait le débarquement des forces qui arrivaient d'Angleterre, il était donc important de le chasser de ces positions. L'avant-garde de Bertrand, commandée par Bouestel, culbuta les troupes navarroises qui voulaient défendre le passage de la Céline. On s'enfonça ensuite dans le Cotentin, et, l'ayant balayé dans toute sa largeur, les Français arrivèrent devant Valognes: des détachemens de soldats anglais couvraient les approches de la place, ils furent taillés en pièces, et les fuyards allèrent porter la terreur dans la ville, *en criant que le diable de Bertrand* les poursuivait. La plupart des habitans avaient manifesté une haine violente contre les Français; ils abandonnèrent à la hâte leurs foyers, le reste se réfugia avec la garnison dans la citadelle. Duguesclin, arrivant comme un torrent, enleva les fortifications extérieures, entra dans Valognes, et traita avec la plus grande douceur le peu d'habitans qui n'avaient point fui. Il paraissait probable que la citadelle ne pourrait pas résister aux Français, dont l'ardeur étonnait le général lui-même; mais Bertrand, avare du sang de ses soldats, voulut tenter la voie des négociations avant de recourir à la force. Il fit proposer au gouverneur des conditions très-honorables; on répondit par des propos outrageans : le général donna aussitôt le signal de l'assaut. Cette première tentative ayant échoué, le maréchal fit avancer les machines de guerre qui lançaient des quartiers de pierre. Les assiégés essayèrent d'amortir la force des coups en faisant tendre des balles de coton et des peaux de bœufs fraîches : cet expédient leur réussit parfaitement. Voyant diminuer l'effet des machines, ils en firent un sujet de raillerie, et enlevèrent même les balles de coton et les peaux de bœuf comme inutiles : un de leurs soldats, placé sur la tourelle la plus élevée, frappait sur une cloche toutes les fois qu'il voyait la machine lancer un projectile, et plusieurs de ses compagnons faisaient semblant d'essuyer avec un linge la place où le coup avait porté, en criant : « Vous avez bien tort de salir ainsi nos belles pierres blanches. » Les soldats de Duguesclin, irrités de cette plaisanterie, leur crièrent qu'ils les feraient repentir de leur insolence.

Cependant le siège n'avançait pas ; déjà les officiers agitaient la question de se replier sur Carentan, dont la prise paraissait plus facile; mais le maréchal repoussa vivement cette proposition, regardant la levée du siège comme un affront trop cruel pour les armes françaises ; il fit dire aux assiégés qu'il était décidé à rester devant leurs murailles une année entière plutôt que de reculer dans son entreprise. Le gouverneur, ébranlé par cette résolution, offrit de rendre la forteresse moyennant 30,000 livres qu'on lui compterait sur-le-champ ; Duguesclin répondit à l'envoyé : « Je n'achète mes conquêtes qu'à la pointe de mon épée. Je donne à votre maître trois jours pour se décider : ce délai écoulé, je n'écouterai aucune proposition; et, après la prise de la place, je ferai pendre aux créneaux les soldats et le gouverneur. » Celui-ci, intimidé par cette réponse, se rendit, et obtint pour les Anglais des conditions avantageuses : la principale fut la faculté d'enlever ce qu'ils pourraient transporter eux-mêmes. Le commandant de la citadelle sortit avec les siens, chargés d'effets précieux. Les vainqueurs, se voyant privés d'un si riche butin, voulaient les arrêter : Bertrand, religieux observateur de sa parole, interposa son autorité ; les soldats obéirent avec respect, mais ne purent s'empêcher de les couvrir à leur passage de huées accompagnées de sanglantes railleries. Huit chevaliers anglais, qui fermaient la marche de la colonne, sensibles aux outrages qu'on leur prodiguait, rentrèrent précipitamment dans le château, levèrent le pont-levis, et crièrent par les créneaux : « Nous avons des vivres, et nous défendrons si bien la citadelle que jamais Bertrand n'y entrera. — Certes, gars, dit celui-ci, vous mentirez, car j'y souperai ce soir, et vous jeunerez dehors. » Alors il donna le signal de l'assaut ; les soldats coururent à l'escalade avec une sorte de frénésie ; on emporta la place non sans perdre beaucoup de monde, car les Français, se disputant l'honneur de monter les premiers, chargèrent si fort les échelles qu'elles cassaient sous leur poids, et les assaillans roulaient dans les fossés pleins d'eau. Duguesclin n'avait pas vu sans admiration l'audace de ces 8 chevaliers, dont la défense, quoique courte, fut réellement héroïque ; mais il ne put les sauver, car, malgré ses cris, les premiers soldats qui pénétrèrent dans le fort massacrèrent tout ce qu'ils trouvèrent.

Sans laisser à ses troupes un seul instant de repos, le général français se hâta de marcher contre Carentan : cette ville se rendit après une faible résistance. Il n'en fut pas de même de Douvres, où commandait Calerley, capitaine de beaucoup de réputation : il fallut en faire le siège en règle. Bertrand, après avoir reconnu la position de la place, resta convaincu qu'il aurait à surmonter des obstacles prodigieux; il fit appeler auprès de lui plusieurs habitans du pays, dont il espérait tirer quelques lumières touchant la position de Douvres, les chemins couverts et les ressources intérieures. Un de ces bourgeois, nommé Pierre Ledoux, voyant Bertrand inquiet sur le succès de l'entreprise, lui dit : « Quoi ! seigneur, vous paraissez embarrassé ? il vous reste cependant un moyen infaillible : c'est de faire crier par toute l'armée *Duguesclin ! Duguesclin !* à ce cri, la ville se rendra aussitôt. » Bertrand sourit à cette adroite flatterie. « Je crois, répondit-il, que ce ne serait pas un moyen bien redoutable vis-à-vis le brave Calverley. » Dans le fait, outre la valeur personnelle des Anglais et l'habileté bien reconnue de leur chef, Bertrand avait à considérer que beaucoup de Normands opposés à Charles V s'étant réfugiés dans Douvres, leur dernier asile, il devait s'attendre à une résistance très-opiniâtre. Il essaya un assaut général, qui ne réussit pas; alors il eut recours à la mine, en continuant l'attaque des murailles, afin de retenir les assiégés sur les remparts; l'on poussa vigoureusement les travaux sans qu'ils s'en aperçussent. Un incident singulier leur donna l'éveil le cinquième jour : un verre rempli d'eau, placé par hasard sur le parapet, fut renversé à plusieurs reprises sans cause apparente. Ceci frappa d'étonnement les soldats; l'un d'eux se coucha à terre, et sentit un fort tressaillement; on se douta alors que les assiégeans minaient la place; on donna l'alarme. Calverley fit aussitôt contre-miner dans la direction de l'ouest, et rencontra les sapeurs français; il se livra dans les entrailles de la terrre un combat terrible, auquel Duguesclin présidait la hache à la main. Les Anglais furent accablés après une vive résistance. Mais comme la garnison entière était accourue sur ce point, force fut à Bertrand de pratiquer une nouvelle mine. Celle-ci eut plus de succès, car elle perça sous le caveau de l'église; et comme il ne faisait plus jour lorsqu'on y arriva, Bertrand entra dans le temple sans être aperçu de personne; il y passa la nuit avec une troupe nombreuse, et le matin, ouvrant les portes avec fracas, il sortit en criant : *Duguesclin! Duguesclin!* Les habitans et la garnison, épouvantés en voyant l'ennemi dans l'intérieur, jetèrent leurs armes et demandèrent quartier. Le Breton reçut leur soumission, et fit arborer sur les tours l'étendard français, qui n'y flottait plus depuis vingt ans. Il traita avec distinction Caverley et les siens : il sentait bien qu'en se battant contre lui les Anglais faisaient leur devoir et obéissaient aux ordres de leur roi. Il n'en était pas de même des chevaliers normands, aussi furent-ils traités comme des rebelles : le général ne voulut pas que les mains victorieuses de ses soldats fussent employées à punir des traîtres, le bourreau fit justice les plus coupables; les autres furent jetés dans des cachots.

LIVRE VI.

Duguesclin va une troisième fois au secours du comte de Blois. — Bataille d'Aurai. — Bertrand, de retour en France, délivre le royaume des grandes compagnies, et part avec elles pour l'Espagne.

Un nouvel incident ne permit point à Duguesclin de compléter la soumission de la Normandie par la prise de quelques autres places dont la conquête paraissait facile. Le vicomte de Rohan vint le trouver devant Douvres pour l'engager à passer en Bretagne, où l'on était plus que jamais décidé à terminer la fameuse querelle dans une bataille rangée. Attaché à la France par ses exploits, par les bienfaits dont le roi l'avait comblé, Bertrand ne savait jusqu'à quel point il pouvait disposer de sa personne; mais Charles V le tira d'embarras en lui commandant d'aller au secours du comte de Blois avec toute son armée. Charmé de voir concilier son devoir avec ses affections particulières, il se hâta de suivre le sire de Rohan; obligé de laisser des garnisons dans les places conquises, il ne put emmener que 7,000 hommes, presque tous à cheval. De nouveaux chevaliers accoururent pour remplacer ceux que la guerre avait moissonnés. Philippe de Châlons, Gérard de Frontigni, Henri de Pierrefort, Heugues de Baillon, Aimard de Poitiers, Charles de Dinan, Louis de Beaujeu, Budes de Guébriant et le sire de Poix, renforcèrent le nombre de ses lieutenans. Le comte d'Auxerre et son frère le comte de Châlons, Olivier de Mauni, Le Bègue de Villaines, Guillaume de Bouestel, Eustache de La Houssaye et Thibaut de Pont ne le quittèrent plus.

Bertrand avait déjà franchi les frontières de la Normandie et revoyait son pays natal, lorsqu'un écuyer de son frère Olivier vint le prévenir que son père, Renaud Duguesclin, était au lit de mort et demandait avec instance de le voir encore une fois. Le général laissa le commandement de l'armée au comte d'Auxerre, et se rendit en toute hâte au château de la Mothe-Broon. Il y arriva au moment le Renaud venait de recevoir les dernières consolations de la religion; la famille éplorée était rangée autour du lit funèbre. Bertrand mêla ses larmes à celles de ses frères et de ses sœurs. Le moribond distingua au milieu de ces gémissemens les sanglots de son fils aîné ; il téndit sa main glacée à l'objet de sa tendre affection : « Mon cher fils, dit-il, je remercie la Providence du bonheur qu'elle me procure de te voir encore une fois ; tu as honoré mes cheveux blancs en suivant la ligne que je t'avais tracée ; sois toujours homme de bien : la gloire est périssable, mais la vertu ne l'est point. » L'effort que venait de faire le châtelain pour prononcer ces paroles anéantit ses forces. Il expira aussitôt dans les bras de ses enfans.

Un nouvel envoyé du comte de Blois vint arracher Bertrand du château de la Mothe-Broon. Il ne lui fut pas permis de rester plus long-temps au sein de sa famille et de déplorer avec elle la perte qu'on venait d'essuyer ; à peine eut-il le loisir de rendre les derniers devoirs à son père. Il éprouvait déjà que l'une des plus pénibles obligations de l'homme public est d'étouffer ses affections particulières lorsqu'il s'agit de remplir ses devoirs. Il quitta donc le paisible séjour de son enfance pour aller de nouveau affronter les hasards de la guerre. Il se rendit à Guingamp : le sire de Rohan était venu le recevoir avec ses vassaux à l'entrée de ses domaines, Jeanne de Penthièvre et son époux lui firent le même honneur : ils étaient accompagnés des sires de Léon, de Rieux, de Raitz, de Laval, de Lohéac, de

Malestroit, de Kergorlay, de Quintin, de Tournemine, de Tintiniac, de Beaumanoir, de la Bellière, de Montboucher, de Coetquen et de Kergouet.

Le sire de Rohan, lié d'amitié avec Duguesclin, lui expliqua la position où se trouvait la Bretagne. Le jeune Montfort se contentait toujours de la moitié du duché (1); mais Jeanne de Penthièvre, ne croyant pas qu'elle pût dépouiller ses enfans d'une partie de l'héritage de ses ancêtres, persistait à ne vouloir faire aucune concession, de sorte que les deux partis, sans cesse en présence, vivaient dans un état d'hostilité. Le comte de Blois, toujours modèle de vertus, mais toujours d'une incapacité absolue, déplorait les calamités dont il était la cause innocente. Son caractère timide, si opposé à celui de la nation entière, révoltait les fiers Bretons et di-

(1) Ceci ne doit point étonner, car Montfort n'avait aucun droit sur le duché : son père et les princes de sa famille supprimèrent l'original de toutes les expéditions du contrat de mariage de Charles de Blois avec Jeanne de Bretagne; on n'en a jamais trouvé une seule copie. Si on en croit Froissard, cet acte devait être préjudiciable à leur cause, car il établissait formellement la succession au duché en faveur de Jeanne, et prouvait que le comte de Montfort y avait souscrit moyennant quelques légers dédommagemens.

minuait le zèle des partisans de la maison de Penthièvre; cependant, esclaves de leurs sermens, ils ne changeaient point de parti, mais ils ne faisaient rien pour concourir au triomphe de celui qu'ils avaient embrassé. Le jeune Montfort, élevé à l'école du malheur, déployait au contraire une énergie remarquable, une activité merveilleuse; la modération de ses prétentions, le ton avec lequel il les soutenait, semblait mettre le bon droit de son côté. Pendant que les partisans de son rival se renfermaient dans une espèce de neutralité, les siens redoublaient d'ardeur. La comtesse de Penthièvre, effrayée de sa position, jugea qu'on ne pouvait en sortir que par un coup d'éclat; elle ramena ses amis en leur annonçant qu'elle était décidée à courir les chances d'une bataille rangée, dont le résultat serait le triomphe ou l'anéantissement de ses droits. Croirait-on que Charles de Blois, forcé malgré lui d'adopter cette courageuse détermination, montra quelques scrupules sur la légitimité des prétentions de sa femme; il fallut qu'on déroulât de nouveau à ses yeux les motifs d'une querelle qui durait depuis vingt-trois ans, que 200,000 hommes avaient scellé de leur sang, et pour laquelle lui-même avait été criblé de blessures à la Roche-Derien. Montfort, ayant contre lui la majorité des Bretons, accepta les secours d'Édouard III son beau-père ; par compensation la comtesse de Penthièvre implora l'assistance du roi de France, protecteur-né de la Bretagne. De graves considérations engageaient Charles V à soutenir le comte de Blois ; il lui importait surtout que le duché ne fût pas assuré dans la maison de Montfort par les armes de l'Angleterre, qui en profiterait pour exercer en Bretagne une influence préjudiciable à la France. C'est dans cette intention qu'ayant appris que les deux compétiteurs étaient au moment de décider de leurs différends dans une seule rencontre, Charles V ordonna à Duguesclin, comme nous l'avons dit, d'aller en son nom aider le comte de Blois.

La nouvelle de l'arrivée de Bertrand produisit un effet merveilleux ; elle se répandit avec rapidité dans les diverses contrées du pays ; les partisans de Penthièvre, depuis long-temps refroidis, accoururent en foule, ne doutant pas qu'il y eût de la gloire à acquérir sur les traces de Bertrand ; Jeanne quitta Guingamp pour aller se montrer avec son époux à l'armée rassemblée dans les landes de Josselin. La vue de 20,000 hommes armés pour sa défense ne put bannir les terreurs de Charles de Blois : le souvenir d'un rêve sinistre le poursuivait sans cesse, il en fit part à ses principaux barons; et comme tous les rêves peuvent s'expliquer de diverses manières, on interpréta le sien à son avantage : il parut satisfait, et ses frayeurs s'évanouirent totalement.

Quant à Montfort, il ne cherchait pas un appui dans l'interprétation de vaines chimères; il suppliait Édouard III de hâter le départ des secours qu'il avait promis. Le monarque anglais lui envoya 8,000 hommes d'excellentes troupes commandées par Chandos, un des guerriers les plus remarquables de ce siècle. Ce général, né dans le Cumberland, fut l'ami et le compagnon d'armes du prince Noir. Il avait contribué d'une manière particulière aux succès de ce héros, autant par ses conseils que par son courage. Aussi fut-il comblé de récompenses. Il avait l'honneur d'être le onzième chevalier de la Jarretière, par ordre de réception (1). Il était pour le parti de

(1) Il est à remarquer que lors de l'institution de la Jarretière, le prince de Galles ne fut pas nommé un des premiers; le prince Noir ne fut que le quatorzième, et eut avant lui Edouard III, Henri de Lancastre, comte de Derby, surnommé *Torticol* (cou tordu), cousin-germain du roi. Ce Torticol fut un des personnages les plus illustres de l'Angleterre; il gouverna long-temps la Guienne, et la

Montfort ce que Duguesclin était pour celui de
Blois. Sa réputation jetait dans le moment plus
d'éclat que celle du Breton : il avait la même
valeur, une prudence aussi consommée, et peut-
être plus de talens militaires, mais il ne brillait
pas des mêmes vertus; son cœur était fermé à
tout autre sentiment que celui de l'ambition.
Cette passion étouffait en lui les qualités dont
le ciel l'avait doué, et lorsqu'il se laissait aller à
quelque mouvement généreux, ce n'était qu'avec
des formes extrêmement dures. On voit d'après
cet aperçu quelle différence il devait y avoir
entre son caractère et celui du bienveillant
Duguesclin. Chassant un jour avec Édouard,
Chandos fut frappé par un cerf qui lui creva
l'œil gauche avec son bois (1).

défendit vigoureusement contre tous les efforts de la France;
ses vertus le firent appeler par le peuple *le bon duc de Lancastre :* sa fille unique, Blanche, épousa Jean de Munh,
troisième fils d'Édouard, qui prit, avec la permission de
son beau-père, le titre de duc de Lancastre : c'est celui qui,
à l'époque dont nous nous occupons, commandait les armées anglaises en Bretagne. Les autres premiers chevaliers
furent Pierre de Grailli, captal du Buch, de la maison
de Foix, lord Montaigu, lord Wilhougby, lord Beauchamp,
lord Courtenay, lord Gray, lord Stapleton, lord Wirthoslz,
Chandos, lord Holland et lord Amprédicourt.

(1) Biographia britannica. Kippis.

Montfort était jeune, sans expérience, mais nullement présomptueux ; aussi ne fit-il aucune difficulté de se laisser guider par Chandos, pour lequel il montrait une grande déférence : ainsi le général anglais commandait souverainement au nom du prince. Il voulut commencer la campagne par le siège du château d'Aurai, une des principales forteresses du parti contraire. Cette résolution hardie plut extrêmement à Jean de Montfort. L'armée partit d'Hennebon, et vint investir la ville, dans laquelle on pénétra sans difficulté, puisqu'elle n'était point fortifiée ; mais le commandant du château se mit sur la défensive. Sur ces entrefaites on apprit que Duguesclin venait de rejoindre le comte de Blois avec les meilleures troupes de France. Cette nouvelle diminua tellement la confiance de Montfort que, malgré les exhortations de Chandos, il désira tenter la voie des négociations ; en conséquence il envoya à Charles de Blois quatre chevaliers pour lui proposer une troisième fois le partage du duché, afin, disait-il, d'éviter l'effusion du sang breton. L'époux de Jeanne de Penthièvre aurait accepté s'il eût été libre dans ses volontés ; mais il fut obligé de céder aux cris de la comtesse et à l'impatience de ses partisans ; il refusa donc, et leva son camp de Josselin pour marcher contre l'ennemi. Au moment du départ, Jeanne de Penthièvre embrassa devant toute l'armée quatre chevaliers : c'était pour eux un honneur d'autant plus insigne, que la comtesse passait pour la femme la plus fière. Ces quatre chevaliers furent, le comte d'Auxerre, à cause de sa naissance, les sires de Rohan et de Rieux, comme les barons les plus considérables de la nation, et Bertrand Duguesclin, pour son mérite personnel.

Cependant les écuyers envoyés par Jean de Montfort revinrent apporter à leur maître la notification du refus de Charles de Blois, avec la proposition de vider le différend devant Aurai par une action générale. Cette réponse excita la colère de Chandos, qui regardait l'offre du partage comme une concession extrêmement généreuse ; aussi reprit-il avec une nouvelle ardeur le siège d'Aurai que l'on avait interrompu durant les négociations. Le général anglais sentait l'importance de s'emparer de la place avant l'arrivée de l'ennemi. Les assiégés souffraient déjà beaucoup de la famine, et suppliaient Charles de Blois par des messages secrets de se hâter de les secourir. Le comte, campé à l'abbaye de Lanvaux, n'était point encore en mesure de les satisfaire, cependant il désirait faire dire aux habitans de redoubler de zèle, promettant de les délivrer sous peu de jours; mais les assiégeans gardaient si bien les approches, que personne ne pouvait pénétrer dans le château. Enfin un arbalétrier du parti Penthièvre fut assez adroit pour envoyer dans une des tourelles un dard auquel était attaché un billet adressé au gouverneur (1). L'avis que renfermait cette missive ne satisfit point les assiégés, qui entrèrent aussitôt en pourparlers avec les Anglais; ils proposèrent de rendre la place si on ne venait point à leur secours; et, selon l'usage d'alors, ils demandèrent des vivres pour six jours. Montfort, voulant gagner l'affection des habitans d'Aurai en se montrant généreux, souscrivit à ces conditions. Les attaques cessèrent; les otages furent échangés, et on laissa entrer dans la ville les subsistances dont elle manquait. Les assiégeans se renfermèrent dans leurs lignes en se bornant à empêcher que personne n'entrât dans le château. Le second jour de la trève, ils virent avec étonnement la garnison rassemblée sur les remparts poussant des cris de joie, et faisant retentir les airs du bruit de nombreux instrumens. Ils signalaient ainsi l'arrivée du secours

(1) Toutes les histoires de Bretagne.

si ardemment désiré; ils l'apercevaient du haut des tours, quoiqu'il fût encore fort éloigné. Montfort apprit ainsi l'approche de son compétiteur.

Loin d'imiter son rival, qui laissait à Chandos la faculté de diriger les opérations, pour qu'il y eût un centre unique, le comte de Blois, craignant de blesser l'amour-propre des hauts barons, avait partagé le commandement entre trois généraux : le comte d'Auxerre, le comte de Rieux et Duguesclin; le dernier avait droit de prétendre à régler les opérations, puisqu'il avait amené un renfort sans lequel le comte de Blois eût été dans l'impuissance de soutenir la lutte. Bertrand ne fit aucune réclamation : bientôt même il vit repousser les avis qu'il donnait dans le conseil, et dès ce moment il s'aperçut qu'on voulait le réduire à un rôle passif; toutefois, entraîné par l'amour de la patrie, il n'en fut pas moins décidé à redoubler d'efforts pour faire triompher la cause de la maison de Penthièvre, et il alla se placer à la tête du corps formé de ses vieux soldats bretons qu'il avait amené. Le comte d'Auxerre prit le commandement des Français envoyés par Charles V.

L'armée du comte de Blois quitta Lanvaux le 28 septembre 1364, et arriva en colonne déployée à une lieue et demie d'Aurai : elle commit la faute de se diriger par Plumargat, et se mit dans la nécessité de franchir le bras du Morbihan pour arriver à Aurai, tandis qu'en se dirigeant par Pluvigner elle serait arrivée sans obstacle sous les murs de la place par une plaine unie. En apprenant l'approche de son rival, Montfort, ou plutôt Chandos, abandonna Aurai, et vint occuper le quartier de landes que le comte de Blois devait traverser pour arriver à la ville. Ce dernier employa la journée entière à faire le dénombrement de ses forces ; elles montaient à 20,000 hommes environ : on distinguait dans les rangs les chefs des plus illustres maisons du duché, car le comte de Blois avait beaucoup plus de partisans que son rival. D'abord tout le pays *Bretonnant*, c'est-à-dire le promontoire, peuplé d'hommes énergiques, parlant tous le dialecte breton, lui était dévoué, à l'exception de Vannes ; sur les neuf hautes baronnies, il en avait six, Avaugour, Léon, Quintin, Derval, Châteaubriand et Malestroit : Vitré, Ancenis et Laroche-Bernard servaient les intérêts de Montfort. La famille du Chatel, très-puissante dans le bas Léon, y balançait l'influence du vicomte de Léon, cousin de Jeanne de Penthièvre ; mais cette princesse dominait dans le pays de Pontivi par les Rohan ses parens, à Redon par les Rieux également ses alliés, à Dinan par les Beaumanoir, à Carhaix, par les Kergorlay, à Morlaix par les Penhouet, à Lannion et à Treguier par les Troguindi : néanmoins elle avait contre elle tout le pays de Nantes, à cause de la famille de Clisson (1). Rennes montrait de l'affection pour Charles de Blois; néanmoins ses habitans n'auraient point fait de grands sacrifices pour sa cause. Quimper, Aurai et Hennebon suivaient les chances de la guerre.

Les deux partis ne se trouvaient qu'à une demi-lieue l'un de l'autre, mais ils étaient séparés par la rivière qui coule dans une grève marécageuse, resserrée entre deux montagnes assez élevées, et qui se rapprochent au pas de Trehorai en formant deux corniches parallèles ; de sorte que le plateau occupé par le comte de Montfort s'élevait à plus de 50 pieds au-dessus de la grève dans laquelle serpente la rivière. Il est essentiel de faire remarquer que Montfort pouvait descendre du plateau dans la plaine marécageuse, par un chemin fort raide qui se trouvait sur sa droite, et qui serpentait autour de la montagne, de manière à la tourner entièrement. Il avait donc la faculté,

---

(1) Le magnifique château de Clisson se trouvait à huit lieues de Nantes. (Voyez la note à la fin du volume.)

en suivant ce chemin, de remonter sur le plateau par le côté opposé.

Le bras du Morbihan qui, dans son état naturel, a 50 pieds de large devant Aurai, dont il rase les remparts, se rétrécit considérablement, au point de n'avoir que 10 pieds une lieue plus bas au détroit de Trehorai; mais il s'enfle prodigieusement à la marée montante.

Le point important était de savoir laquelle des deux armées franchirait la première cet obstacle ; elles s'arrêtèrent donc en s'observant ; l'une et l'autre avait le même cri de guerre, *Bretagne, au riche duc!* et des drapeaux semblables : on distinguait néanmoins dans le parti de Blois une différence; les bannières flottaient avec les lis français, dont l'alliance presque nationale était faite pour flatter l'amour-propre des Bretons. Celles de Montfort flottaient seules, car Chandos n'avait pas voulu déployer l'étendard d'Angleterre, dont la vue aurait pu irriter les Bretons de l'un et de l'autre parti. En effet, au combat de la Roche-Derien, quantité de Bretons du parti de Montfort abandonnèrent subitement les rangs lorsque Aigworth fit déployer le drapeau britannique, chose qui n'arrivait souvent qu'au moment de l'action.

Tous ces nobles réunis devant Aurai apercevaient dans les rangs opposés un parent, un ami ; bien plus, ceux des Bretons qui, s'étant battus au combat des trente, dix ans auparavant, vivaient encore, se trouvaient maintenant en face les uns des autres prêts à s'entre-déchirer : tristes effets des discordes civiles ! Ainsi Beaumanoir, Jean de Sérent, Maurice de Parc, Amauri de Fontenay, Geoffroi de la Marche, Maurice et Geslin de Troguindi, Tristan de Pestiviers, suivaient la fortune de Charles de Blois, tandis que Geoffroi de la Roche, les deux Kerenrais, Louis Goyon, les deux Fontenai, Guillaume de La Lande, marchaient sous les étendards de Montfort, à côté de Calverley et de Knolles, qu'ils avaient combattus à *mie voie*. Plusieurs familles s'étaient divisées d'affection : on voyait dans l'une et dans l'autre armée des Kergolai, des Charruel, des Châteaubriant, des Kersoson, des Montboucher, des Mahé, des Champagné, etc. Les Anglais considéraient sans émotion les apprêts de cette horrible lutte : le sang breton allait couler, et ils étaient satisfaits.

Les deux armées passèrent la journée du 28 rangées en bataille ; l'une et l'autre désirait ne pas franchir la rivière la première. Dans celle du comte de Blois, Duguesclin commandait l'aile gauche ; il avait avec lui une compagnie de

Bretons, la plupart ses amis d'enfance, et ses fidèles compagnons d'armes depuis plus de dix ans; on distinguait parmi eux Olivier, son frère, Silvestre de Budes, devenu depuis si célèbre dans les guerres d'Italie, Henri de Pledran, Thibaud de Larivière, Pierre du Boissel, Jacques de Lorgeril, Saint-Pern, Ferron du Parc, Goyon, Lahunaudaie, Thomelin, La Houssaie, Coetlogon, Brehant, Visdelou, Robin de la Boissierre, Gui d'Angauville, Sauvage de Pomereuil, Rus de Kergouardet, Jean Appert, le bâtard de Bethizi, Bertrand de Blois, Étienne Botterel, 6 écuyers de la famille le Boutellier, Thibault de Châteaubriant, Guillaume de Cossé, 5 écuyers de la maison de la Cournillière, Raoul de l'Espinay, Guyot d'Houdetot, Michel Jourdan, Raoul de Kersaliou, Mathieu de Piédoué, Raoul de Piedevache, Rollin de Pontbriant, Raoul de Quelen, Guyon de Kernas, Olivier de Vitré, Laurens de Valence, etc. (1).

Le comte d'Auxerre commandait l'aile droite, le sire de Raitz la réserve; le comte de Blois se plaça au centre, avec le vicomte de Rohan, Jean Ier, l'un des hommes les plus supérieurs

---

(1) Lobineau, preuves du tome 1er. — Annales Briochines, page 373.

de son temps, descendant en ligne directe de Conan Mériadec, premier roi de Bretagne. Il avait fait preuve d'une bravoure extraordinaire au malheureux combat de Moron, que lui et le sire d'Auffemont livrèrent contre les Anglais, en 1351 : il seconda dignement Penhouet dans sa défense de Rennes en 1357. Son mariage avec Jeanne d'Avaugour, héritière du comté de Léon, le rendait le plus riche seigneur du duché (1). Son jeune fils, Alain, marchait à côté de lui, et faisait ses premières armes dans cette malheureuse circonstance. Le vicomte de Rohan s'était lié d'amitié avec Duguesclin depuis quinze ans.

Chandos partagea également en quatre corps les 16,000 hommes composant l'armée de Montfort : il plaça l'aile droite sous les ordres du sire Duchâtel et de Robert Knolles ; ce dernier était un soldat d'extraction obscure, mais son audace et surtout son bonheur l'avaient élevé à une brillante fortune militaire : il venait d'être nommé chevalier de la Jarretière, et se trouvait le 74ᵉ de cet ordre depuis sa création. Chandos confia la gauche à Olivier de Clisson et à Mathieu Huet, An-

(1) Veuf de Jeanne d'Avaugour en 1367, le vicomte de Rohan épousa une princesse du sang de France, Jeanne de Navarre, tante de Charles-le-Mauvais.

glais d'origine normande; il se réserva le centre, retenant à ses côtés le prétendant au duché; il mit la réserve sous le commandemant de Calverley, chevalier du pays de Cornouailles, homme d'exécution, qui jouissait dans l'armée d'Édouard d'une réputation populaire. On voit, d'après ces dispositions, que Chandos, pour ne pas blesser les Bretons du parti de Monfort, leur partagea les commandemens principaux; néanmoins il composa en entier le corps de réserve de soldats anglais, sur lesquels il comptait davantage : il les destinait à frapper un coup décisif. Calverley, qu'il désigna pour marcher à leur tête, était capable de justifier sa confiance; mais ce guerrier, accoutumé depuis longues années à commencer les actions avec les troupes légères, s'indignait qu'on l'eût placé en dernière ligne, il fallut toute l'autorité de Chandos pour le faire rester à ce poste (1). Les Anglais étaient armés uniformément, tels que devaient l'être les soldats d'une grande puissance militaire; quant aux Bretons, comme depuis vingt ans ils vivaient dans la guerre civile, où l'on avait à se défendre sans cesse contre des attaques subites, ils s'équipaient

(1) Biographia britannica. — Ogée, Dictionnaire historique et géographique de la Bretagne, in-4°, tome 1er, p. 106. Froissard, liv. 1. ch. DV.

suivant leurs moyens et même leur goût : chacun adoptait l'arme la plus convenable à ses habitudes, à sa taille, à sa force corporelle. Ainsi l'un se servait de la grande épée pour frapper d'estoc et de taille, l'autre de la lance raccourcie, celui-là du maillet de fer ou de la hache, celui-ci de la dague ou du fléau, formé d'un bâton ferré auquel pendaient deux boules de fer portées par des chaînes, etc.

On voit d'après cet aperçu que, si l'armée de Charles de Blois comptait plus de soldats dans ses rangs, si elle se composait d'hommes individuellement très-braves, celle de Montfort rachetait son infériorité numérique par un ensemble et une organisation mieux arrêtés.

Chandos, en général consommé, ne s'était point trop rapproché de la rivière, afin de laisser un grand espace vide qui pût engager l'ennemi à faire le premier pas; on restait donc immobile de part et d'autre : chacun voulait attendre que son rival commençât l'attaque. Les deux compétiteurs profitèrent de cette espèce de trêve pour exciter le zèle de leurs partisans en les haranguant. Au même instant le sire de Beaumanoir, le héros du combat des trente, transporté d'un mouvement patriotique, franchit le ruisseau, gravit le plateau, et alla droit au général anglais.

« Noble Chandos, lui dit-il, ne pourrait-on pas trouver un expédient pour empêcher que des hommes, nés et nourris sur la même terre, se massacrent entre eux? les deux rangs opposés renferment des frères, des amis, qui, après la bataille, déploreront leurs exploits ou plutôt leurs fureurs. — J'applaudis à ces sentimens honorables, répondit Chandos, mais il est trop tard pour entrer en pourparlers; toute espèce d'arrangement est devenue impossible. — Au moins, répondit Beaumanoir, qu'il me soit permis de prendre part à cette malheureuse lutte et de verser mon sang comme les autres. Vous savez que je suis prisonnier de Montfort sur parole; les lois de la guerre me défendent de combattre sans sa permission, obtenez pour moi, je vous supplie, d'être délié momentanément de mon serment. » Chandos alla en son nom demander cette faveur. « Je la lui accorde, répondit Montfort, mais à condition qu'il n'aura pas de commandement; qu'il ne déploiera pas sa bannière, et qu'après le combat il redeviendra mon prisonnier, quelle que soit d'ailleurs l'issue de l'action. » Beaumanoir rentra dans sa division, satisfait de pouvoir au moins servir son parti de son bras et de son courage. A peine ce preux avait-il repassé le ruisseau qui séparait les deux armées, que Gauthier Huet, capitaine anglais, le passa à son tour, et proposa aux Bretons de rompre une lance : cela se pratiquait souvent au moment de livrer bataille. Hervé de Kergouet, plus prompt que tous les autres, s'élance pour soutenir l'honneur national ; les deux rivaux courent l'un sur l'autre. Du premier choc le Breton renversa Huet et son cheval ; alors il s'arrêta, et dit à son ennemi : « Relevez-vous, capitaine, vous êtes vaincu et mon prisonnier, vos armes et votre destrier m'appartiennent ; je vous rends l'un et l'autre avec la liberté, pour vous en servir dans la bataille qu'on va livrer. »

La nuit vint surprendre les deux armées dans leur position respective ; chacune d'elles avait persisté fort sagement à ne pas vouloir commencer le mouvement. Le lendemain, 29 septembre (1), un dimanche, jour de la saint Michel, on célébra les saints mystères devant les deux lignes. A peine la cérémonie était-elle terminée que le son bruyant des trompettes donna le signal du carnage. Dans ce moment le comte de Blois, qui s'était chargé à regret d'une pesante armure, promenant sa vue avec émotion sur cette

---

(1) Vély a commis une erreur manifeste en mettant la bataille d'Aurai le 22 septembre.

plaine où la mort allait bientôt exercer ses ravages, s'écria : Que ne puis-je racheter au prix de mon sang celui qu'on va verser pour moi ! Il ne put retenir des larmes involontaires en embrassant les capitaines qui l'entouraient. Le comte d'Auxerre, impatient de se signaler, craignant que la marée ne couvrît le gué avant qu'il eût passé, se hâta de franchir le détroit à la tête des Français; puis il eut à gravir des masses de rochers : enfin il arriva sur le plateau, tout désuni et sans ordre. Ce passage dut demander beaucoup de temps; l'ennemi laissa au comte d'Auxerre le loisir de former ses gens en ligne. Ce seigneur vint se placer en avant d'un petit village nommé Brech (1), qui se trouve à cinq quarts de lieue d'Aurai, et sur le même plan. Chandos, voyant le mouvement commencé, s'avança à son tour; alors les deux lignes s'arrêtèrent une seconde fois. Il paraît qu'il y eut une espèce de trêve pendant laquelle Montfort envoya au comte de Blois un messager pour lui faire observer qu'il n'était pas convenable de combattre

(1) Nous avons pu nous convaincre par nous-même que le souvenir de cet événement est toujours présent à la mémoire des habitans de cette petite commune de Brech : comme le reste des Bretons, ils aiment beaucoup à parler de l'histoire de leur pays.

le dimanche, et qu'on pourrait remettre l'action au lendemain. L'époux de Jeanne de Penthièvre refusa de souscrire à cet arrangement. Il faut croire qu'il ne fit pas cette réponse de son propre mouvement, car l'on sait que sa piété était vive et sincère : au reste, un incident singulier, mais bien naturel, avait fait commencer l'action avant le retour du héraut.

L'armée de Montfort et la division du comte d'Auxerre, se trouvant fort rapprochées, se mesuraient des yeux, prêtes à s'élancer, elles occupaient un terrain couvert de landes; tout à coup, une grosse vipère (ces reptiles sont fort communs dans ce pays) sort de dessous une lande, et se dresse au milieu des soldats du comte d'Auxerre et sur l'extrémité de la ligne. A cette vue, ceux-ci tirent leur épée pour tuer l'animal malfaisant; le reste de la division, ainsi que les troupes de Montfort, les voyant agiter leurs armes, crurent que l'action était déjà commencée sur ce point. Alors les trompettes se mirent à sonner, et les deux corps s'abordèrent (1). Mathieu Huet attaqua vigoureusement le comte d'Auxerre; celui-ci le força à reculer en dés-

(1) Tous les habitans de Brech parlent de ce fait singulier.

ordre, et le poursuivait chaudement, lorsqu'un soldat lui perça l'œil droit d'un coup d'épée au travers de la visière du casque. Le sang qui sortait de cette blessure remplit également l'autre œil; le comte resta sans défense, et fut pris ainsi par Chandos. La perte de cet illustre chef porta la consternation dans l'ame de ses soldats. Sa division, composée de Bretons et de Français, étant seule sur le terrain, fut écrasée en un instant : ainsi le tiers de l'armée du comte de Blois était détruit avant que les autres corps eussent seulement effectué leur passage ; enfin cette opération se fit, mais très-difficilement. Duguesclin et le comte de Blois gravirent à leur tour les rochers, et n'arrivèrent sur le plateau que pour recueillir des débris. Les lignes se formèrent avec assez de promptitude, et l'action recommença pour la seconde fois. A la vue de tant de combattans transportés de fureur, Charles de Blois se sentit entraîné ; ses vaines terreurs disparurent; il se prépara à recevoir avec courage son rival qui fendait la foule pour parvenir jusqu'à lui, poussant le cri de guerre commun aux deux partis, et revêtu des insignes d'un duc de Bretagne. Les deux compétiteurs se joignirent, se choquèrent avec force, et firent frémir la terre sous les pieds de leurs coursiers. Le combat cessa autour d'eux; la lutte de ces illustres rivaux occupa seule l'attention générale; elle se termina enfin par un violent coup de hache déchargé sur la tête de Montfort par Charles de Blois. Le vainqueur s'écria : *Bretagne, Montfort est mort!* Mais sa joie fut de courte durée; celui qui venait de succomber sous ses efforts était un écuyer breton couvert de l'armure de son maître (1). Le véritable Montfort s'avançait à la tête des Anglais; Chandos et Bembro marchaient à ses côtés. Ce fut un torrent qui renversait tout sur son passage; il se précipita sur la division au milieu de laquelle combattait Charles de Blois. Persuadés que le gain de la bataille dépendait de la vie du comte, les Anglais s'acharnèrent après lui avec une opiniâtreté frénétique. Les barons bretons firent à leur prince un rempart de leur personne, et opposèrent long-temps une barrière insurmontable. Parmi les plus ardens on distinguait Jean III de Kergorlay, qui ne cessait de se tenir devant le prince : il combattait vaillamment, et, se voyant assailli de tous côtés, il ne cessait de crier : *A mon aide, preux de Bretagne.* Beauma-

(1) Cet exemple de faire prendre, un jour de bataille, les insignes du chef à un chevalier n'était pas rare. Charles d'Anjou en avait agi ainsi en Italie contre Mainfroi.

noir, qui se trouvait dans ce moment près du même lieu, lui répondit : *Aide-toi, Kergorlay, et Dieu t'aidera* (1). Enfin cette barrière de guerriers, qui enveloppait Charles de Blois, ne put tenir contre les efforts réunis de l'ennemi ; elle fut rompue ; Jean III de Kergorlay se fit tuer aux pieds de son maître, après avoir fait des prodiges de valeur. Le trépas de ce fidèle vassal ne précéda que de quelques instans la ruine de son maître : trois fois le duc de Bretagne fut enlevé aux siens, trois fois ils l'arrachèrent des mains des Anglais. Cependant les coups que l'on portait de tous côtés à ce prince faussèrent ses armes, la visière de son casque fut brisée, il resta à visage découvert, et un soldat du pays de Galles lui plongea son épée dans la bouche ; le fer sortit derrière le cou ; le malheureux époux de Jeanne de Penthièvre tomba, et fut long-temps foulé aux pieds de ceux qui se disputaient ses tristes dépouilles (2).

(1) Ces paroles sont devenues la devise de la maison de Kergorlay, qui l'a conservée jusqu'à nos jours.

(2) Geofroi Robbin, cordelier, confesseur du comte de Blois, ne quittait jamais ce prince ; il le suivit à Aurai jusque dans la mêlée ; il le vit frapper, fut renversé, se releva, et exhorta le comte à se souvenir de Dieu avant d'expirer. Charles exhala le dernier soupir en se frappant

Ainsi périt les armes à la main le prince le moins guerrier de son temps. La nouvelle de cette catastrophe répandit dans les rangs la consternation et le découragement. Duguesclin, qui conservait un avantage notable sur le point où il combattait, en devint, au contraire, plus furieux : il voulait venger le prince qu'on venait d'immoler. Depuis le commencement de l'action, il tenait en échec avec ses vieux Bretons le corps qui lui était opposé ; armé d'un énorme maillet de fer, il portait la mort dans les rangs ennemis. Les sires de Rohan, de Laval, de Beaumanoir, Charles de Dinan, Eustache de La Houssaye, le secondaient dignement; Huet, et tout ce qu'il y avait de plus brave parmi les Anglais, avaient mordu la poussière. Mais Chandos, devant qui l'aile droite et le centre avaient plié après la mort de Charles de Blois, réunit toutes ses forces contre Bertrand; il ne pouvait se croire certain de la victoire, tant que ce guerrier redoutable combattrait à la tête des siens: Il l'enveloppa entièrement, et culbuta la plus grande partie de sa division par-dessus le plateau; et comme la marée montait dans ce moment, les Bretons

---

la poitrine comme un pénitent. (Lobineau, tome 1er, page 374.)

s'écrasaient en tombant ou se noyaient. Les chevaliers finirent par s'éclaircir autour de Duguesclin ; peu à peu le cercle se rétrécit, les Bretons se serraient près de leur général et tombaient à ses pieds, il se trouva lui-même retranché derrière un monceau de cadavres, et quoique sa hache et son épée fussent rompues, quoique sa main fatiguée n'eût plus la force de soutenir le maillet de fer, il se défendait toujours. Les soldats, étonnés de cette résistance, n'osaient plus l'approcher ; ils dirigeaient de loin leurs traits contre ce seul homme : il allait en être accablé lorsque Chandos l'aperçut dans ce pressant danger ; il accourut en criant à ses Anglais de ne plus frapper sur le Breton : « Messire Bertrand, lui dit-il en s'approchant, rendez-vous, la journée n'est pas vôtre. » Duguesclin, couvert de sang, accablé de lassitude, se rendit avec Jean Rohan et Jean de Serent (1) qui n'avaient cessé de combattre à ses côtés. Les sires de Rieux, de Kergouet, de Dinan, n'existaient plus, on les avait tués auprès de Charles de Blois. Beaumanoir combattait sans bannières, la tête couverte d'un casque dépouillé de panaches, armé

(1) La famille de Jean de Serent, l'une des plus anciennes de la Bretagne, s'est éteinte récemment dans la personne du duc de Serent, mort en 1823 chevalier des ordres.

comme un simple écuyer, mais ses terribles coups le faisaient reconnaître : il se trouvait auprès de Charles de Blois lorsque ce prince reçut l'atteinte mortelle, il voulut défendre son corps contre une foule d'ennemis, il y fut percé de mille traits, et son sang alla se confondre avec celui de son maître.

Après l'entière défaite de l'armée de Penthièvre, Montfort chercha lui-même le corps de Charles. Il le trouva horriblement mutilé et souillé de boue (1). A la vue de ce triste spectacle, Jean ne put retenir ses larmes : la puissance avait moins d'attraits pour lui, depuis qu'il la voyait acquise au prix de tant de sang. Chandos l'arracha brusquement à ces pénibles réflexions, en lui faisant observer que la mort de son parent était le seul événement qui pût assurer à sa maison la possession du plus beau duché de la chrétienté : « Allons, dit-il, remerciez Dieu et vos amis ; vous ne pouvez avoir ensemble la Bretagne et votre cousin (2). » Les anciennes chro-

(1) Tous les historiens.

(2) Au milieu du désordre de la journée, la soldatesque dépouilla le corps de Charles de Blois ; on lui trouva sur la peau un cilice de crin blanc que l'on jeta avec mépris ; mais le cordelier Robbin le ramassa avec soin, le regardant comme un précieuse relique. (Ogée, page 108.)

niques disent que la victoire avait été annoncée à ce prince par un lévrier appartenant au comte de Blois. Cet animal, remarquable par sa beauté, et cité surtout pour son attachement à son maître, passa le ruisseau au moment de l'action, et alla droit au comte de Montfort, qui se trouvait alors arrêté devant une fontaine qui jaillissait; comme le prince était à cheval, le chien se leva sur les pieds de derrière pour le mieux caresser, et puis se désaltéra à cette source : on reconnut le lévrier de Charles de Blois; les spectateurs étonnés s'écrièrent que ce chien venait saluer Montfort duc de Bretagne. Mais ce qui assura d'une manière plus certaine la victoire de ce prince, ce furent les fautes commises par son rival, ou plutôt par son conseil : une sorte de fatalité poussa le comte de Blois à sa perte; il semblait que plus la circonstance était décisive, moins on agissait avec circonspection.

Il faut dire aussi que les talens de Chandos contribuèrent beaucoup au gain de la bataille : lorsqu'il vit les troupes du comte de Blois bien occupées à se défendre par le front, il ordonna à Calverley de se mettre à la tête de 1200 chevaux de la réserve, de descendre du plateau par le chemin qui débouchait en arrière de sa droite, de tourner le rocher, et d'aller prendre l'ennemi à dos. Calverley, joyeux d'être chargé de ce mouvement, duquel dépendait le sort de la journée, l'exécuta avec une rare intelligence, et fit ce que Warvik avait fait à Poitiers : il prit en queue l'aile droite des Bretons et y porta le désordre; gagnant ensuite le centre, il l'enfonça. Cette attaque imprévue trompa tous les calculs des généraux du parti Penthièvre, et porta dans l'ame des soldats un effroi qu'on ne parvint point à maîtriser.

Duguesclin, vainqueur sur le point où il combattait, aurait pu se retirer dès qu'il apprit la mort de Charles de Blois, et conserver ainsi aux enfans de ce prince les restes d'une armée auxquels se seraient réunis beaucoup de partisans de la maison de Penthièvre; mais l'esprit militaire de ce siècle voulait que l'on combattît jusqu'à ce qu'on fût pris ou tué; se retirer devant un ennemi vainqueur aurait passé pour une lâcheté : ce préjugé assura à Montfort un triomphe complet.

Ce prince, passant d'un état précaire à une situation brillante, fit éclater sa reconnaissance envers tous ceux qui avaient contribué à ce succès : « Après Dieu, dit-il à Chandos, c'est vous qu'il faut remercier de la victoire, car je la dois à votre courage et à votre habileté. » En disant ces mots, il remplit de vin une coupe d'or, et la partagea avec le général anglais : cet honneur accordé sur le champ de bataille encore fumant était la plus noble récompense qu'un souverain pût imaginer.

Il fit bâtir une chapelle en l'honneur de saint Michel, sur le lieu où l'on avait trouvé le corps de Charles de Blois (1); il institua également un ordre de chevalerie (*l'hermine*) en mémoire de cette victoire, voulant sans doute imiter Édouard qui avait fondé l'ordre de la Jarretière pour perpétuer le souvenir de son triomphe de Créci.

Jeanne de Penthièvre perdit dans la seule journée d'Aurai l'héritage de ses pères, son époux, et l'espoir de revoir ses enfans, retenus prisonniers à Londres. Elle s'exhala en plaintes amères contre la fortune, et essaya d'intéresser le peuple à ses malheurs ; mais la Bretagne, affaiblie par vingt-quatre ans de guerre, avait à déplorer ses propres malheurs, personne ne se leva en sa faveur : on s'accoutumait à voir avec indifférence la domination de Montfort.

Les partisans de Charles de Blois, quoique nombreux encore, paraissaient peu redoutables, parce qu'ils avaient perdu leurs chefs, dont les

(1) Cette chapelle fut ensuite donnée aux chartreux, qui fondèrent en ces lieux un établissement religieux fort considérable, dont l'église a été rebâtie depuis peu.

uns venaient de périr avec le prince, et les autres se trouvaient prisonniers de Chandos ; Montfort insista pour que ces derniers ne fussent point mis à rançon. Duguesclin était du nombre. Ce guerrier, dont la fatalité venait de trahir le courage, avait fait triompher sans le concours de personne, cinq mois auparavant, les armes de la France ; maintenant il se trouvait dans les fers, expiant les fautes que d'autres avaient commises, sans qu'on pût lui en imputer une seule. Il fut conduit en Poitou, dont Chandos était sénéchal : on l'y traita avec dureté.

Pendant que Bertrand allait en captif dans un pays qui plus tard devait être le théâtre de ses plus brillans succès, Charles V travaillait à briser ses fers ; ce prince eut l'adresse de faire tourner à son profit les avantages que le roi d'Angleterre avait droit d'attendre du gain de la bataille d'Aurai. A la nouvelle de ce grand événement, il envoya en Bretagne l'archevêque de Reims proposer en son nom à Montfort un arrangement final avec la veuve de Charles de Blois, annonçant que la France n'abandonnerait pas ses enfans, et qu'elle défendrait leur cause avec énergie. Ce langage étonna Montfort, qui s'imaginait avoir surmonté tous les obstacles ; il en fut interdit, et ne poursuivit pas ses avantages avec cette célérité qui enchaîne la fortune. La Bretagne eut par conséquent le temps de se reconnaître; elle manifesta un vif attachement pour Jeanne de Penthièvre, et une haine violente pour l'Angleterre. L'arrivée de l'archevêque de Reims fortifia ces divers sentimens; Montfort se vit obligé de sacrifier ses sentimens particuliers à la sécurité de ses propres intérêts, il songea à s'assurer une paix solide avec la France, en offrant de grands avantages à la veuve et aux enfans de son compétiteur. Le roi d'Angleterre, satisfait de voir l'époux de sa fille souverain du duché, l'engagea à faire des concessions pour obtenir une paix de longue durée, ne doutant pas qu'il ne lui fût toujours facile d'exercer dans les états de Montfort une influence absolue. Il se trompa, car la Bretagne ne cessa de le regarder comme l'artisan de tous ses maux, et ne montra de la reconnaissance que pour Charles V, dont la politique savante mettait déjà en défaut la finesse du vieux Plantagenet.

La convention fut donc signée à Guerande le 11 mars 1365. Par ce traité Montfort fut reconnu duc de Bretagne sous le nom de Jean IV, et rendit hommage de vassal au roi de France. Jeanne conserva le titre de duchesse et le comté de Penthièvre. Ses enfans furent déclarés habiles à succéder au comte de Montfort dans le cas où ce prince mourrait sans postérité.

Charles V avait insisté pour que l'on mît à rançon les barons faits prisonniers à Aurai. Duguesclin seul l'intéressait; mais il ne le fit point paraître, de peur de rendre plus difficile la rentrée de ce brave capitaine. Édouard, las de la guerre, y consentit. La rançon de Bertrand fut mise à 100,000 francs : celles du roi Jean et de Charles de Blois exceptées, on n'en avait point vu de si élevée. Ce fait seul atteste le mérite de Duguesclin et l'importance dont il jouissait. Charles V paya la somme demandée, sans partager le mérite de cette action avec le pape comme l'ont dit quelques écrivains ; d'ailleurs la moitié de la rançon fut hypothéquée sur le comté de Longueville, qui appartenait à Bertrand.

La bataille d'Aurai venait de montrer à Charles V que les destinées des états dépendent presque toujours de la force des armes, aussi prit-il à son service de vaillans capitaines; Olivier de Clisson et Tannegui Duchâtel, deux Bretons d'un courage éminent, vinrent en France occuper leur valeur. Le captal du Buch était prisonnier depuis la bataille de Cocherel; le roi lui rendit la liberté sans rançon, et le combla de présens. Grailli, reconnaissant d'un aussi noble procédé, consentit à s'attacher à la France, et débuta par ménager un accommodement entre Charles-le-Mauvais et Charles V.

Quoique privé de tous ses alliés, le Navarrois ne laissait pas encore d'être redoutable, parce que son génie infernal lui suggérait sans cesse quelque expédient pour embarrasser ses ennemis; cependant déconcerté par l'abandon du captal, il prêta l'oreille aux propositions qu'on vint lui faire. Une entrevue eut lieu entre les deux princes dans un des faubourgs de Paris : on s'y prodigua les plus vifs témoignages d'amitié. Le roi pouvait agir avec sincérité; pour Charles-le-Mauvais, il ne mettait aucune franchise dans sa conduite. L'événement prouva qu'il n'avait cédé qu'à la nécessité. Il offrit à son beau-frère un cœur d'or pur, en le priant d'accepter ce riche joyau comme un gage de leur réconciliation. Duguesclin était présent à cette entrevue : il détestait le Navarrois, dont il connaissait la duplicité; il ne put se contenir en le voyant prodiguer à Charles V de perfides caresses : « Prince, lui dit-il fortement, je vous conjure d'être religieux observateur de votre promesse; sans cela vous aurez, certes, le loisir de vous en repentir. » Bertrand ne tint pas le même langage au captal du Buch, qu'il voyait pour la première fois en ami. Ces deux guerriers se donnèrent en présence de la cour les témoignages d'une estime réciproque : leur noble franchise contrastait avec la gêne involontaire des deux rois.

Enfin la France respirait, après trente années de guerre et de trouble ; l'esprit belliqueux de Philippe de Valois et de Jean II lui avait causé des maux incalculables, elle sentait le besoin d'un long repos : aussi, loin de s'indigner de l'humeur pacifique de Charles V, elle changea en admiration les préventions défavorables qu'elle avait conçues à son égard après la bataille de Poitiers ; elle abandonna avec confiance ses destinées aux soins de son génie réparateur, et déjà la main habile du monarque rassemblait les débris de ce grand naufrage, lorsque l'aurore de ce bonheur fut tout à coup obscurcie par un nouveau fléau d'autant plus effrayant que son existence tenait à un vice radical de nos institutions : nous voulons parler des grandes compagnies, qui reparurent à la paix générale comme elles avaient reparu après celle de 1360.

On conçoit l'embarras que devait causer une multitude d'hommes armés, la plupart sans profession, commandés par des chefs bien plus difficiles à satisfaire que les soldats, et que l'on licenciait parce que l'État ne pouvait leur continuer la solde. Le roi, secondé par Duguesclin, trouva dans son génie les moyens d'en délivrer le royaume, comme on va le voir.

Lorsque Charles V, Édouard III et Charles-le-Mauvais eurent congédié les bandes qui les avaient servis, le sol français se trouva couvert de gens de guerre livrés à eux-mêmes. Oubliant qu'ils avaient combattu les uns contre les autres, ces hommes s'agglomérèrent, et formèrent une association épouvantable dont la règle unique fut le droit de la force. On voyait dans ce rassemblement, des Français, des Bretons, des Gascons, des Allemands, des Anglais, des Catalans et des Italiens, formant un total de 50,000 hommes, presque tous à cheval. Ils avaient à leur tête Hue Calverley, Robert Scot, Mathieu Gournay, Gauthier Huet, Armand Cervolle, et même deux princes du sang royal de France, Jean d'Évreux et le comte de Châlons. Ces divers chefs conduisaient à leur suite de nombreuses compagnies avec lesquelles ils avaient en quelque façon commandé aux destinées de l'État. Il leur était fort pénible de renoncer tout à coup à cette influence, pour rentrer dans une condition ordinaire. Ils surent aisément communiquer cette humeur indépendante à des hommes nourris dans la licence des camps, et parvinrent à exercer sur leurs esprits un ascendant dont ils ne se servirent que pour commander des ravages. Leurs excès furent tels que l'on fit partout des prières publiques pour demander au ciel l'expulsion de ces brigands. Tout fut dévoré par eux ; les villes se trouvèrent trop rétrécies pour recueillir les habitans des campagnes fuyant devant ces hordes dévastatrices, et bientôt les cités elles-mêmes tombèrent au pouvoir de ces *malandrins*, appelés aussi *tard-venus*. Cette association s'établit au milieu de la France, qu'elle appela *sa chambre*. Plusieurs forteresses devinrent les boulevards des grandes compagnies ; Châlons-sur-Saône fut le centre de leur domination. Elles prélevaient les impôts à leur profit, s'appropriaient le péage des rivières, objet fort important à une époque où les ponts étaient rares ; tout était administré par elles ; en un mot, ces hommes, réunis sous prétexte de la nécessité de subsister, envahissaient les biens de l'État et ceux des particuliers. Les tard-venus, loin de diminuer de nombre, augmentaient au contraire, car ils se recrutaient par les serfs que l'ordonnance de Louis Hutin avait affranchis soixante ans auparavant. Ces esclaves ne voulurent plus travailler dès qu'ils se virent libres ; ils abandonnèrent la culture des terres, et se trouvèrent bientôt, eux et leurs enfans, dans un dénuement complet. Ils s'offrirent en auxiliaires aux capitaines, qui accueillirent ceux dont l'âge et la force leur convenaient : l'on remarqua que ces nouveaux enrôlés montraient encore plus d'ardeur pour le pillage que les soldats de profession : ainsi cette mesure d'émancipation qui semblait devoir hâter les progrès de la civilisation contribua beaucoup à les retarder, puisque, grace à ce nouvel appui, le fléau des grandes compagnies se perpétua près de deux siècles. Il s'étendit sur tout l'occident ; l'Allemagne, l'Italie, l'Espagne, eurent leurs *tard-venus;* mais ceux de France passaient pour les plus redoutables, à cause de leur composition.

Charles se voyait tout à coup traversé dans les projets qu'il formait pour le bonheur de ses peuples, et tout ce qu'il avait fait pour réparer les désastres des règnes de son père et de son aïeul allait être en pure perte.

Ce prince, n'ayant pas à sa disposition les forces nécessaires pour exterminer ces nouveaux ennemis du repos public, eut recours aux négociations, seul moyen dont il pût user. Il députa auprès des chefs des compagnies plusieurs évêques qui essayèrent de les fléchir en leur montrant comme un théâtre plus propice l'Asie qui implorait l'assistance des chrétiens contre les Turcs ; ces prélats offrirent même des sommes considérables aux tard-venus, s'ils voulaient aller en Chypre défendre le dernier Luzignan. Les malandrins refusèrent en objectant qu'ils avaient sous la main les mêmes avantages qu'on leur présentait dans des contrées éloignées. Le péril devint enfin si pressant, que le monarque ne fit pas difficulté de réclamer l'intervention d'Édouard III ; il le supplia d'interposer son autorité pour que les Anglais, qui formaient la moitié des tard-venus, sortissent des terres de France. Dans cette circonstance, Édouard agit avec franchise, et ordonna aux chefs anglais des malandrins de rompre sur-le-champ leur association armée. Quelques-uns se montrèrent disposés à obéir, mais le plus grand nombre répondit qu'on n'avait pas d'ordre à recevoir de lui. Le roi d'Angleterre, irrité au dernier point, annonça qu'il allait passer en France pour les châtier. Charles V, encore plus effrayé, refusa vivement cette assistance ; sur quoi Édouard, très-piqué, jura de ne lui fournir aucun secours, dussent les malandrins l'expulser de Paris.

En refusant l'appui du monarque anglais, Charles V avait éloigné, il est vrai, un danger, mais il restait sans défense devant celui qui le pressait. La consternation devenait générale, les dévastations s'étendaient jusqu'aux portes de la capitale ; rien ne trouvait grace aux yeux de ces brigands ; les églises furent transformées par eux en lieux de débauche. L'État semblait toucher à une dissolution complète, Duguesclin le sauva. Les services qu'il rendit en cette occasion lui valurent les bénédictions de tout un peuple ; et le nom de *restaurateur de la monarchie*, que la France reconnaissante se plut à lui donner, ce beau nom, il ne l'a partagé dans la suite qu'avec deux autres guerriers, Dunois et Barbazan.

On se rappelle qu'après le combat de Brignais, dans lequel Jacques de Bourbon avait succombé, le marquis de Montferrat, s'étant fait le chef des tard-venus, les avait entraînés en Italie, et qu'il s'en était servi pour chasser les Sarrasins de l'extrémité de la Péninsule : Duguesclin proposa un expédient semblable. La moitié de l'Espagne subissait encore le joug des Maures ; ces riches contrées devaient offrir aux grandes compagnies un appât bien séduisant : mais comment les en convaincre, après leur refus de passer en Asie ? Duguesclin crut pouvoir les y décider en offrant de se mettre lui-même à leur tête. Cette proposition était d'autant plus généreuse de sa part qu'il n'avait cessé de montrer sa haine et son mépris pour les pillards de profession. Il fallait de plus s'arracher au repos qui avait pour lui tant de charmes ; il fallait, sans y être obligé, quitter Pontorson et les objets de ses affections, et cela pour devenir le chef de bandes indisciplinées en exécration à la France entière : mais que ne peut l'amour du bien public?

Le roi rassembla au Louvre les dignitaires de l'État, et tint conseil extraordinaire pour aviser aux moyens d'opposer quelque résistance aux malandrins qui menaçaient la capitale ; il appela Bertrand auprès de lui, dans l'espoir de tirer quelque fruit de ses lumières. Voyant, d'après les discussions du conseil, qu'il était impossible de se soustraire au péril, Duguesclin fit généreusement la proposition de délivrer le pays de la présence des malandrins en se mettant à leur tête : Paris apprit bientôt sa noble détermination, et l'espoir rentra dans tous les cœurs.

Sans perdre un seul instant, Duguesclin partit pour Châlons, séjour des principaux chefs : il se fit précéder d'un écuyer, qui devait annoncer son arrivée. En traversant les nombreux détachemens des tard-venus, il les engagea à regagner la Bourgogne, afin, leur dit-il, de l'aider dans une immense entreprise qu'il allait combiner avec leurs généraux : les compagnies obéirent, et Paris ne craignit plus d'être insulté.

La nouvelle de l'approche de Bertrand surprit et charma à la fois les chefs des malandrins, qui envoyèrent à sa rencontre 4 des principaux d'entre eux. Il arriva quelques jours après : des écuyers portaient ses enseignes déployées; il avait une suite nombreuse et brillante; on lui rendit des honneurs excessifs. Le comte de Châlons, le Bègue de Villaines, qui avaient servi sous ses ordres, ainsi que le tiers des malandrins, le comblèrent de caresses : Gauthier Huet et Calverley, qui avaient combattu contre lui à la tête des Anglais, se montrèrent pareillement empressés à le bien recevoir.

Le lendemain de son arrivée, Duguesclin désira faire connaître aux grandes compagnies l'objet de son voyage. L'armée fut rassemblée dans une plaine peu éloignée de Châlons; Bertrand se plaça sur un tertre et demanda qu'on lui prêtât un moment d'attention : nous avons vu qu'il aimait beaucoup à haranguer, et qu'il s'en acquittait avec succès; d'une voix forte il adressa aux capitaines réunis autour de lui le discours suivant :

« Compagnons d'armes, nous avons fait, vous et moi, assez pour damner nos ames, et vous pouvez vous vanter d'avoir fait pis que moi ; faisons maintenant honneur à Dieu, et le diable laissons. Depuis quelque temps vous êtes occupés à des travaux indignes de braves gens; je viens vous en proposer de plus honorables, et que je partagerai avec vous : c'est d'aller en Espagne combattre les ennemis de la foi, de leur arracher la possession de contrées riches et florissantes. Allons nous emparer des trésors accumulés par les infidèles dans Grenade et dans Cordoue; le roi de France vous offre de payer les frais de l'expédition, et le pape vous accordera l'absolution de toutes vos fautes : nous sauverons nos ames, et nous acquerrons de la gloire et des richesses. »

Ce discours, qui circula promptement dans l'armée, fit pousser mille acclamations en signe d'adhésion; mais les chefs ne se laissèrent pas enflammer aussi facilement, ils voulurent des conditions. Bertrand leur donna l'assurance que le roi compterait de suite 200,000 florins et leur accorderait de plus un pardon général pour les désordres commis dans le royaume; il offrit même de les conduire à Paris pour les présenter à Charles V, qui ratifierait le traité : enfin il eut le bonheur et l'habileté de fléchir ces hommes terribles, qui avaient méprisé les menaces des deux plus puissans souverains de la chrétienté.

Calverley et 25 autres capitaines consentirent à se rendre à Paris : les décrets les plus terribles avaient été lancés contre eux par le prince et par l'Eglise; il était donc naturel pour eux de concevoir quelques craintes en se présentant devant le roi; mais la seule parole de Bertrand suffit pour les rassurer à cet égard.

Le chevalier breton les devança à Paris afin d'annoncer la convention qu'il venait de conclure; il fut reçu comme un libérateur. Quelques jours après, Calverley arriva avec les siens. Le roi ne voulut pas qu'ils entrassent de jour dans la capitale; il craignait que leur présence n'excitât la fureur du peuple : en conséquence ils vinrent le soir au temple. Charles V les reçu avec bonté, d'après ses ordres les seigneurs de la cour leur firent l'accueil le plus affectueux. Beaucoup de barons annoncèrent à Calverley qu'ils avaient résolu de faire partie de l'expédition : cette déclaration bannit toutes les incertitudes des malandrins; ils restèrent convaincus que le projet de porter la guerre en Espagne avait été formé dans l'intention d'aller secourir les chrétiens, et non dans le but de débarrasser la France de la présence des grandes compagnies. Le vieux maréchal Andhreghen, Olivier de Mauny, Guillaume Dubouestel, Jean d'Harcourt, Pierre de Montmorenci, Yves de Rohan, ne balancèrent pas à se ranger sous les bannières de Duguesclin, qui fut investi du commandement général. Cet heureux négociateur avait obtenu des malandrins qu'ils remettraient entre les mains du roi les places fortes dont ils s'étaient emparés. Cent mille florins devaient être comptés à Lyon, et les autres cent mille sur les frontières d'Espagne. Duguesclin, pour mieux se lier avec les *tard-venus*, se fit le frère d'armes de Calverley, le chef le plus important de l'association : on voyait rarement deux guerriers, nés dans des pays différens, s'unir par les liens de la fraternité d'armes ; mais ici la politique tenait lieu d'affection. Après la cérémonie (1), qui se fit en présence de l'armée réunie dans les plaines de Châlons, cette multitude de bandits, dont le nombre augmentait tous les jours, leva le camp, et se dirigea vers le Languedoc en suivant le cours du Rhône. Afin de se distinguer des autres croisés, les *tard-venus* mirent sur leur poitrine et sur les enseignes une

(1) Voyez, dans la vie de Clisson, la description d'une de ces cérémonies.

croix d'argent; ils prirent dès lors le nom de *compagnies blanches.*

Duguesclin eut soin d'emmener de force tous les vagabonds accourus de l'Allemagne et de l'Italie dans l'intention de ravager la France ; mais son autorité n'était pas assez bien établie pour contenir ces féroces guerriers dans les bornes de la discipline ; ils se livrèrent malgré lui à la rapine et à la violence : la terreur les précédait. Ils allaient passer le pont Saint-Esprit pour entrer dans le Languedoc et pénétrer en Espagne par les Pyrénées, lorsqu'un légat du pape Urbain V vint au-devant de cette armée, et lui ordonna de rétrograder sous peine d'excommunication : le légat croyait que ces gens armés s'avançaient avec la résolution de pénétrer dans le comtat Venaissin. Mais au lieu d'éloigner le péril, il ne fit que l'augmenter ; car les tard-venus, irrités de cette menace, changèrent d'idée, et, malgré les supplications de Duguesclin, voulurent marcher sur Avignon, pour forcer le pape à leur donner de l'argent et l'absolution. « Il est juste, disaient-ils, que le chef de la chrétienté, dont les richesses sont immenses, contribue comme les autres à chasser de l'Espagne les mécréans. » Ils entrèrent aussitôt dans le Comtat. Les habitans des campagnes, saisis d'épouvante à l'approche de ces étranges croisés, abandonnèrent leurs habitations pour chercher un refuge auprès du pontife. Urbain V fut effrayé comme les autres lorsque, des tours de son palais, il vit la campagne couverte d'hommes armés, livrant tout aux flammes; il envoya aussitôt un autre légat pour leur témoigner son indignation et les forcer à se retirer. Le cardinal sortit d'Avignon en habits pontificaux; les premiers soldats qu'il rencontra lui crièrent : « Monsieur le légat, nous apportez-vous de l'argent? » Ce début ne le rassura pas; cependant il continua sa route, et arriva dans la tente de Duguesclin : celui-ci le reçut avec respect, mais ne lui cacha point ce qu'il pensait de la conduite du pape, dont l'imprudence avait provoqué la fureur des malandrins. « Allez, ajouta-t-il, dites au Saint-Père que nous les conduisons en Espagne contre les Sarrasins; il est juste que le chef de l'Eglise fasse aussi des sacrifices pour éloigner de la chrétienté un fléau auquel lui-même n'aurait pu long-temps se soustraire; les malandrins demandent de l'argent et l'absolution de leurs péchés, je lui conseille de donner l'un et l'autre : 200,000 florins suffiront. » Le légat, étonné de ce langage, répondit qu'il pouvait assurer d'avance que le pape donnerait volontiers l'absolution, mais non pas l'argent. Il retourna cependant porter ce message, et fut obligé, pour rentrer dans la ville, de passer entre deux haies de tard-venus, dont les avides regards, disent les anciennes chroniques, convoitaient les dorures de ses riches habits.

Urbain V, en apprenant la réponse de Duguesclin, voulut d'abord résister; mais le légat fit une telle peinture de ces hommes redoutables, que l'effroi s'empara du pontife. Il ordonna de lever à la hâte sur les principaux habitans de la ville et sur le peuple la moitié de la somme exigée; elle fut apportée au camp avec la bulle d'absolution signée de la main du pontife et scellée du grand sceau. Le prévôt d'Urbain avait commencé à compter l'argent dans la tente de Bertrand, lorsque ce général lui demanda si c'était dans le trésor particulier d'Urbain V ou dans celui du consistoire que ces espèces avaient été prises. « Seigneur, répondit le prévôt, c'est une contribution levée à l'instant même sur les citoyens d'Avignon. — Reprenez cet argent, répondit Duguesclin en courroux; nous ne voulons rien prendre au pauvre peuple; nous voulons que le pape, qui prélève de si riches décimes sur le clergé de France, fournisse à lui seul les 100,000 livres. Que l'on rende cette somme à qui on l'a prise, et si nous avons connaissance que nos intentions n'aient pas été fidèlement remplies, nous reviendrons, s'il le faut, du fond de l'Espagne pour les faire exécuter. » Le prévôt remporta l'argent. La menace de Duguesclin fit son effet; le pape prit dans ses coffres les 100,000 livres, qu'il envoya au camp en invitant les chefs à venir le visiter.

Bertrand, Calverley, Lebègue de Villaines et vingt autres capitaines entrèrent dans Avignon; ils vinrent présenter leurs respects au pontife, et baisèrent sa mule : Urbain eut sans doute un moment de satisfaction en voyant ainsi prosternés à ses pieds ceux qui venaient de lui dicter des lois d'une manière si brutale.

En sortant de la ville, Duguesclin recueillit les témoignages de la reconnaissance du peuple. La conduite qu'il tint dans cette circonstance et le succès qui la couronna rendirent plus puissante l'autorité de ce général; il parvint à faire rentrer dans les bornes du devoir cette multitude désordonnée de soldats de différentes nations. Ceci était d'autant plus surprenant, que le fameux Arnaud Cervolle, ayant essayé de les réprimer, venait d'être massacré par eux.

Le Languedoc n'eut point le sort du comtat

Venaissin. Le jeune duc d'Anjou, frère du roi, gouverneur de cette province, accourut sur les frontières pour recevoir les malandrins, espérant tempérer par sa présence les maux que le pays avait à redouter de ces hôtes. Duguesclin, ne s'étant mis à la tête des tard-venus que dans l'intention de se sacrifier aux intérêts publics, devait seconder et seconda en effet avec ardeur les projets du duc d'Anjou. Tous ceux des malandrins qui n'étaient pas Français se regardaient dans le royaume comme en pays conquis, et agissaient en conséquence; on devait craindre qu'ils ne communiquassent le même esprit aux Français. Dans une circonstance aussi difficile, Duguesclin montra toute la profondeur de son génie en mettant en pratique cette maxime des anciens : *divide et impera*. A force d'adresse, il parvint à rompre la confraternité qui unissait cette masse et la rendait compacte; il opposa les uns aux autres, se rendit facilement maître des Bretons, des Normands et des Gascons; il en forma un parti puissant à la tête duquel, secondé par la noblesse qui l'accompagnait, il contint les autres : enfin il dirigea tellement à son gré cette armée, qu'il franchit avec elle les Pyrénées sans avoir occasioné dans le Languedoc plus de mal que n'en eût fait tout autre passage de troupes, étrangères ou nationales.

Duguesclin, s'étant arrêté quelque temps à Toulouse, y avait vu Henri de Transtamarre, rival du fameux don Pèdre-le-Cruel, roi de Castille. Henri, forcé de laisser le champ libre à son compétiteur, venait de se réfugier auprès du duc d'Anjou. Ce prince, gouverneur du Languedoc, avait conçu une haine violente contre don Pèdre, meurtrier de Blanche de Bourbon, sa parente; aussi prit-il les intérêts de Henri de Transtamarre, quoique celui-ci ne fût dans le fait qu'un rebelle armé contre son frère et son roi. Transtamarre, uni au duc d'Anjou, avait entraîné dans la coalition le roi d'Aragon; mais don Pèdre avait su triompher de cette triple alliance. Henri regarda l'arrivée des grandes compagnies comme un bienfait du ciel. La rage dont elles étaient animées lui paraissait devoir servir merveilleusement ses desseins; mais Duguesclin ne se montra point d'abord disposé à le seconder: don Pèdre, malgré ses horribles excès, n'en était pas moins à ses yeux un prince légitime. Il déclara donc à Transtamarre que les grandes compagnies allaient en Espagne pour combattre les ennemis de la foi et non pour subjuguer les états d'un prince chrétien. Henri essayait de vaincre ses scrupules et cherchait à l'intéresser à sa cause en lui peignant son rival sous les couleurs les plus désavantageuses, lorsqu'un conseiller de la couronne arriva de Paris à Toulouse, et remit à Duguesclin un message très-pressé. Ce message renfermait l'ordre d'employer les grandes compagnies à faire la guerre la plus vive à don Pèdre, roi de Castille. Des considérations de la plus haute politique engageaient le monarque français à se déclarer contre don Pèdre : il avait d'abord à venger la mort de Blanche de Bourbon, sa belle-sœur; puis il considérait que ce prince n'avait cessé d'être l'allié fidèle d'Édouard III et de Charles-le-Mauvais, et que, sous ce rapport, la France avait à se plaindre infiniment de lui. Urbain se joignit à Charles V; il lança les foudres de l'Eglise contre le Castillan qui ne craignait point de se montrer le protecteur des juifs et des hérétiques.

La déclaration du pape et les ordres du roi vainquirent les scrupules de Duguesclin, qui se rendit aux vœux du comte de Transtamarre, dont il estimait en particulier les qualités personnelles; il prit dès ce moment des mesures énergiques pour assurer le succès de l'entreprise. Si l'on désire suivre ce héros dans une expédition qui fut un des épisodes les plus intéressans du moyen âge, il faut auparavant jeter un coup d'œil sur l'état dans lequel se trouvait l'Espagne à l'époque où Bertrand y entra, et puis expliquer la cause de la fameuse querelle de don Pèdre et de Henri de Transtamarre : l'intérêt qu'inspire cette digression nous excusera sans doute de nous y être livrés.

LIVRE VII.

État de la péninsule hispanique au milieu du quatorzième siècle.—Duguesclin conduit les grandes compagnies au secours de Henri de Transtamarre. — Conquête de la Castille.

La même année que Philippe-Auguste triomphait dans les champs de Bouvines d'une puissante coalition, tous les princes chrétiens de l'Espagne, réunis dans les plaines de Murendal, taillaient en pièces 100,000 Arabes ou Africains. Alphonse *le Noble*, roi de Castille, Jean II, roi d'Aragon, et Sanche *le Fort*, roi de Navarre, furent les héros de cette journée; Sanche brisa les chaînes qui fermaient l'entrée du camp du miramolin de Maroc, et décida de la victoire par cette diversion. En mémoire de son triomphe, il orna ses armes des chaînes du prince africain telles qu'on les voit encore dans l'écu de Navarre. Le roi de Castille, par la vaillance dont il fit preuve à Murendal, rehaussa l'éclat dont brillait déjà sa famille: son petit-fils, Alphonse XI, marcha sur ses traces et remporta, en 1340, contre le sultan Alboacen la victoire de Tarifa si célèbre en Espagne; le Maure y perdit la moitié de son armée, ses femmes, ses fils et ses trésors. Alphonse eut un règne glorieux, mais ses passions désordonnées préparèrent de longs malheurs à sa famille. Il avait épousé pour des raisons politiques Marie de Portugal, à laquelle il préféra bientôt Éléonore de Gusman qu'il aimait depuis long-temps et à qui il avait été fiancé; rien ne put l'en détacher. Cette violente passion avait eu une noble origine; Alonzo de Gusman, père d'Éléonore et duc de Médina, se trouvait gouverneur de Tarifa, en 1294, lorsque les Maures vinrent cerner cette place avec une armée considérable; il fut sommé d'ouvrir les portes de la ville, mais il refusa fièrement de la rendre; alors les assiégeans le menacèrent d'égorger en sa présence son jeune fils tombé entre leurs mains : la voix de la nature se tut devant l'intérêt de la patrie; Alonzo jeta lui-même aux ennemis, du haut des murailles, un poignard en prononçant ces paroles généreuses, qui sont devenues la devise de la maison de Gusman, *mas pesa el rey que la sangre*, *le roi l'emporte sur le sang*. Ce trait héroïque fit long-temps l'admiration des Espagnols, et encore trente après il charma tellement Alphonse XI, à peine âgé de vingt ans, que ce prince voulut s'allier à la maison de Gusman, et se fiança avec Éléonore, fille d'Alonzo; mais son conseil s'opposa à cette union et décida qu'il épouserait une princesse de Portugal, dont l'alliance dans ce moment était d'une très-haute importance pour l'Etat. Le roi, obligé de sacrifier ses affections à la politique, épousa Marie, mais il conserva auprès de lui celle qu'il avait cru pouvoir élever sur le trône, et bientôt après il en fit sa maîtresse; la reine, justement irritée, quitta la cour et se retira dans un château situé au milieu des montagnes de la Sierra-Morena : c'est là qu'elle mit au monde le farouche don Pèdre, dont le caractère parut tenir des âpres contrées où il avait reçu le jour. Quand il fut sur le trône, ses fureurs épouvantèrent tellement les Espagnols, qu'une tradition populaire disait que Marie de Portugal, retirée au milieu de ces montagnes, était tombée au pouvoir d'un sauvage furieux, et que don Pèdre avait été le fruit de cette union : le vulgaire adopta cette fable, d'autant plus absurde que don Pèdre et Henri, fils d'Alphonse et de deux mères différentes, se ressemblaient extrêmement.

La reine éleva elle-même son enfant et lui fit partager la haine que son cœur nourrissait contre sa rivale; elle préparait ainsi les moyens de satisfaire sa vengeance. Alphonse, éloigné de Marie de Portugal et de son fils, s'accoutuma à regarder comme légitimes les six enfans qu'il avait eus de sa concubine; il leur donna de riches apanages, et avantagea principalement le premier, Henri, né en 1331 : il montrait pour ce fils une prédilection aveugle. Alphonse mourut de la peste, en 1350, devant Gibraltar, la même année que Philippe de Valois, dont il avait toujours été le fidèle allié. Don Pèdre fut alors retiré de la Sierra-Morena pour se voir placer sur le trône; il y apporta un caractère intraitable. On forma un conseil de régence, car il avait à peine seize ans. Ceux qui composaient ce conseil, pour se réserver l'exercice du pouvoir, n'occupèrent le jeune roi qu'à des plaisirs; son gouverneur, Albuquerque, s'était étudié à nourrir ses inclinations vicieuses : il l'accoutuma de bonne heure à mépriser ce que les peuples chérissent dans un souverain, la religion, la morale et les bonnes mœurs; il ne lui fallut pas beaucoup d'efforts pour corrompre son cœur; il y mit une constance et une perversité effroyables. Albuquerque ne remplit pas seul cette horrible tâche; Marie de Portugal le seconda dignement : elle ne cessait d'entretenir son fils dans des idées de vengeance, de lui répéter que le rang suprême où le ciel venait de le placer n'était digne d'envie qu'autant qu'il procurait la faculté de se baigner dans le sang de ses ennemis. Ne nous étonnons donc pas si don Pèdre devint un mauvais prince ; les circonstances où il se trouva contribuèrent puissamment à le rendre tel : peut-être eût-il été un grand monarque si, au lieu d'exciter ses passions naissantes, on lui eût appris à les dompter.

Dès que Marie de Portugal vit descendre Alphonse dans la tombe, elle songea à satisfaire le ressentiment qu'elle nourrissait contre sa rivale, et disposa d'autant plus facilement son fils à la seconder, qu'Eléonore de Gusman, fière de sa nombreuse famille, accoutumée à commander au nom de son royal amant, venait de former une ligue redoutable, dans le dessein de conserver la puissance dont elle avait long-temps joui : elle s'était même flattée de faire monter sur le trône son fils aîné, à l'exclusion de l'enfant de la reine (1) : le royaume se trouvait donc divisé par la querelle de deux femmes, qui entretenaient l'animosité entre leurs enfans, issus du même père. Eléonore échoua. Forcée de s'éloigner de la cour avec les siens, elle alla attendre dans l'Arioca une occasion favorable, ne cessant de

(1) Tous les historiens espagnols.

susciter des embarras à don Pèdre. Ce prince, irrité de voir ses droits menacés par une ligue hostile qui ne tendait à rien moins qu'à lui arracher la couronne, crut anéantir d'un seul coup tous ses ennemis en frappant leur chef dans la personne d'Eléonore de Gusman; celle-ci, avertie des projets du roi, quitta Logroño et alla se cacher en Andalousie; mais les sicaires du prince l'y suivirent : Olmedo, l'un d'eux, la tua d'un coup de hache, auprès de Cordoue. Marie de Portugal eut une partie des dépouilles de sa rivale : son fils lui donna la ville de Talavera, qui prit depuis le nom de *Talavera de la Reyna* (1).

A la nouvelle de la mort d'Éléonore, ses enfans, saisis d'effroi, se hâtèrent d'échapper au glaive assassin suspendu sur leurs têtes. Henri et ses deux frères parvinrent à se réfugier à Lisbonne; don Pèdre les vit avec regret se soustraire à sa rage, et pour assouvir sa soif de sang, il lui fallut d'autres victimes : don Garcias de la Vega, dont les graces et les succès excitaient son envie, fut assassiné par ses ordres. Son caractère acquérait tous les jours plus de férocité; on crut que l'amour l'adoucirait; on lui fit voir Marie

---

(1) Ferreras.

Padilla, parente d'Albuquerque, l'ancien gouverneur du prince; ce fut dans l'espérance de prolonger son pouvoir et d'assurer son crédit qu'il offrit la jeune Castillane aux regards de son élève : il réussit admirablement. Padilla joignait à une rare beauté l'amabilité la plus attrayante. Jamais femme ne sut mieux exercer son empire. Don Pèdre se livra à sa nouvelle passion sans aucun ménagement; sa maîtresse devint l'arbitre de toutes les destinées. Les régens du prince, tous amis de leur pays, effrayés de voir livrer le sort de l'État aux caprices d'une favorite, voulurent prévenir les désordres qui pouvaient en résulter; ils décidèrent de marier le jeune monarque malgré lui-même et malgré Albuquerque. Don Pèdre avait dix-sept ans. Les rois espagnols n'étaient point aussi absolus qu'on pourrait le croire; on connaît la fameuse formule des états d'Aragon et de Castille : *Nos que valemos tanto como vos, y que podemos mas que vos, hos hazemos nuestro rey, y señor con tal que guardeis nuestros fueros, se no, no.* En conséquence don Pèdre fut obligé de céder aux états assemblés à Valladolid, qui décidèrent à la fin de 1352 que le roi épouserait une princesse du sang royal de France. On envoya une magnifique ambassade à Jean II, qui réserva à la famille du duc de Bourbon l'honneur de donner une reine à la Castille. Blanche fut choisie par l'ambassadeur espagnol comme la plus belle des six princesses, filles de Pierre, duc de Bourbon. Elle faisait l'admiration de la cour de France, autant par sa candeur que par sa beauté. Le vicomte de Narbonne fut chargé de la conduire à son époux (1). Toutes les princesses du sang royal de France envièrent le sort de Blanche lorsqu'elles la virent partir pour aller partager un trône; mais, hélas! combien ne durent-elles pas remercier le Ciel de les avoir privées de ce funeste honneur! Blanche, vivant dans une profonde retraite, selon les usages de ce siècle, ignorait absolument les désordres de l'homme auquel on l'unissait; on le lui peignit sous les couleurs les plus favorables. Elle quitta donc avec joie la France et sa famille, et fut reçue en Espagne avec acclamations. La Castille la salua comme un astre bienfaisant dont l'influence devait ramener le calme et la décence dans une cour livrée à tous les désordres. La beauté de Blanche étonna

(1) Le roi Jean donna à Blanche en présent de noces 25,000 florins à prendre sur les droits prélevés par le fisc lors de la foire de Beaucaire. (Hist. du Languedoc, notes du 2ᵉ volume.)

don Pèdre. Le mariage fut célébré à Valladolid le 3 juin 1353.

Les graces naïves de la reine, son extrême innocence, auraient dû faire oublier totalement Padilla; mais, le croirait-on? au bout de quelques jours le dégoût le plus prononcé remplaça l'impression qu'avait faite sa première vue (1). La reine fut chassée non-seulement de la couche royale, mais encore de la cour; elle fut reléguée dans le château de Médina Sidonia. Néanmoins cet exil ne devait être que la moindre de ses infortunes; son indigne époux alla prendre à Montalban sa concubine, la ramena à Burgos, et la fit jouir de tous les honneurs de la royauté. Cette conduite coupable fut l'objet des plus vives remontrances; il se forma contre la favorite un parti considérable qui dut nécessaire-

(1) Ferreras, Histoire d'Espagne, tome v, in-4°, liv. viii, page 258.

Ortis, autre historien espagnol, assure que Padilla eut recours aux maléfices pour conserver le cœur du roi, et pour dégoûter don Pèdre de la belle princesse de Bourbon. Suivant lui, Blanche avait brodé de ses mains une écharpe couleur de feu, elle la donna à son époux; mais aussitôt que celui-ci l'eut mise, il crut avoir un serpent autour du corps. Don Pèdre avait tellement sa femme en horreur, qu'il ne pouvait la regarder sans frémir.

ment grossir celui du comte de Transtamarre. Ce prince, dévoré d'ambition et jetant depuis long-temps des yeux d'envie sur le trône, suivait ses projets en silence, et se réjouissait des fautes que le roi commettait. Don Pèdre fut sourd aux exhortations de ses amis, les prières de sa mère furent même impuissantes ; il persista dans son genre de vie, mélange de cruauté et de débauche. Voyant que le mécontentement augmentait tous les jours, que ses ennemis devenaient plus redoutables, il eut recours aux Juifs, dont le nombre était fort considérable en Espagne : il s'en déclara hautement le protecteur, les attira auprès de lui et en peupla la ville de Burgos. Un d'eux, nommé Jacob, devint tout à la fois son conseiller intime, le ministre secret de ses vengeances et celui de ses plaisirs. Ce fut lui qui découvrit au fond d'une retraite cachée à tous les yeux Jeanne de Castro, veuve de Diego de Haro. Il vanta ses charmes à don Pèdre, dont l'imagination ardente s'enflammait aisément. Le roi vola à Palencia, vit Jeanne de Castro, et conçut pour elle une telle passion que, pour vaincre sa vertu, il alla jusqu'à lui offrir sa main en disant que c'était contre son gré que son mariage avec Blanche de Bourbon avait été contracté, et qu'il allait le faire casser. Soit ambition, soit faiblesse (car la veuve de Haro aima beaucoup son séducteur), Jeanne consentit à cette étrange union. Deux prélats, l'évêque d'Avila et celui de Salamanque, indignes du caractère sacré dont ils étaient revêtus, eurent la bassesse de la bénir (1) (1354). Le lendemain de ses nouvelles noces, le roi abandonna Jeanne, et ne la revit plus; mais celle-ci ne voulut jamais quitter le vain titre de reine dont elle avait joui pendant un jour (2). Cette union produisit un fils dont l'existence fut aussi bizarre que la naissance (3).

Ce nouveau crime, annonçant un mépris profond pour les institutions sociales, excita le courroux d'un peuple religieux; une ligue redoutable se forma contre don Pèdre au sein de ses états et dans sa famille même. Sa mère, jalouse de Padilla, et Albuquerque, dont la fa-

(1) L'historien Mariana s'écrie à cette occasion : « O hommes nés pour être esclaves, et non pour être évêques ! *O hombres nacidos, no y a, para obispos, sino para ser esclavos.*

(2) D'après ses ordres, ses domestiques l'appelaient toujours *Reine*. (Mariana, tome II, liv. XVII. Ferreras, tome V, in-8°, liv. VIII.)

(3) Ce fils s'appela Jean de Castille; il fut la tige des maisons de Valdecannas et de Lasos. Il mourut prisonnier pour dettes.

veur était passée, se rangèrent du côté des mécontens. Le roi brava l'orage avec audace, et inspira l'effroi à ses ennemis : la terreur le précéda, il ne voulut régner que par elle, et trouva des ressources immenses dans les Juifs, qui pour prix de sa protection lui livrèrent leurs trésors; il marcha contre les révoltés, les dissipa, prit Tolède, et massacra tout ce qui s'y était déclaré contre lui. On signala à sa colère un orfèvre âgé de quatre-vingts ans comme ayant fourni de l'argent aux mécontens, et il prononça contre lui la peine de mort; le fils de ce malheureux vint, à l'insu de son père, racheter la vie du vieillard au prix de la sienne. Loin d'admirer cet héroïque dévouement, le roi accepta froidement l'échange, et envoya le jeune Espagnol au supplice. La comtesse Osorio, d'une des plus illustres maisons de la Castille, se trouvait dans la ville; son fils avait embrassé le parti d'Henri de Transtamarre : don Pèdre la fit saisir comme accusée d'entretenir des relations avec les rebelles, et la condamna à être brûlée vive. Une des femmes de la comtesse demanda à l'accompagner jusqu'au lieu du supplice; dès que le bûcher fut allumé, elle se jeta sur sa maîtresse, la tint embrassée, et fut consumée avec elle. Les chroniques espagnoles ont conservé le nom de cette femme : elle se nommait Isabelle d'Avallos (1).

Plus prompt que l'éclair, le farouche vainqueur se porta devant Toro, où s'était renfermée la reine douairière avec beaucoup de ses partisans ; il prit la ville, la livra à la fureur de ses soldats, et fit égorger les principaux chefs ennemis en présence de sa mère : cette princesse épouvantée tomba évanouie ; en reprenant ses sens, elle se trouva entourée de cadavres palpitans, que son fils considérait avec une sorte de joie. A cette vue elle poussa un cri d'effroi, et donna sa malédiction à son barbare fils. Mais celui-ci y répondit par un sourire amer qu'accompagnèrent les plus terribles menaces. Quelques jours après, Marie de Portugal mourut du poison (1356) : l'histoire n'en accuse positivement pas son fils, mais le soupçon peut bien être permis en pareil cas.

Albuquerque lui-même, après avoir trahi tous les partis, tomba sous les coups de don Pèdre ; il avait travaillé à former ce monstre, il devait en être la victime : c'est la seule action juste du cruel roi de Castille. On comprend que la race de Gusman fut enveloppée dans cette grande pro-

(1) Ferreras, liv. VIII.

scription. Cette famille fut anéantie, à l'exception de deux enfans mâles. Henri, l'aîné, après avoir échappé par miracle à toutes les embûches, se retira auprès du roi d'Aragon (1357). Don Pèdre demanda son extradition, et d'après le refus du prince aragonnais la guerre fut déclarée. Don Pèdre y fit preuve d'une valeur héroïque; la rapidité de ses conquêtes força le roi d'Aragon à demander la paix. N'ayant plus d'asile sur les terres d'Espagne, le comte de Transtamarre se réfugia en France. Le vainqueur parcourut les provinces qu'il venait de soumettre, et dévasta la Biscaye.

Il serait trop long de nommer ici toutes les victimes de la fureur de don Pèdre: la plus illustre fut la reine Blanche de Bourbon. L'espèce de captivité dans laquelle vivait cette princesse, sa noble résignation, ses vertus angéliques, avaient inspiré le plus vif intérêt; toute la nation déplorait ses infortunes. Le comte de Transtamarre eut l'adresse de confondre sa cause avec celle de la reine, de sorte que Blanche semblait être l'ame de toutes les ligues formées contre son mari. Don Pèdre, ne cachant plus les sinistres projets qu'il avait formés, chargea les Juifs de l'immoler : ceux-ci, qui abhorraient la reine à cause de son extrême attachement à la foi catholique, se chargèrent avec joie de cette affreuse mission. Ils se rendirent à Médina Sidonia, apportant au gouverneur Inigo Ortis l'ordre de faire mourir Blanche de Bourbon par le suc d'herbes vénéneuses qu'ils lui remirent; mais Inigo Ortis, indigné, déclara qu'il ne prêterait pas les mains à un pareil forfait. Un mois après, Perez Rebboledo, un des chambellans de don Pèdre, vint prendre la reine à Médina Sidonia, la sépara de ses fidèles serviteurs, et la conduisit dans le château de Xérès. C'est là que le crime fut consommé, et non à Médina comme le dit Mariana.

Persécutée, abreuvée d'amertumes depuis neuf ans, Blanche désirait ardemment le trépas. Le ciel exauça enfin ses vœux et finit son martyre : des mains criminelles préparèrent un breuvage empoisonné, Blanche le prit avec courage, bien persuadée qu'elle recevait la mort : elle expira dans des douleurs affreuses, à l'âge de vingt-six ans, au mois de mars 1361 (1). Malgré des infor-

(1) Les anciens mémoires sur Duguesclin font une relation fabuleuse de la mort de Blanche; Guyard les a copiés en entier, parce que le merveilleux est toujours préféré à la vérité. Ayala, auteur d'une histoire de don Pèdre fort estimée, Zurita, Ferreras, Mariana, rapportent cette catastrophe telle que nous venons de l'écrire.

tunes si peu méritées, la mémoire de cette princesse n'a point trouvé grace devant l'auteur des *Essais sur les Mœurs*, qui a voulu prouver qu'elle avait eu des torts graves avant même d'avoir connu don Pèdre, et que la famille de Henriquez tirait son origine des amours criminelles de cette princesse avec le grand maître de Saint-Jacques, parent du comte de Transtamarre. Nous ne nous attacherons pas à combattre cette accusation, dont la fausseté est évidente jusque dans les moindres détails; nous sommes persuadés que le désaveu d'une nation tout entière et l'assentiment des historiens espagnols seront aux yeux de l'homme sage une autorité plus respectable que l'opinion d'un écrivain qui sut merveilleusement peindre, il est vrai, les écarts de l'esprit humain, mais qui voulut trop souvent excuser les forfaits éclatans aux dépens de la vertu malheureuse.

La mort de Blanche retentit dans toute la chrétienté, et partout elle produisit le même effet. En France, plus de 500 chevaliers bannerets firent vœu de la venger, et dès ce moment prirent l'écharpe verte, conformément aux statuts de la chevalerie (1).

(1) L'écharpe verte annonçait un vœu important; le chevalier ne la quittait qu'après avoir accompli son serment,

En Espagne, cet attentat inouï causa une explosion unanime de mécontentement et fut le signal de la guerre civile; les provinces gouvernées par des tyrans secondaires se révoltèrent; don Pèdre, sourd aux exhortations les plus sages, dévasta ses propres états et les remplit de carnage. Les Espagnols, remplis d'horreur et d'épouvante, supplièrent le roi de France de les prendre sous sa protection. Charles V, décidé à venger l'honneur de sa maison et désirant en même temps soulager les misères d'un peuple digne de son intérêt, déclara la guerre à don Pèdre : ceci eut lieu pendant que Duguesclin se trouvait arrêté avec les tards-venus devant Avignon.

Quoique la déclaration de guerre du roi de France eût augmenté l'irritation des esprits, cependant le tyran ne se laissa point abattre; il fit tête à l'orage. Jamais on ne vit mieux la force du pouvoir établi ; la fermeté seule du roi contint

ou après en avoir été relevé. Les Français tenaient cet usage de celui pratiqué chez les anciens Francs, qui se chargeaient le bras gauche d'une chaîne quand ils faisaient une promesse solennelle ; ils ne la quittaient pareillement qu'après avoir rempli leurs engagemens : d'où vient la phrase proverbiale *être esclave de sa parole*. Les mœurs et les usages venant ensuite à s'adoucir, il arriva que les preux du moyen âge remplacèrent la chaîne par une écharpe de la couleur la plus agréable à l'œil.

une multitude d'ennemis. Mais bientôt don Pèdre reçut un coup qui lui fut plus sensible que toutes ces attaques : Padilla, consumée depuis deux ans par une maladie de langueur, n'eut pas le temps de jouir du triomphe que le trépas de Blanche devait lui assurer; elle mourut quelques jours après cette princesse. Celui qui avait fait couler tant de larmes et tant de sang connut à son tour la douleur : on crut que le chagrin l'entraînerait dans la tombe avec l'objet de ses affections. « C'eût été un jeu bizarre de la nature, dit M. de Sacy, de voir Pierre-le-Cruel mourir de sensibilité. » Mais la douleur le rendit encore plus terrible : semblable au tigre dont le flanc a été déchiré, don Pèdre ne mit plus de bornes à ses fureurs ; il s'indignait de ne pouvoir reprocher à personne le trépas de sa maîtresse, et n'en immola pas moins des victimes à ses mânes. Louis de Lara, l'aîné de la famille de la Cerda, fut étranglé par ses ordres. Il restait encore de cette malheureuse maison un fils âgé de deux ans. Les soins de sa gouvernante, appelée Mincia, le dérobèrent long-temps aux recherches des sicaires de Pierre; mais un jour la fatigue ayant forcé cette femme généreuse à s'arrêter dans une forêt, elle fut atteinte par ces barbares, et pendue à un arbre après avoir vu étouffer en sa présence l'enfant confié à sa garde (1).

Cependant l'artisan de tant de crimes n'était pas tellement occupé de ces soins homicides qu'il oubliât les intérêts de sa couronne. Voyant grossir chaque jour le nombre de ses ennemis, il chercha partout des moyens de défense, il appela dans ses états les Juifs disséminés dans les Espagnes. Ce peuple, errant et esclave sur le reste de la terre, se vit, au milieu de la Castille, en possession de tous les droits de citoyens, et commanda même au reste de la nation. Le roi ne se contenta point de ce secours, il alla proposer une alliance au prince maure régnant à Grenade : on dit même que, pour mieux cimenter cette union, il offrit de se faire mahométan. Tranquille du côté du sud, don Pèdre marcha à la tête de toutes ses forces contre le roi d'Aragon que Henri de Transtamarre avait de nouveau déterminé à reprendre les hostilités. Suivi d'une armée à laquelle la rapine et la licence étaient non-seulement permises, mais encore commandées, le roi de Castille attaqua l'Aragonnais avec impétuosité, le rejeta au-delà des frontières déjà envahies, s'empara à son tour de plusieurs provinces, et força son ennemi à demander une

---

(1) Mariana, t. III, Ortis, chap. XIX.

trève. Henri de Transtamarre, dont la valeur personnelle avait essayé vainement d'arrêter le torrent, se vit obligé de quitter l'Aragon, et de se retirer auprès du duc d'Anjou, gouverneur du Languedoc : ce fut là qu'il trouva Duguesclin.

Don Pèdre rachetait une partie de ses vices par des qualités remarquables. Il était sous quelques rapports un homme supérieur. Jamais on ne déploya plus d'activité, jamais on ne sut mieux tirer parti des moindres ressources. Il s'était ménagé depuis long-temps l'alliance de Charles-le-Mauvais, dont les états se trouvaient limitrophes des siens : avec les renforts qu'il reçut de ce prince, le roi de Castille se trouva en position de résister à la ligue puissante formée contre lui.

Le roi d'Aragon venait de rompre la trève, dans l'intention de reprendre les armes pour la cause de Transtamarre; le duc d'Anjou lui avait promis de le seconder avec des forces considérables : c'est par suite de ce traité que Duguesclin s'ébranla à la tête des grandes compagnies, lesquelles, s'étant reposées pendant quelques mois dans le fertile Languedoc, ne respiraient que les combats. Le jeune duc de Bourbon, frère de Blanche, devait commander l'expédition ; mais, au moment de partir, le prince fut rappelé à Paris pour des raisons que l'histoire n'explique point. Bertrand, général en chef, entra en Espagne à la fin de 1365, par la vallée de Roncevaux, dans laquelle Roland, neveu de Charlemagne, était jadis tombé sous les coups des Gascons. Duguesclin, plus heureux, tailla en pièces tout ce qui s'opposait à son passage, et chassa les troupes castillanes des défilés. Ne voulant point quitter ces lieux sans payer un tribut d'admiration à la mémoire du guerrier illustre qui l'avait précédé dans ces vallées, il rangea en bataille ses hommes d'armes devant le tombeau de Roland, à l'endroit même où périt ce paladin; il fit sonner les clairons et élever les bannières, et, s'avançant vers le mausolée, il mit un genou à terre et fit cette prière : « Sire Dieu, ici gist fleur de chevalerie; soubs cette pierre est clos heur et vaillance : fais à ton serviteur Guesclin servir son roi Charles comme cestui preux servit puissamment l'empereur Charlemagne, et comme cestui Rolland estre occis par beau jour de bataille. »

L'armée française était forte de 40,000 hommes; la noblesse du Languedoc et de la Provence accourut pour prendre part à cette expédition : 600 jeunes Toulousains s'enrôlèrent sous les bannières de Bertrand; les principaux étaient Lautrec, Castelnau, Brassac, Sabonnet, Paul de Montpezat, Robert de Blagnac, Hue de l'Espinasse. (Annales de Toulouse, par le prouvaire Goudouli.)

En entrant en campagne, Bertrand, que les chroniques espagnoles appellent *du Claquin*, se fit un plan d'opérations dont la conception annonçait un puissant génie. A l'aide de 4,000 Castillans partisans de Transtamarre, il éclaira le pays, prit une connaissance parfaite des localités, et, après avoir bien étudié la situation dans laquelle se trouvait don Pèdre, il partagea son armée en divisions, les envoya dans diverses directions, et fit cerner à la fois toutes les places de l'Aragon tombées récemment au pouvoir du roi de Castille. Au bout d'un mois don Pèdre se vit enlever toutes ses conquêtes. Le succès n'arrêtait pas plus Duguesclin que les revers n'ébranlaient ses résolutions ; il avançait toujours avec une célérité qui fut le véritable fondement de sa fortune. Après avoir chassé l'ennemi de l'Aragon, il pénétra en Castille sur quatre points : la première ville attaquée fut Magalon, défendue par un homme aussi dévoué qu'intrépide : les Juifs composaient presque en entier la population. On donna un assaut général qui dura plusieurs jours, car la brèche ne fut un seul instant abandonnée ni par les assiégeans ni par les assiégés. Duguesclin, dépourvu des machines de guerre nécessaires pour abattre la sommité des créneaux, se décida à percer le mur; il en chargea Guillaume Dubouestel, qui y parvint après un travail opiniâtre. De son côté, le général en chef occupait les assiégés sur les murailles, soit par des décharges continuelles de traits, soit par des escalades partielles. Dès que l'ouverture fut pratiquée, les assiégeans s'y précipitèrent; la garnison, réunie aux habitans, leur en disputa long-temps l'entrée; on se battit le reste de la journée dans les rues; enfin la place fut enlevée. La fureur avec laquelle les malandrins usèrent de leur victoire étonna les barons français qui les avaient suivis; on put dès lors apprécier encore mieux le service que Bertrand avait rendu au royaume en le délivrant de pareils hôtes. De son côté, Henri de Transtamarre dut s'applaudir d'avoir déchaîné contre son rival de tels ennemis. En effet, il était singulier de voir le prince le plus odieux de son temps attaqué par des hommes que leurs excès rendaient l'effroi de la chrétienté.

Après la prise de Magalon, Duguesclin s'avança rapidement en Castille; il trouva les esprits tellement prévenus contre le souverain, que les soldats de cette armée, bien faits certainement pour inspirer les plus justes craintes, furent reçus comme des libérateurs. Bertrand, jugeant don Pèdre de loin, avait d'abord cru que Henri de Transtamarre, inspiré par la haine, outrait les torts de ce prince; mais lorsqu'il vit tout un peuple accuser ce monarque sanguinaire, lorsqu'on lui eut déroulé la série de ses crimes, ses scrupules cessèrent entièrement, il se crut appelé à purger la terre d'un monstre qui la désolait; aussi ne garda-t-il plus de ménagement vis-à-vis de don Pèdre. Il fit prendre au comte de Transtamarre le titre de roi de Castille, et dès ce moment les partisans secrets de la maison de Gusman se déclarèrent ouvertement; les habitans des campagnes accouraient de toute part, et venaient saluer leur nouveau souverain, dont l'aménité contrastait avec la sombre rudesse de son frère. Le cri des peuples légitima l'avénement de Henri; les Espagnols brisèrent, par un vœu spontané et universel, les liens qui les unissaient à don Pèdre, agissant en cela selon l'esprit de la constitution qui régissait la Castille, *Se no, no*.

Bertrand et le comte de Transtamarre se dirigèrent vers Burgos. On s'était ménagé des intelligences dans cette ville; mais avant d'y arriver on avait à soumettre plusieurs places fortes, occupées par les troupes de don Pèdre : on regardait Briviesca comme la plus importante. Duguesclin fit ses dispositions pour les enlever toutes les unes après les autres : au moment de mettre ce plan à exécution, il vit se lever de graves différends entre le roi d'Aragon et les chefs des grandes compagnies, qui voulaient garder les places que l'on avait reprises à don Pèdre, car ils annonçaient l'intention de s'établir en Espagne comme ils l'étaient naguère en France. Bertrand aplanit ces difficultés; pour prix des places qu'on lui faisait rendre, le roi d'Aragon paya une somme considérable, que Duguesclin employa à solder les deux mois de paie arriérée. Ainsi on le voyait sans cesse tirer quelque avantage de circonstances qui auraient sûrement embarrassé tout autre général.

Bertrand se mit en route aussitôt après pour aller attaquer Briviesca, car il importait d'occuper ces malandrins, dont on avait tant à redouter l'inaction. Henri de Transtamarre, pressé d'arriver dans sa capitale, fit observer qu'on pouvait fort bien y aller sans prendre Briviesca. Les principaux chefs penchaient pour ce parti, et le général lui-même allait s'y ranger, lorsque les provocations du gouverneur, don Rodriguez de Sanabria, l'en détournèrent. Cet officier, noble galicien, avait reçu l'ordre d'employer tous les moyens imaginables pour arrêter l'ennemi. Ayant appris par ses espions que l'on penchait, dans le conseil de Transtamarre, pour gagner Burgos en tournant Briviesca, il envoya à Bertrand un présent d'excellent vin, accompagné d'un message ainsi conçu : « Vaillant Duguesclin, je me regarderais comme déshonoré si vous passiez si près de moi sans donner quelques assauts à la place que je commande. Je puis vous assurer que la manière dont je vous recevrai vous prouvera que j'étais digne de votre attention. » Ce message chevaleresque fit naître dans le conseil une rumeur facile à concevoir ; la noblesse française surtout voulait que l'on courût aussitôt à l'attaque de Briviesca. Duguesclin, calme au milieu de l'agitation générale, ne se décida à faire les dispositions du siège qu'après avoir bien considéré que la résolution d'aller à Burgos, quoique plus sage, serait préjudiciable aux intérêts du comte de Transtamarre, car elle pouvait faire croire que l'armée n'évitait Briviesca que dans l'impuissance de la soumettre, et ce premier début aurait donné aux commandans des autres places une confiance qu'il importait de détruire : en conséquence Duguesclin répondit au héraut : « Je me rends aux désirs de votre maître ; nous savons tous apprécier son courage ; mais il se trompe s'il croit que la hauteur de ses murailles et la largeur de ses fossés pourront nous arrêter. » La place fut attaquée dans les règles : le jeune comte de La Marche venait de rejoindre l'armée ; il prit de Duguesclin les premières leçons de la guerre. Le général fit des dispositions savantes, et les exécuta lui-même en se portant dans les lieux où le danger se montrait le plus éminent. Un écuyer breton, Jean du Bois, planta sur les remparts la bannière particulière de Duguesclin, devenue l'étendard de toute l'armée, car les soldats ne voulaient reconnaître que celui-là. Il était curieux de voir un prétendant à la couronne de Castille et une foule de puissans seigneurs suivre le pennon d'un simple chevalier. Ainsi les Guiscard avaient entraîné en Italie les plus illustres barons de la chrétienté.

Cependant le gouverneur se montrait digne de l'estime de ses ennemis ; placé à la principale brèche, il repoussait ce qui s'y présentait ; il se battit long-temps corps à corps avec le maréchal Andhreghen, et le terrassa ; il allait le faire prisonnier, lorsque des cris perçans lui apprirent que les assiégeans avaient pénétré dans la place par le côté opposé ; il abandonna la brèche, et courut vers le point où le péril devenait plus pressant; mais à peine eut-il fait quelques pas qu'il rencontra Duguesclin. Ce dernier, après avoir brisé une porte, s'avançait dans l'intérieur, à la tête d'une division nombreuse. Rodriguez et lui se trouvèrent en présence dans l'amphithéâtre qui servait au combat des taureaux. L'Espagnol attaqua le Breton comme il avait attaqué le maréchal Andhreghen; les soldats s'arrêtèrent de part et d'autre pour voir cette lutte terrible; elle finit bientôt : Bertrand désarma don Rodriguez, le fit prisonnier, et le remit à deux de ses écuyers avec ordre de le défendre contre les vainqueurs irrités. Il courut ensuite chasser les assiégés des postes qui leur restaient encore; la soumission totale de la garnison le mit en possession de Briviesca, après six heures de combat (28 mars 1366).

L'action étant finie, Bertrand fit venir en sa présence don Rodriguez, lui rendit la liberté sans rançon, et le combla de présens. Le gouverneur, confondu par tant de générosité, se jeta aux pieds de son vainqueur en les arrosant de ses larmes. Au même instant parut le comte de Transtamarre qui revenait de la poursuite des vaincus; voyant Sanabria pénétré de reconnaissance, il crut le moment favorable pour faire la conquête de ce capitaine dont il estimait le caractère; en conséquence il lui proposa subitement d'embrasser la cause des Gusman. L'Espagnol resta muet d'étonnement; la religion du serment l'attachait à don Pèdre. Duguesclin, comprenant ce qui se passait dans son ame, mit fin à son embarras. « Respectons, dit-il à Henri, l'honneur de ce vaillant guerrier; il a défendu avec valeur les intérêts de son maître, il nous paraîtrait moins honorable si aujourd'hui il les abandonnait brusquement. » En même temps, il permit au gouverneur de se retirer où bon lui semblerait (1).

Burgos n'étant pas assez fortifié pour arrêter les vainqueurs, don Pèdre en sortit avec ses trésors; il se retira dans Tolède dont il croyait les habitans très-dévoués à sa cause. Ceux-ci étaient loin de lui porter une affection solide; aussi prêtèrent-ils facilement l'oreille aux propositions que leur fit faire le comte de Transtamarre. Les négociations eurent lieu pendant que Duguesclin soumettait les places voisines : il avait forcé don Fernandez de Tobar, gou-

---

(1) Les mémoires sur Duguesclin disent que don Pèdre fit trancher la tête au généreux Sanabria : ceci est inexact; nous le verrons reparaître sur la scène. (Ayala, in-4°, t. 1, p. 403).

verneur de Calahora, à se rendre à discrétion. Le clergé de Burgos fut l'organe de tous les habitans ; s'étant rendu auprès du comte de Transtamarre, il l'invita, au nom de tous ses commettans, à venir prendre la couronne de Castille dans leur ville. On convint que Henri y ferait son entrée comme comte de Transtamarre, et qu'il irait revêtir les insignes de la royauté dans le monastère de *las Huelgas*, ce qui eut lieu trois jours après, le 14 avril. Dans le cours de cette cérémonie, Duguesclin marchait à côté du prince l'épée nue à la main ; tous les yeux se fixaient sur ce héros dont la valeur aussi bien que la prudence donnaient un maître à la Castille : le fils d'un simple châtelain de la Bretagne disposait d'une couronne dans la patrie du Cid, comme lui *faiseur de rois*.

Le comte de Transtamarre, qui venait de prendre le nom de Henri II, voulant récompenser dignement celui auquel il devait un trône, le créa duc de Molina (1), lui donna le comté

(1) On voit encore dans une des salles de la bibliothèque de Rennes le titre original de la donation du duché de Molina en faveur de Duguesclin ; cette pièce, écrite en castillan, sur vélin, avec des majuscules en or, appartenait à la famille de Gèvres, descendant du héros breton. Elle en fit don à la ville de Rennes.

de Soria en toute propriété, et le nomma connétable de Castille.

Les Espagnols tendaient les bras au comte de Transtamarre comme à leur libérateur ; mais les bruyantes acclamations d'un peuple ne suffisent pas pour assurer la possession du pouvoir : la force des armes seule consolide ce qu'elle a fondé; aussi don Henri eut-il encore à essuyer bien des traverses avant d'être établi solidement sur son trône. A peine était-il entré à Burgos, que les Anglais malandrins voulurent le quitter, soit que leurs chefs fussent jaloux de Duguesclin, soit que par ses agens don Pèdre fût parvenu à leur inspirer de la défiance. Les Anglais entraînèrent avec eux une partie des Normands et des Gascons : déjà la moitié de l'armée faisait scission avec l'autre. Les Anglais avaient leurs quartiers dans les villages avoisinant Burgos, sur les bords de l'Èbre; ils agirent si secrètement, que personne ne soupçonna leurs desseins. Calverley, homme extrêmement dangereux, avait ourdi cette trame. Il se rendit auprès de Henri à l'insu de Duguesclin, et lui annonça que les Anglais, les Normands et les Gascons, décidés à partir sur-le-champ pour le royaume de Grenade, demandaient qu'on leur payât l'arriéré de la solde. Henri, fier de ses succès, comptant trouver des défenseurs dans les Castillans, reçut Calwerley avec hauteur : « Retirez-vous où bon vous semblera, lui dit-il ; je vais acquitter aux Anglais ce qui leur est dû ; » et aussitôt il fit prévenir Duguesclin de la démarche du capitaine étranger. Bertrand, moins confiant en la fortune que le prince castillan, regarda cette scission comme un événement très-fâcheux ; avec sa célérité ordinaire, il se mit en mesure de parer un coup aussi terrible. Il apprit que Calwerley devait rassembler le lendemain toute sa division dans une plaine voisine de la rive gauche de l'Ebre ; il ordonna aux Français, aux Bretons et aux nobles volontaires d'être sous les armes, sur le même terrain, avec les Anglais et à la même heure. Calwerley vit avec surprise Duguesclin réunir ses soldats aux siens ; mais l'armée, accoutumée à obéir au banneret breton, ne fut pas étonné de le voir faire avec calme le dénombrement des troupes et les passer en revue. Jamais ce général n'avait été aussi affable : il distribua en son nom, et en celui du nouveau roi, des récompenses honorifiques et pécuniaires, fit solder l'arriéré, passa dans les rangs, s'informa des besoins du soldat avec cette sollicitude si propre à le gagner. En même temps ses principaux officiers allèrent, par ses ordres, se mêler avec les Normands et les Gascons : ils n'eurent pas beaucoup de peine à les dissuader de suivre Calwerley, bientôt même ils les virent manifester pour leur général un aussi entier dévouement que le premier jour. A peine la revue était-elle commencée, que les Anglais se trouvèrent seuls de leur avis. Duguesclin, qui jusqu'alors paraissait ignorer le complot, s'avança vers eux, et leur dit: « Vous vouliez donc nous quitter, et laisser imparfait ce que vous avez commencé? Don Pèdre, chassé par vous de sa capitale, possède encore des places, des richesses immenses; il peut reconquérir ce qu'il a perdu, et alors cette entreprise qui aurait dû vous immortaliser aux yeux de l'Europe, vous couvrira de ridicule; poursuivons donc l'odieux Castillan jusque dans sa dernière retraite, affermissons la couronne sur la tête du roi Henri, et alors vous me verrez le premier marcher avec vous contre les Maures de Grenade. » Un murmure d'approbation couvrit la voix de Bertrand : aussi honteux que piqué de se voir délaissé, Calwerley ne pouvait cacher son embarras; Duguesclin le fit cesser en lui adressant quelques paroles obligeantes. Ainsi, dans l'espace de quelques heures, cette scission qui pouvait devenir si fatale cessa d'exister. L'armée entièrement réunie poussa de nouvelles acclamations pour saluer son général.

Ne voulant pas laisser aux troupes le loisir de réfléchir sur ce qui venait de se passer, Duguesclin les partagea le soir même en plusieurs corps qu'il dirigea sur Tolède : on s'attendait à trouver une grande résistance dans cette place, don Pèdre y ayant concentré les troupes qui lui restaient. Mais ce prince ne pouvait se dissimuler les mauvaises dispositions qui animaient les habitans. En effet, l'alcade major, don Martin Fernandez, envoya des parlementaires à Duguesclin, qui, après huit jours de marche, se trouva en vue de la ville. A son approche, le tyran se retira en prenant le chemin de l'Andalousie. Le général français, ayant fait occuper les hauteurs qui avoisinaient Tolède, et rassembler toutes ses forces sous les remparts, s'avança dans la ville, dont il fit respecter les habitans et leurs propriétés. Henri de Transtamarre, qui commandait l'arrière-garde, n'arriva que la nuit, et fit son entrée dans l'antique Tolède à la lueur des flambeaux; il fut reçu avec enthousiasme. Le surlendemain (11 mai) on vit arriver la nouvelle reine, Jeanne de Penafiel : descendante d'une fille de saint Louis, elle était de la famille de Cerda. Grace au dévouement de serviteurs fidèles, cette princesse venait d'échapper à la fureur de don Pèdre qui voulait l'immoler (1). Le général français alla à sa rencontre.

Les mémoires sur Duguesclin disent que les dames de la suite de la reine montrèrent beaucoup de surprise en voyant le héros; elles jugeaient, d'après ses hauts faits, qu'il devait avoir un physique aussi éclatant que sa renommée. Jeanne, en apercevant Bertrand, descendit de sa litière, et embrassa le guerrier. « Généreux ami, lui dit-elle, le comté de Transtamarre m'appartient; je vous prie de l'accepter de ma part comme un témoignage de ma reconnaissance. » Duguesclin, confus, ne consentit à recevoir ce nouveau don que sur les instances les plus pressantes. Mais s'il fut désintéressé pour lui-même, il montra beaucoup d'empressement pour ses lieutenans, le Bègue de Villaines et Mathieu Gournay. Il se plut surtout à recommander à la bienveillance du prince le capitaine anglais Calverley, qui reçut la seigneurie de Carrion avec le titre de comte (2).

L'armée, bien payée et abondamment pourvue de vivres, se prépara à poursuivre ses

(1) Ferreras, in-8º, tome v, liv. viii.
(2) Ayala, t. i, in-4º, p. 409.

avantages en marchant sur l'Andalousie, qui faisait partie du royaume de Castille. A cette époque, l'Espagne chrétienne était partagée en quatre royaumes, la Navarre, l'Aragon, le Portugal et la Castille.

Don Pèdre aurait pu trouver de grandes ressources dans les provinces qui lui restaient encore, s'il n'eût été aussi généralement exécré. Ce prince fugitif espérait qu'après la conquête de Tolède les tard-venus, effrayés des difficultés locales, ne pousseraient pas plus loin, car l'espace qui séparait la Castille de l'Andalousie était une terre inculte, couverte de forêts impraticables et peuplées de bêtes féroces : aussi les regardait-il comme des barrières plus sûres que les remparts de Tolède et de Briviesca. Mais qui pouvait arrêter les malandrins, guidés autant par l'espoir du pillage que par l'exaltation de la foi chrétienne? car la pensée de chasser les infidèles du royaume de Grenade les dominait sans cesse. A cette époque, combattre les mahométans passait pour l'action la plus sainte et la plus illustre : les idées religieuses fortement empreintes étaient partagées par les hommes les plus pervers, et les grandes compagnies n'avaient consenti à servir les intérêts du comte de Transtamarre que dans l'intime conviction de pouvoir ensuite se servir de ce prince comme d'un auxiliaire puissant pour anéantir les ennemis du Christ. Duguesclin, appartenant à ce siècle, devait avoir les mêmes idées; seulement son génie, d'un ordre plus élevé, comprenait que sans nuire à la cause de la religion on pouvait faire servir ces dispositions à l'accomplissement des projets politiques du roi de France; aussi ne cessait-il de parler aux malandrins de l'intention où il était de marcher contre les infidèles de Grenade; il espérait qu'en soutenant ainsi leur ardeur jusqu'au bout, il pourrait terminer entièrement l'expédition de Castille, entreprise d'après les ordres formels de Charles V.

Il s'agissait donc d'expulser don Pèdre de Séville, son dernier refuge : cette ville, alors la plus peuplée de l'Espagne, comptait dans son sein beaucoup de partisans du comte de Transtamarre. Ce prince y envoya des émissaires secrets qui préparèrent les esprits à la révolution qui allait avoir lieu; l'archevêque ne balança pas à abandonner la cause d'un roi qui avait encouru la colère du Saint-Siège. Les Juifs imitèrent son exemple : ils avaient à reprocher à don Pèdre d'avoir cessé d'être heureux; ils craignaient de prêter leur appui à un prince contre qui toute l'Espagne se déclarait; leurs richesses pouvaient être absorbées par une fidélité qui ne s'alliait nullement à leurs sentimens naturels. Don Pèdre se voyait donc totalement délaissé; à peine put-il retenir auprès de sa personne 600 chevaliers et quelques seigneurs, dont le plus considérable était Fernand de Castro, frère de la fameuse Inès. Fernand ne cessa de montrer à ce prince l'attachement le plus désintéressé: on le citait comme l'homme le plus vertueux de l'Espagne; il n'usa de son crédit que pour arracher des millions de victimes au tyran. Il conseilla au roi de sortir au plus vite de Séville, et d'aller chercher un asile en Portugal. Don Pèdre suivit ce conseil avec docilité, mais il ne put se résoudre à quitter une ville où l'on avait conspiré contre lui, sans y faire sentir les terribles effets de sa vengeance. Une belle Juive, sa maîtresse, l'avait instruit des dispositions secrètes des habitans. Le roi fit annoncer son intention de se retirer en Portugal, mais il exigeait qu'on lui rendît à sa sortie de Séville tous les honneurs dus au souverain; il insista surtout pour que trente des notables habitans, chrétiens, maures et Juifs, l'accompagnassent une lieue hors la ville. L'archevêque désirait ardemment le départ de don Pèdre, dont la présence pouvait compromettre cette place vis-à-vis de Henri; il lui protesta qu'on se ferait un devoir de remplir ses moindres désirs. Les 30 notables sortirent avec don Pèdre et les soldats au nombre de 600; dès qu'ils furent à un quart de lieue, le tyran voulut se ruer sur eux, mais don Fernand de Castro l'en empêcha, et, grace aux efforts de ce seigneur, les notables de Séville eurent le temps de s'enfuir.

Ce dernier incident augmenta la haine que l'on avait pour don Pèdre : on prononçait son nom avec horreur. On envoya une députation à Duguesclin pour le supplier de venir recevoir la soumission de la capitale de l'Andalousie.

Bertrand arriva quelques jours avant Henri, et prit possession de la ville (1). Sa modération, le soin qu'il mit à contenir les malandrins, le firent bénir des habitans.

La conquête de Séville assura au comte de Transtamarre l'entière possession de la Castille. Cette révolution si extraordinaire s'était opérée dans l'espace de six mois.

(1) Hay Duchâtelet et Guyard de Berville, croyant sans doute augmenter la gloire de Duguesclin, dont ils ont écrit la vie, ont dit que Séville fut pris après un siège mémorable; mais les historiens espagnols, Ayala, Ortis, Ferreras et Mariana, disent que la ville se rendit volontairement.

LIVRE VIII.

Duguesclin termine la conquête de l'Andalousie. — Don Pèdre se rend à Bordeaux pour implorer l'assistance du prince Noir, qui passe en Espagne avec une nombreuse armée. — Bataille de Navarette. — Duguesclin y est fait prisonnier.

Les fatigues de la guerre jointes à une chaleur excessive avaient diminué l'armée française de près d'un tiers; le reste aspirait après le repos. Duguesclin séjourna deux mois à Séville; il prit San-Luçar à la suite d'un siège assez vif, et enleva le château de Xères. Blanche de Bourbon y avait été inhumée d'une manière peu convenable; il lui fit faire des obsèques royales dans l'église cathédrale. A peine venait-il de s'acquitter d'un devoir que lui commandait sa qualité de Français, qu'il apprit des choses extraordinaires sur le compte de don Pèdre. Ce prince avait reçu en Portugal un accueil propre à décourager l'homme le plus déterminé;

il espérait trouver un asile chez son oncle, le roi de Portugal, qui s'appelait également Pierre (1). Ce prince, époux de la belle Inès de Castro, était sévère, mais loyal; il ne cessait de dire à ses ministres : « Ne péchez pas contre la justice, vous ne pécherez pas contre moi. » Méprisant son neveu, il ne voulut pas le recevoir chez lui; il se rappelait sans doute la conduite criminelle qu'il avait tenue envers Marie de Portugal sa sœur (2), (mère de don Pèdre). Il députa vers le Castillan deux seigneurs de sa cour, don Pérez de Castro et le comte de Barcellos, les chargeant de conduire le fugitif dans la Galice en longeant les frontières du Portugal. Ces deux serviteurs exécutèrent les ordres de leur maître, passèrent par Chavez, et arrivèrent avec le Castillan à Monterey.

Don Pèdre, ayant trouvé les habitans de la Galice disposés en sa faveur, prit la résolution d'attirer dans cette province tous ses partisans.

(1) Il y avait alors en Espagne trois princes qui portaient le même nom, don Pèdre-le-Cérémonieux, roi d'Aragon, Pierre-le-Justicier, roi de Portugal, et don Pèdre, roi de Castille. Cet homonyme de Pierre a mis dans l'erreur les historiens français, qui ont confondu les deux derniers, quoique leur caractère différât essentiellement.

(2) Don Pèdre de Portugal mourut l'année suivante.

Déjà il avait réuni un noyau de 6,000 hommes, et il prenait une attitude menaçante; mais Duguesclin ne lui donna pas le temps de faire de grands progrès; il passa en Galice, et s'avança rapidement dans ce pays; il atteignit Fernand de Castro sur le Minho, et le battit. Fernand, ayant reçu quelques renforts, revint à la charge, mais il fut défait une seconde fois. Bertrand, poursuivant ses succès, arriva dans le voisinage de Saint-Jacques de Compostelle, et se rendit maître de cette ville, qu'il trouva dans l'effroi; ce n'était point sa venue qui causait cette consternation, mais un trait de cruauté inouï dont Pierre venait de se rendre coupable en quittant la ville. Il savait que l'archevêque de Saint-Jacques, don Suéro, faisait des vœux en secret pour le triomphe de la cause de Transtamarre; il le fit massacrer dans sa cathédrale avec deux autres prêtres, au moment où il montait à l'autel pour dire l'office des morts. Perez Charriaco, Gomez Gallinato, et deux autres écuyers galiciens, furent dans cette occasion les instrumens de la vengeance de don Pèdre (1). Ce tyran ayant eu avis de la défaite de don Fernand, quitta précipitamment la capitale de la Galice, et se rendit

---

(1) Ayala, 1779, in-4°, tome 1, page 418.

à la Corogne. Il y apprit un nouveau malheur, car plus il commettait de forfaits, plus le ciel exerçait sur lui sa colère : il sut que le peuple de Séville avait brisé ses statues; que, pendant ce tumulte, Gil Boccanegra, amiral de Castille s'était mis à la poursuite de Martin Vanez, qui conduisait sur le Guadalquivir le trésor du roi, et lui avait enlevé ce précieux dépôt, formé de trente-six quintaux d'or (1) et beaucoup de joyaux. Ce dernier coup atterra le prince; l'approche de Bertrand le détermina à monter sur un vaisseau que des serviteurs fidèles tenaient préparé. Il amenait avec lui les trois filles qu'il avait eues de Padilla, Béatrix, Constance et Isabelle (2) : don Lopez de Cordova, grand-maître d'Alcantara, l'accompagnait également. Le roi fit cingler vers Saint-Sébastien, où il arriva à la fin de mars. Au moment de perdre de vue les côtes de l'Andalousie, don Pèdre se leva debout sur le tillac, en s'écriant : « Je la reverrai cette terre où je régnai, et je l'inonderai du sang de mes ennemis. »

Pendant que ce prince abandonnait un pays

(1) Ayala, page 420, et tous les historiens espagnols.
(2) Béatrix fut abbesse de Sainte-Claire de Tordessillas. Constance et Isabelle épousèrent les deux frères, le duc de Lancastre et le duc d'York, fils d'Edouard III.

qui le repoussait, Duguesclin, tour à tour guerrier et négociateur, après avoir rangé toute la Galice sous les lois de don Henri, se rendit à Lérida auprès de Pierre IV, roi d'Aragon, dans le dessein de le disposer à reconnaître le comte de Transtamarre pour souverain de la Castille, et resserrer les liens qui unissaient les deux états. Pierre était un prince ambitieux, dissimulé, mais il joignait à des vices du courage, de l'activité et des connaissances. Bertrand parvint à le rendre favorable à don Henri (1). C'était un service d'autant plus grand, qu'un orage terrible menaçait de fondre sur le nouveau souverain de la Castille.

Don Pèdre, en quittant Monterey, avait écrit au prince de Galles pour le supplier de prendre sa défense: Édouard lui avait fait une réponse favorable; mais afin d'intéresser davantage son protecteur, le fils d'Alphonse résolut d'aller le trouver en Guienne; en effet, il partit de Saint-Sébastien par mer, et fut débarquer auprès de Bayonne. Le prince de Galles, à qui son arrivée était annoncée, vint le recevoir dans cette ville: il fit rendre les plus grands honneurs à don Pèdre, qui lui dit en l'abordant: « C'est dans l'espoir de trouver en vous un vengeur, que

---

(1) Ayala, chap. xvi, page 422.

je viens me jeter dans vos bras. En embrassant ma querelle, vous trouverez la gloire que procure la défense de la justice ; ma cause est celle des rois, car j'ai été dépossédé de la couronne par un frère bâtard, qui ne s'est appuyé que sur le droit de la force : l'épée de Duguesclin a renversé mon trône ; la vôtre seule peut le relever. »

Le fils d'Édouard n'estimait certainement pas un prince couvert de crimes ; néanmoins l'idée de devenir l'arbitre des rois enflammait son imagination ; d'ailleurs la réputation de Duguesclin l'importunait. Il répondit à don Pèdre qu'il se ferait un honneur de le rétablir dans ses états, mais qu'il ne pouvait entreprendre cette expédition sans l'aveu de son père (1) ; et pour prouver le désir qu'il avait de le servir, il envoya aussitôt en Angleterre trois chevaliers de son hôtel, les sires de War, de Loring et de Pomier, plutôt pour engager le monarque à seconder son fils dans ses projets, que pour lui demander la permission de commencer une nouvelle guerre.

Don Pèdre désira que don Lopez de Cordova,

(1) Life Edward's, prince of Wales, by Arthur Collins, London 1740, in-8o., page 194.

grand-maître d'Alcantara, accompagnât ces chevaliers à Londres. Après avoir recommandé à ce seigneur de plaider sa cause auprès d'Édouard de manière à dissiper les préventions que ce monarque pouvait avoir conçues à son égard, il ajouta : « Vous lui direz : Le roi mon maître a perdu son père de bonne heure, il est resté jeune, sans appui, entouré d'embûches; ses frères, plus âgés que lui, au lieu de le protéger, sont devenus ses plus ardens ennemis : on l'appelle cruel, tyran, pour avoir châtié ceux qui le méritaient (1). »

Dans l'intervalle de cette mission, don Pèdre s'appliqua à gagner l'affection des généraux anglais, soit en leur montrant la gloire qu'ils pouvaient acquérir dans cette entreprise, soit en leur promettant des récompenses brillantes, auxquelles il préludait par de riches présens. Il avait eu le bonheur de sauver la portion de ses trésors qui n'avait pas été pillée à Séville. Il offrit au prince de Galles un dessus de table en or massif, incrusté de pierres précieuses. Son père l'avait eu d'un roi de Grenade. Les historiens espagnols en font une description pompeuse.

(1) Ces instructions, qui sont fort curieuses, se trouvent tout au long dans Radeo de Andrada, historien fort exact.

Les trois chevaliers anglais revinrent en Guienne, apportant l'autorisation de commencer les hostilités contre Henri de Transtamare. Le monarque s'était rendu avec beaucoup de peine aux instances du prince Noir, soit qu'il craignît une agression de la part de Charles V pendant l'absence de l'armée anglaise, soit qu'il vît avec regret entreprendre une campagne qui pouvait augmenter la renommée du vainqueur de Poitiers; car il est avéré qu'Édouard eut l'inconcevable faiblesse d'être jaloux de son fils.

Duguesclin et Henri de Transtamare furent bientôt instruits des démarches que don Pèdre faisait auprès du prince Noir ; ils ne négligèrent rien pour conjurer l'orage qui se formait contre eux. Mais leurs efforts se trouvèrent tout à coup paralysés par le départ subit des Anglais ; les malandrins de cette nation reçurent du prince Noir l'ordre de se replier sur les frontières de la Navarre, et de se rallier à l'armée que lui-même conduisait en Espagne. Un an auparavant, Édouard III avait vu ses ordres méprisés par ces mêmes hommes, lorsqu'il leur commanda de ne plus ravager les terres de France; mais les circonstances n'étaient plus les mêmes. Calverley, sentant renaître la haine que les Anglais portaient à la nation bretonne, saisit avec empressement l'occasion de se satisfaire : ni la reconnaissance qu'il devait au comte de Transtamarre pour les bienfaits dont il l'avait comblé, ni le regret de détruire son propre ouvrage, ni la confraternité d'armes qui l'unissait à Duguesclin, n'arrêtèrent sa résolution.

Le nouveau roi de Castille fut effrayé d'une défection qui semblait lui présager de grands malheurs; néanmoins Bertrand sut relever son ame abattue : il lui conseilla de faire connaître sans déguisement à ses sujets les périls qui le menaçaient, afin d'éprouver jusqu'à quel point il pouvait compter sur leur affection. Le peuple manifesta son attachement pour Henri d'une manière non équivoque; les villes, les bourgs et les moindres villages offrirent au souverain des secours volontaires d'hommes et d'argent. Séville annonça qu'elle fournirait 20,000 soldats, Burgos 10,000, Palencia 15,000, Valladollid 10,000 : enfin en peu de temps 80,000 hommes se trouvèrent réunis au centre du royaume. Cependant Bertrand jugea que ces nouvelles troupes, quelque dévouées qu'elles fussent, ne pourraient tenir devant les soldats du prince de Galles : après le départ de Calverley il ne resta que 8,000 hommes de vieilles bandes. Le général songea à passer en France, afin d'implorer pour Henri de Transtamarre l'appui de Charles V, comme don Pèdre venait d'implorer celui d'Édouard III; il jugeait qu'il était de l'intérêt des Valois de soutenir en Castille un prince dont l'alliance, fondée sur la reconnaissance, pourrait plus tard leur servir à expulser les Anglais du midi de la France : l'événement justifia la prévision de Duguesclin.

En conséquence de cette résolution, Bertrand partit de Burgos en laissant le commandement de l'armée à Olivier de Mauny et au sire de Villaines. Désirant raffermir la fidélité chancelante du roi d'Aragon, allié d'Henri de Transtamarre, il s'écarta de sa route pour aller à Saragosse : il fit sentir à ce prince que sa propre sûreté lui commandait de resserrer les liens qui l'unissaient au nouveau roi de Castille, puisque les Anglais ramenaient en Espagne le roi de Majorque dépossédé de ses États par l'Aragonnais (1).

(1) Une circonstance futile avait fait naître cette querelle. Pierre IV, roi d'Aragon, et don Jayme, roi de Majorque, se trouvèrent, en 1339, dans la ville d'Avignon, où ils allaient visiter le pape. L'entrée des princes était une cérémonie dans laquelle on déployait beaucoup de magnificence : dans celle-ci, le roi d'Aragon prit brusquement le pas sur celui de Majorque ; ce dernier, indigné, saisit un fouet que tenait son écuyer, et, par manière d'insulte, en frappa vi-

Après un court séjour à Saragosse, Duguesclin arriva en France où il fut reçu comme le héros de la patrie; Charles V le combla de caresses, le traita non pas comme un simple général, mais comme duc de Molina, comme connétable de Castille, et lui promit un renfort de 8,000 hommes d'élite. Charles V, loin de se plaindre de l'infraction qu'Édouard faisait au traité de 1365 en prêtant son appui à l'ennemi de la maison de France, voyait au contraire avec une secrète joie le monarque anglais s'épuiser de soldats pour tenter une expédition périlleuse dont il ne pouvait retirer aucun avantage durable : aussi, en parlant de cette nouvelle entreprise, Hume déclare que les guerres d'Édouard n'eurent ni la justice pour base, ni l'utilité pour objet (1).

Pour ne point tomber dans la faute que le

vigoureusement le cheval de don Pèdre; l'Aragonnais mit l'épée à la main, et fondit sur don Jayme; on les sépara. Une rupture suivit de près cette querelle; le roi de Majorque fut vaincu, perdit le comté de Montpellier, la Cerdagne, et enfin Majorque; il mourut de chagrin, laissant un fils qui essaya vainement de rentrer dans l'héritage de ses pères.

(1) His foreign wars were in other respects, neither founded in justice, nor direct to any salutary purpose. Chapitre XVI.

vieux Édouard commettait sans réflexion, le roi de France se garda bien de dégarnir de troupes ses places fortes; aussi ne donna-t-il à Duguesclin que 8,000 hommes. Ce secours, quoique précieux sans doute, était insuffisant; pour y suppléer, Bertrand fit un appel aux Bretons ses compatriotes : à sa voix on vit accourir quantité d'écuyers et de chevaliers; des bacheliers âgés de quinze ans voulurent suivre ses bannières, et commencer sous ses auspices le métier des armes. En peu de temps il s'assembla un nombre de Bretons à peu près égal à celui des soldats fournis par Charles V : ce fut à la tête de ces 15,000 hommes que Duguesclin reprit le chemin de l'Espagne, en traversant toute la France.

Malgré sa diligence, il avait été précédé de plusieurs mois par le prince Noir, à qui il suffisait de quelques jours de marche pour arriver aux frontières de la Castille. Le général anglais avait préparé son expédition avec sa prudence accoutumée; le duc de Lancastre venait de lui amener d'Angleterre 6,000 gendarmes; le captal du Buch alla par ses ordres lever des compagnies dans la Gascogne; les hauts barons d'Aquitaine, les comtes d'Albret, d'Armagnac, de Rochechouard, de Périgord, de Caraman, les sires de Courson, de Breteuil, vinrent se ranger sous ses étendards avec des troupes levées dans leurs domaines, de sorte qu'il se trouva à la tête de 70,000 hommes, dont la moitié avait concouru au triomphe de Poitiers.

Avant de mettre son armée en mouvement, le prince Noir exigea que don Pèdre prît des engagemens pour le dédommager des frais immenses de l'expédition; le Castillan offrit en garantie la plus grande partie des trésors qu'il avait su mettre en sûreté, promit de payer en entier la solde des troupes anglaises, de donner plusieurs places pour caution, et se déclara ce jour même vassal de la couronne d'Angleterre (1). Cette convention étant conclue, le jeune Edouard désira s'assurer des dispositions du roi de Navarre: ce prince félon avait abandonné don Pèdre, et s'était prononcé en faveur de Henri de Transtamarre dès qu'il avait vu la fortune se déclarer en faveur du dernier; mais apprenant que l'Angleterre prêtait son appui à Pierre, il changea une seconde fois, et sans rompre ouvertement avec le comte de Transtamarre, il fit des ouvertures aux généraux anglais, qui les écoutèrent avec empressement; car il paraissait évident que Charles-le-Mauvais pouvait à son gré dé-

---

(1) Collins, page 195.

fendre ou faciliter le passage de ces montagnes.

Le Navarrois ne fit pas difficulté de s'aboucher avec don Pèdre, dont naguère encore il s'était déclaré l'ennemi de la manière la plus perfide. Il est à remarquer que Charles-le-Mauvais possédait des domaines dont la situation favorisait singulièrement sa politique et son désir de nuire, désir qui le dévorait constamment ; aussi ne resta-t-il étranger à aucune querelle de son temps : la rupture éclatait-elle entre la France et l'Angleterre, les hostilités commençaient-elles dans le Nord, il allait s'établir en Normandie dans son comté d'Évreux ; se battait-on dans le Midi, il courait en Navarre, et se renfermait dans ses places, se trouvant toujours ainsi voisin du théâtre de la guerre, sur lequel il n'osa jamais paraître en personne.

L'entrevue entre le Castillan et le Navarrois eut donc lieu à Bayonne à la fin du mois d'août 1367 (l'année commençant à Pâques). Quel spectacle de voir en présence les deux princes les plus affreux de ce siècle ! Malgré l'analogie apparente de leur caractère, ils avaient cependant plusieurs points d'opposition : en effet, tous deux beaux, bien faits, spirituels, arrivaient au mal par des chemins différens. L'un ourdissait des trames dans l'ombre, immolait ses victimes par des mains étrangères, et quelquefois répandait les larmes d'une fausse pitié sur les forfaits qu'il avait commandés; l'autre, dédaignant la dissimulation, commettait à découvert les attentats les plus inouis; ministre de ses vengeances, il frappait de sa main ses victimes, et les voyait d'un œil sec expirer devant lui; l'un concevait des craintes sérieuses à la vue des moindres dangers, se tenait caché derrière des murailles pendant que l'on combattait pour ses intérêts; l'autre, inaccessible à la crainte, bravait tous les ressentimens, marchait à la tête de son armée, et pressait le carnage; celui-là obtint tout par la ruse, celui-ci par la violence; le premier sut dérober sa tête à la foudre, et mourut dans un âge avancé, d'une manière ignoble; le second périt jeune, et les armes à la main, sur un théâtre de vengeances, livré à tout ce que la haine et la fureur ont de plus terrible.

Le fils d'Édouard présida à cette entrevue de Bayonne qu'il avait lui-même préparée. Charles-le-Mauvais s'engagea à livrer les défilés moyennant la cession de la Galice; il exigea de plus la promesse formelle qu'on ne s'emparerait d'aucune place forte de la Navarre. Les trois princes se séparèrent après s'être trompés mutuellement;

car, dans le même temps qu'ils traitaient ensemble, Charles d'Évreux écoutait favorablement les nouvelles propositions de Transtamarre, don Pèdre se promettait bien de ne pas céder une seule ville de la Galice, et le général anglais, se défiant du Navarrois, prenait la résolution de ne négliger aucune précaution pour se rendre maître du passage des Pyrénées et assurer ainsi sa retraite en cas de revers.

Après l'entrevue de Bayonne, le prince de Galles retourna à Bordeaux, lieu ordinaire de sa résidence; il y conduisit don Pèdre. Le roi de Castille, voyant l'armée prête à se mettre en marche, promit au prince la cession entière de la Biscaye; il s'engagea de plus à payer à ses capitaines, à deux mois de là, la somme de 550,000 florins, et 50,000 mille florins un mois après : il fit à Chandos la donation anticipée de la ville de Soria. Édouard voulait attendre les couches de la princesse sa femme; dans les derniers jours de janvier 1367, elle mit au monde un fils que l'on nomma Richard, et qui dans la suite monta sur le trône. Au comble de la joie, le prince anglais partit de Bordeaux au commencement de février (1) : après avoir campé pendant quinze

---

(1) Arthur Collins, p. 196.

jours, avec toute son armée, auprès des bords du Gers et de la Sarre, il s'ébranla sur trois colonnes : la première était commandée par le duc de Lancastre et Chandos, la seconde par le prince lui-même et don Pèdre, la troisième par don Jayme, roi de Majorque.

L'armée franchit les gorges de Roncevaux le 19 février; don Pèdre, en touchant le territoire espagnol, s'empressa d'envoyer des manifestes dans les différentes provinces (1).

Calverley avait reçu l'ordre de venir au-devant du prince; il devait trouver, en entrant en Navarre, des guides et des vivres : il ne trouva ni les uns ni les autres; il s'égara au milieu des montagnes, fit des détours immenses, et laissa la moitié des siens enterrés dans les neiges. Le duc de Lancastre, qui marchait à la tête de la première colonne, recueillit ces débris; il envoya demander à Charles-le-Mauvais des explications sur ce qui venait de se passer; le Navarrois répondit à ce message par de nouvelles protestations, et attribua les malheurs de Calverley à un malentendu. De son côté, Henri de Transtamarre, outré de se voir abandonné par le roi de Navarre dans le moment le plus cri-

(1) Cascales, dans son Histoire de Murcie, p. 116, donne la teneur d'un de ces manifestes.

tique, envoya Olivier de Mauny, par la Galice, se saisir des principales places qui fermaient les passages des Pyrénées. Le chevalier breton partit à la tête de 8,000 hommes : malgré sa diligence il n'arriva que lorsque les colonnes de l'armée anglaise avaient entièrement débouché dans la plaine. Mauny, au désespoir, voulut du moins punir Charles-le-Mauvais de sa trahison envers Henri : il ravagea le pays jusqu'aux portes de Pampelune. Charles voulut l'arrêter lui-même; c'était la première fois qu'il se montrait à la tête des troupes, son début ne fut pas heureux : plus habile à fomenter des troubles qu'à guider des soldats au champ d'honneur, le Navarrois, fut battu complètement, et tomba au pouvoir de Mauny. Des historiens assurent qu'il se laissa faire prisonnier à dessein, pour que don Pèdre ne pût l'accuser de mauvaise foi. Quoi qu'il en soit, le vainqueur sut tirer parti de cet avantage; il s'empara de plusieurs places, jeta l'épouvante dans la Navarre, et alla joindre à Burgos Henri de Transtamarre. Ce prince se trouvait fort embarrassé, car la nouvelle de l'arrivée du prince de Galles avait jeté un tel effroi dans les provinces, que les villes, ne songeant qu'à leur propre sûreté, ne s'empressaient point de fournir les contingens qu'elles avaient promis dans un moment d'enthousiasme; il ne se trouva de disponible que 40,000 soldats, dont 10,000 seulement de vieilles troupes : aussi le nouveau roi prit-il la résolution d'éviter un engagement général avec le prince de Galles, qui, marchant à la tête d'une armée aguerrie et bien plus nombreuse, faisait de rapides progrès.

Le général anglais concentra son armée dans la vallée de Pampelune; les trois colonnes avaient mis huit jours pour franchir les montagnes; il donna quelque repos à ses troupes et forma de plusieurs divisions un corps d'avant-garde qu'il plaça sous les ordres des deux Felton, Thomas et Guillaume : le premier était celui que Duguesclin avait pris deux fois en Bretagne; le second jouissait de l'entière confiance d'Édouard, qui le nomma sénéchal du Poitou. Kenolles fit également partie de cette avant-garde, qui traversa toute la Navarre, entra dans l'Alava, franchit l'Ebre à Logrogno, et alla prendre position à Navarette afin de suivre les mouvemens de don Henri.

Pendant que Felton faisait cette pointe, Édouard, avec la moitié de son armée, se porta sur Victoria, capitale de l'Alava, s'en rendit maître, et poussa jusqu'à Salvatierra, dans le dessein d'atteindre l'Ebre; le duc de Lancastre, avec un autre corps, perçait par Estella pour s'approcher également de l'Ebre, que les Anglais avaient pris pour base de leurs opérations, si on en juge d'après les détails confus de Froissard et des historiens espagnols. On conçoit que le prince de Galles tournait toutes ses vues vers la possession de Burgos, capitale de la Castille : l'Ebre en était la barrière naturelle ; aussi Henri manœuvra-t-il avec beaucoup de talent derrière ce fleuve pour couvrir Burgos : sa conduite dans cette circonstance lui attira les éloges du prince de Galles lui-même (1).

Au lieu de s'avancer de front vers Burgos en passant l'Ebre à Miranda, Édouard se jeta sur la gauche, afin sans doute d'éviter les gorges de Pancorbo, la forteresse de Briviesca et les montagnes d'Oca. Il traversa une seconde fois l'Alava, s'étendant jusqu'à Logrogno gardé par Felton, passa l'Ebre sur ce point, et vint prendre position à Navarette ; il envoya une division s'emparer de Calahora, et détacha une seconde fois Felton, avec 8,000 mille hommes, sur sa droite, afin d'observer le passage de Miranda. Ainsi l'armée anglaise, dont le corps commandé par Édouard en personne formait le centre, ap-

(1) Froissard, liv. 1, chap. 539.

puyait ses derrières à l'Ebre, et embrassait, le long de ce fleuve, une étendue de vingt lieues. La Rioca, qu'elle occupait, était la seule province qui fût dévouée à la fortune de don Pèdre; Soria, la capitale, bâtie près de l'ancienne Numance, avait refusé de reconnaître Henri pour souverain.

Les difficultés que les Anglais eurent à surmonter dans leur marche donnèrent au comte de Transtamarre le temps de changer ses dispositions. Il s'était avancé jusqu'à Miranda pour disputer à l'ennemi le passage de l'Ebre; voyant le mouvement opéré par les Anglais sur le flanc gauche, il se replia vers Burgos, entra lui-même dans la Rioca, et vint prendre position à Najera, ville assez considérable bâtie à un quart de lieue de la Najarilla, petite rivière qui se trouvait fort enflée par suite de la fonte des neiges: elle prend sa source aux montagnes de los Cameros. Posté de cette manière, don Henri couvrait admirablement sa capitale. Il arriva à Najera le 28 mars; le prince de Galles occupa Navarette le même jour (1). Ainsi les deux armées étaient en présence, séparées par une plaine, ou plutôt, comme

(1) Lopez Ayala, Cronicas de Castilla, éd. de 1779, tome 1, p. 449.

disent les Espagnols, par une *conque*, qui avait quatre lieues de large; pour arriver à Burgos, il fallait que le prince de Galles passât sur le ventre de l'ennemi. Les deux armées s'observèrent pendant plusieurs jours.

Les choses étaient dans cet état lorsque l'on vit arriver Duguesclin. Après avoir pénétré dans la Navarre à la tête de 12,000 hommes, et surmonté non-seulement les difficultés locales, mais encore les embûches de Charles-le-Mauvais, culbutant tout ce qui s'opposait à son passage, il s'était réuni, dans l'Alava, aux partisans de Transtamarre. Un corps de troupes aragonnaises, commandé par don Alphonse, marquis de Villena, neveu du roi d'Aragon, s'étant joint à lui auprès de Victoria, il passa l'Èbre à Miranda avec ces troupes, et longea les frontières de la Rioca, pour opérer sa jonction avec don Henri, en manœuvrant sur le flanc droit de l'ennemi. Mais avant d'y parvenir, il trouva l'occasion de se signaler dans un engagement qu'il eut à soutenir contre les Anglais. Les deux Felton avaient été chargés, comme nous l'avons dit, de conserver libre la communication de l'Alava, et d'arrêter les détachemens espagnols qui allaient à Burgos renforcer l'armée castillane; au pied des montagnes qui séparent les deux provinces, ils rencontrèrent le corps d'armée de Duguesclin, qu'ils prirent de loin pour une division aragonnaise en voyant flotter à l'avant-garde les enseignes de don Jayme : ils n'ignoraient pas que Bertrand devait arriver, mais ils le croyaient encore fort éloigné. Dans la persuasion que les troupes qu'il apercevaient étaient espagnoles et par conséquent peu aguerries, ils s'avancèrent avec sécurité ; mais ils reconnurent bientôt que des Français marchaient avec elles, bientôt même ils ne purent plus douter que Duguesclin ne fût à leur tête, en entendant les soldats pousser son redoutable cri de guerre. Cependant la retraite était devenue impraticable, et ils cherchaient à sortir de ce mauvais pas avec le moins de dommage possible, lorsque Bertrand fondit sur eux et tailla en pièces les 2,000 cavaliers anglais : Guillaume Felton, cherchant à rallier les siens, tomba percé de coups ; quant à Thomas, il se vit pour la troisième fois prisonnier de Bertrand.

Ce fut par ce succès assez important que le héros breton annonça son arrivée à l'armée espagnole Les bruyantes clameurs des Castillans signalèrent son entrée dans le camp ; elles furent entendues des Anglais. Le jeune Édouard venait d'apprendre la défaite de Felton ; il déguisa d'une manière bien honorable pour Duguesclin le chagrin qu'il ressentait de cet échec. « Mes amis, dit-il à ses généraux rassemblés autour de lui, entendez-vous ces cris? ils annoncent l'arrivée du Breton ; nous allons enfin avoir à combattre un homme d'un grand cœur et digne de se mesurer avec nous. » Les chevaliers anglais s'étaient déjà plaints de ne voir dans l'armée de Henri aucun adversaire redoutable : en cela ils faisaient injure au comte de Transtamarre, car ce prince avait déjà donné des preuves éclatantes de courage, et depuis qu'il se trouvait à la tête des Castillans il déployait une activité sans égale : ses moindres dispositions attestaient une prudence consommée.

Malgré le désir de combattre que montrait le prince Noir, cependant il est notoire qu'il tenta les voies de la conciliation. En effet, il écrivit à don Henri une lettre datée de Navarette, 1ᵉʳ avril : il lui disait qu'il fallait épargner le sang chrétien, et ne pas en venir à une bataille dont les suites ne pouvaient qu'être funestes à l'humanité; enfin il se proposait pour médiateur entre les deux frères (1). Henri répondit le lendemain,

---

(1) Ayala, page 450. Cascales, Historia de Murcia, page 123.

en prenant le titre de roi de Castille et de Léon, titre que le prince de Galles ne lui avait point donné. « J'ai été envoyé par Dieu pour délivrer la Castille d'un maître cruel, dit-il; les acclamations des peuples ont légitimé mes actions; en renonçant à la couronne, je repousserais l'œuvre du Tout-Puissant : au reste, je suis prêt à courir les chances d'une bataille (1). »

Cependant, malgré l'offre d'accepter le combat, Henri ne faisait aucune démonstration qui annonçât l'intention de sortir de la position inexpugnable qu'il occupait, car pour venir l'attaquer il fallait que l'ennemi passât à sa vue la rivière de Najarilla. Le prince de Galles se trouvait dans une position fort critique : les bords de l'Ebre, et tout le pays qu'il avait derrière lui, étaient épuisés de vivres, par le séjour d'une armée de 70,000 hommes. Les Espagnols, naturellement sobres, ne font point de grandes provisions, de sorte que leurs greniers et leurs celliers furent bientôt vides : Navarette n'était alors qu'un bourg misérable qui n'offrait aucune ressource. Les Anglais manquaient de tout; la Navarre, qu'ils avaient dévastée, ne leur fournissait rien : à peine trouvaient-ils de l'eau.

(1) Ayala, page 450. Cascales, Hist. de Murcie.

Édouard essaya de piquer l'amour-propre du comte de Transtamarre en envoyant plusieurs partis de cavalerie jusqu'à la rivière : personne ne bougea. Bertrand avait apporté au nouveau roi de Castille des lettres de Charles V. Ce sage monarque disait à son allié : « Vous allez avoir à vous défendre contre une armée qui voit dans ses rangs tout ce qu'il y a de plus brave et de plus expérimenté dans la chrétienté : évitez une action générale autant qu'il dépendra de vous (1). » Il était d'autant plus aisé de suivre ces avis, que l'armée de don Henri nageait dans l'abondance, Najéra et Burgos lui fournissant les vivres qu'elle désirait ; mais les seigneurs castillans s'indignaient de rester ainsi dans l'inaction ; on entendait même leurs murmures, lorsqu'un nouvel incident mit le prince dans l'impossibilité de leur résister.

Edouard tenta un nouveau moyen qui tenait aux mœurs chevaleresques de ce siècle. Il dépêcha vers Duguesclin un héraut, paré des armes d'Angleterre, accompagné de plusieurs trompettes : cet envoyé arriva avec grand fracas, traversa toute l'armée castillane, demandant à chacun où était Duguesclin. Les Espagnols, curieux de connaître l'objet de ce message, le sui-

---

(1) Ayala, Mariana, tome II.

vaient en foule, et le conduisirent au quartier du roi où Bertrand devait se trouver : celui-ci accueillit le héraut avec sa bienveillance accoutumée, et avant de prendre connaissance du contenu de la lettre, il s'amusa à le questionner. Il savait que les Anglais étaient dans une pénurie extrême; il lui fit donner à l'instant du vin, que l'Anglais but avec avidité. « Eh bien ! dit Bertrand à cet homme, vivez-vous bien à Navarette?— Pas trop, répondit le héraut; et si cela continue le puissant prince de Galles n'aura pas seulement deux œufs pour ses Pâques (1), et je gagerais qu'il donnerait aujourd'hui une partie de sa seigneurie de Guienne en échange d'un quartier de bœuf. »

Bertrand congédia le héraut, et fit lire, en présence de Henri et des principaux seigneurs, la missive du prince de Galles; elle était conçue en ces termes : « Jusqu'ici don Henri a refusé le combat; votre arrivée, vaillant Duguesclin, doit lui inspirer la confiance nécessaire pour tenter le sort des armes, je vous invite à descendre dans la plaine. Si vous n'acceptez point mon défi, je me verrai forcé d'attaquer les Espagnols jusque dans leurs retranchemens; je les traiterai comme des

(1) Pâques arrivait seize jours après. Le héraut vint le 2 avril.

paysans qui se cachent derrière des palissades, et non comme de véritables soldats (1). » Le contenu de ce message, que l'on ne put tenir caché, blessa vivement l'amour-propre des seigneurs castillans, qui demandèrent à grands cris que l'on mît en délibération dans le conseil de guerre si on accepterait ou refuserait le combat. On se rendit à leurs désirs ; le comte de Tello, frère de Henri, et le marquis de Villena, insistèrent fortement pour qu'on répondît à la bravade du prince Noir, en acceptant aussitôt le défi. Duguesclin fut d'un avis opposé : il montra le message du prince comme la preuve manifeste de la position critique des Anglais : « Laissez-les, dit-il, se consumer dans leur camp, bientôt la faim les contraindra d'en sortir ; nous les attaquerons au milieu de leur retraite, nous les harcellerons, nous les réduirons enfin à ne pouvoir tenter aucune entreprise importante. » Quelque sages que fussent ces avis, ils furent repoussés ; les seigneurs castillans, déjà jaloux de voir traiter les Français avec autant de distinction, se rangèrent du parti du comte de Tello ; celui-ci, jeune et présomptueux, répondit aux objections de Bertrand d'abord par des

---

(1) Mesnard, Mémoires sur Duguesclin.

apostrophes vives, puis par des invectives : « La crainte de compromettre votre renommée, dit-il au chevalier breton, vous tient dans la réserve; le nom seul du prince de Galles vous fait peur. » Pour toute réponse Duguesclin, enflammé de colère, s'élança vers le comte de Tello l'épée à la main, lui criant de se mettre en défense. Henri l'arrêta en le prenant dans ses bras, et contraignit son frère à faire sur-le-champ des excuses à Bertrand devant l'assemblée. (Mémoires de Mesnard.)

Duguesclin, encore tout ému de ce qui venait de se passer, dit aux seigneurs castillans : « Vous voulez le combat : eh bien ! sachez qu'il vous sera fatal à tous ; pour moi, ayant fait mon devoir dans le conseil, je le ferai également sur le champ de bataille, et le soleil couchant me trouvera demain ou mort ou prisonnier (1). » Il fut donc décidé que le matin du jour suivant on sortirait des retranchemens pour en venir à une action générale.

Henri de Transtamarre n'exerçait encore qu'une autorité fort précaire, il ne pouvait heurter de front l'opinion des seigneurs castillans accourus des diverses provinces pour défendre ses inté-

---

(1) Mesnard, Mémoires sur Duguesclin.

rêts ; cependant les paroles de Duguesclin l'effrayaient : il se rendit auprès de lui dès que la nuit fut venue; il le trouva seul dans sa tente et plongé dans ses rêveries, la colère était encore peinte sur son visage, car la réparation de don Tello n'avait point calmé son courroux. « J'ai réfléchi à ce qui s'est passé dans le conseil, lui dit-il en l'abordant; je viens vous consulter à l'effet de changer les dispositions, s'il en est temps encore. — Il n'est plus temps, répondit Duguesclin; vous ne serez pas maître de contenir cette foule de nobles dont l'orgueilleuse imprudence méconnaît la voix de la raison. Je vous donne un dernier avis, c'est de mettre votre personne en sûreté, dès que la fortune penchera du côté de l'ennemi ; une seule défaite ne doit point vous abattre : le sort se montrera moins rigoureux dans une autre circonstance (1). » Le ton solennel avec lequel Duguesclin prononça ces paroles fit frémir le prince espagnol, qui crut y voir la prédiction certaine d'une catastrophe.

Dès le grand matin, malgré la neige qui tombait, ce qui est commun à cette époque dans cette partie de l'Espagne, les Castillans quittè-

---

(1) Mesnard, Mémoires sur Duguesclin.

rent Najéra, passèrent la rivière, et vinrent se ranger en bataille au-delà, en occupant deux hameaux, nommés Aleson et Açofro. Les historiens ne s'accordent pas sur la force de cette armée : si on en croit Froissard, elle était au moins de 80,000 hommes. Peut-être Henri avait-il bien ce nombre de soldats en campagne sur les champs, comme l'on disait, mais nous ne croyons pas qu'ils fussent concentrés sur un seul point. Lopez Ayala, présent à cette action, dit que le comte de Transtamarre avait 5,000 hommes d'armes à cheval et à pied (il faut prendre un homme d'armes pour quatre soldats, terme commun), ce qui donnerait 10,000 hommes à cheval et autant à pied; puis il parle des volontaires des provinces de Biscaye, de Castille, des Asturies, et de l'Andalousie: il est certain que cette dernière province fournit un corps de 6,000 hommes de cavalerie, montés ou sur des mules, ou sur des chevaux appelés en Espagne *ginetès*. Les mules des Andalous étaient couvertes de clochettes dont le son argentin faisait un bruit continuel. Ces Espagnols ne portaient ni cuirasses, ni gambesons, ni chemises de mailles; ils se paraient de riches habits d'une couleur éclatante, taillés en forme de tunique antique; ils avaient les jambes nues, la tête ombragée de brillans panaches qu'ils tiraient de l'Afrique. L'infanterie espagnole n'avait pour toute arme que la fronde et une légère javeline. Tous les historiens espagnols, et Froissard lui-même, assurent qu'il y avait une division de Génois dans l'armée du comte de Transtamarre; le prince de Galles menait également à sa suite de ces soldats italiens. Chez les Castillans on ne pouvait distinguer le soldat de l'officier; les chefs étaient extrêmement nombreux.

Lopez Ayala, qui fit long-temps la guerre, nous a laissé sur cette bataille de Navarette une relation beaucoup plus précise que celle des autres chroniqueurs. Selon lui, Henri forma l'infanterie sur une ligne perpendiculaire, en faisant appuyer le centre et les ailes par autant de corps de cavalerie serrés en masse. La ligne s'étendait du village Aleson à celui d'Açofro (tous deux existent encore) : cet espace comporte une grande lieue. Duguesclin, à pied, avec les troupes venant de France, au nombre de 10,000 hommes à peu près, occupait la droite; il avait avec lui un corps de 4 à 5,000 nobles castillans, commandés par don Sanche, frère puîné de Henri, âgé de vingt-huit ans, comte d'Albuquerque : il avait déployé beaucoup de courage dans maintes circonstances, mais la timidité de son caractère le rendait moins cher au comte de Transtamarre. On distinguait parmi les principaux Espagnols de cette division Pierre de Manrique, don Gonzales de Castanéda, Ruiz Cisnéros, Lazos de la Vega. La bannière principale était portée par don Pedro Lopez Ayala, l'historien. A côté de lui marchait Henriquez Bozo, du pays de Murcie : il était alors octogénaire, et mourut en 1406, âgé de cent vingt ans, après avoir fait cent campagnes et s'être trouvé à toutes les batailles qui se livrèrent en Espagne pendant un siècle.

L'aile droite, dont nous venons de parler, était protégée par 2,000 cavaliers espagnols aux ordres du marquis de Villena, neveu du roi d'Aragon, du grand-maître de Callatrava don Moniz de Godoy, des commandeurs de Saint-Jacques don Fernand Osares et Ruiz de Sandoval. Cette cavalerie, montée en grande partie, comme nous l'avons dit plus haut, avec des petits chevaux de Biscaye, de Navarre, des Asturies, s'appuyait elle-même à un ruisseau nommé l'Ayalde, qui se jette dans la Najarilla : Duguesclin avait mis cet obstacle derrière elle, afin de l'empêcher de fuir. L'aile gauche, le point le plus rapproché de Navarette, était protégé par un corps de 6,000 Andalous, la plupart montés avec des mules qu'eux seuls savaient manier. Ce commandement important fut confié au comte de Tello, frère cadet de Henri, jeune prince âgé de vingt-quatre ans, dont la légèreté égalait la présomption : il ne le cédait pas en dépravation à don Pèdre son frère, et eût été peut-être aussi cruel que lui, si les destinées de la Castille avaient été livrées à ses caprices. Le comte de Transtamarre, qui redoutait don Tello, venait de lui donner en partage la principauté de Biscaye.

Henri se plaça au centre avec des masses d'infanterie, formées des volontaires de la Castille, de la Murcie de Léon et de l'Alava; il avait près de lui l'élite de la noblesse de son pays : don Juan Polomèque, évêque de Badajos, l'amiral Bocanegra, Perez de Gusman, oncle maternel de Henri, Alphonse de Haro, Gomez Cisnéros, Inigo Orosco, don Pèdre Tenorio, depuis archevêque de Tolède, Jordan de Uziez, commandeur de Saint-Jacques, Martinez de Luna, Fernand Lopez Ayala, père de l'historien, etc.

En avant de la ligne se trouvait une division d'arbalétriers génois. Ces étrangers, combattant à pied comme troupes légères, avaient au milieu de leurs rangs des cavaliers espagnols, volontaires de San-Estevan del Puerto.

Un grand nombre d'instrumens de guerre se mêlaient à la voix des troubadours qui suivaient sans cesse les armées espagnoles; on aurait cru facilement qu'une fête magnifique avait réuni à Najera tout ce que l'Espagne avait de riche et de puissant.

Le samedi 3 avril, veille de la Passion (1), le prince de Galles quitta Navarette au point du jour, fit un mouvement en avant, franchit un léger rideau de collines, et vint se déployer en face de l'armée castillane, et à trois portées de trait.

Suivant la coutume de ce siècle, Édouard commença par faire beaucoup de chevaliers; il arma de sa main don Pèdre, le comte de Holland, fils de sa femme (2), trois nobles de la maison de Courtenay, Jean Trivet, Nicolas Bond; le duc de Lancastre arma le sire de Camois,

(1) M. Buchon, dans son excellente édition de Froissard, fait observer avec raison que cet historien se trompe en disant que le 3 avril était la veille de Pâques : cette fête tombant le 18, en 1367, le 3 de ce mois devait être la veille de la Passion.

(2) Le prince de Galles avait épousé Jeanne d'Angleterre, fille du comte de Kent, frère d'Édouard II ; on la surnommait *la belle vierge de Kent*. Elle était veuve du comte de Holland, qui lui laissa ce fils dont il est question ici.

Gauthier Loring, Jean Grandçon. Chandos fit douze chevaliers anglais : les principaux furent le sire de Clifton, Jean Cotton, Jacques Prior, Guillaume Firmacon ; il arma chevalier également plusieurs nobles aquitains : le plus notable était Aymeri de Rochechouart, grand tenancier du Poitou (1).

Le prince de Galles avait derrière lui Navarette et l'Ebre. Nous estimons que son armée était plus nombreuse que celle de don Henri ; les troupes de la Guienne en formaient au moins le tiers. Il se plaça au centre avec deux rois détrônés, don Pèdre et don Jayme, roi de Majorque ; ce dernier, dont le père avait été dépossédé de ses états par Pierre d'Aragon, était devenu le troisième mari de Jeanne, reine de Naples, beaucoup plus âgée que lui ; cette princesse, extrêmement altière, ne laissait aucune autorité à son nouvel époux. Honteux d'une pareille existence, don Jayme vint se jeter aux pieds d'Édouard en le suppliant de l'aider à rentrer dans l'héritage de ses pères : ce prince lui promit son assistance.

Le duc de Lancastre prit le commandement de l'aile gauche, ayant avec lui Chandos et Cal-

(1) Froissard, liv. 1, chap. 544.

verley, Kenolles, le comte de Pembroke et l'élite des troupes anglaises; ainsi le duc de Lancastre se trouvait opposé à Duguesclin. Le comte d'Armagnac marchait à la tête de l'aile droite, formée en entier de troupes de Guienne. Il avait avec lui les sires d'Albret, de Duras, de Pérusse, de Rochechouart, de Perduccas, de Rosem, de l'Estrade, le bâtard de Breteuil, le bâtard de Mucidant, et le captal du Buch, les mêmes qui dix ans auparavant avaient contribué si puissamment au gain de la bataille de Poitiers. Ainsi que dans l'armée de don Henri, des Génois et des troupes légères castillanes du parti de don Pèdre, au nombre de 2,000 hommes environ, couvraient tout le développement de la ligne.

Ces soldats anglais, gallois, gascons et même normands, rivalisant de courage, portaient des armures pesantes et brunies par le temps; la lame de leurs épées et le fer de leurs lances réfléchissaient seuls les rayons du soleil : les fatigues et les difficultés éprouvées au passage des Pyrénées avaient fait périr la majeure partie des chevaux, de sorte que la cavalerie se trouvait presque tout entière à pied; mais le soldat de cette époque avait l'inappréciable mérite de savoir combattre à pied comme à cheval; le cavalier démonté, ôtant ses genouillères et ses cuissards, devenait un fantassin redoutable, sans que sa nouvelle position portât dans son ame ni le dégoût ni le découragement. Les Anglais avaient à leur tête le plus grand capitaine de son siècle, héritier d'un des plus beaux trônes du monde; sous les ordres du jeune Édouard marchaient avec orgueil les chefs expérimentés des vieilles bandes; ils sentaient augmenter leur émulation en voyant ces guerriers français et bretons, leurs rivaux de gloire, qu'ils retrouvaient devant eux à l'extrémité de l'Europe : ils pouvaient les distinguer facilement au milieu de l'immense ligne castillane. Ainsi l'on voyait réunis dans un coin de l'Espagne, et combattant pour des intérêts étrangers à leur patrie et même à leurs affections, les personnages les plus renommés dans le métier des armes; le prince de Galles, Duguesclin, Chandos, Robert Kenolles, le duc de Lancastre, le maréchal Andhreguen, Lebègue de Villaine : on voyait aussi flotter dans cette plaine les bannières de France, d'Angleterre, de Castille, d'Aragon, de Majorque, de Navarre, de Naples et d'Écosse.

Le terrain sur lequel l'action allait se livrer était un bassin resserré entre l'Èbre et les montagnes de la Calzada, à seize lieues de Soria, à dix de Burgos. Scipion avait vaincu les Numantins dans le même lieu.

Le prince de Galles, monté sur une mule d'Aragon, parcourait les rangs, en ne cessant de dire aux soldats : « Nous jeûnons depuis long-temps; c'est à Najera que vous trouverez des vivres en abondance. » L'allocution était appropriée à la circonstance, et devait toucher des hommes affamés, bien mieux que les discours les plus éloquens.

Édouard résolut de diriger tous ses efforts contre la cavalerie qui formait la gauche des Castillans, ne doutant pas que la défaite de ce corps n'entraînât celle du centre : comme il s'attendait à une résistance opiniâtre de la part des Français, il ne chercha qu'à les contenir d'abord, pour les accabler ensuite avec toutes ses forces lorsqu'il aurait fini de battre les Espagnols; la nature du terrain était favorable à l'exécution de ce plan. Il commanda d'épargner, dans la chaleur du combat, les soldats appartenant à la division de Duguesclin : Édouard donnait ses ordres avec la ferme persuasion qu'un succès complet serait le résultat de ses dispositions.

Don Pèdre demanda au prince de Galles la permission de s'avancer contre l'ennemi avec le corps qui attaquerait le premier; il était revêtu de tous les insignes de la royauté, la couronne en tête, le manteau de pourpre sur les épaules, et monté sur un cheval blanc ; il regardait avec courroux les rangs des Castillans, au milieu desquels étaient ses trois frères.

Les trompettes sonnèrent de part et d'autre pour donner le signal du combat : cet instrument de guerre ne servait alors qu'à cet usage. Les Génois du comte de Transtamarre et les volontaires de San-Estevan s'avancèrent pour commencer l'action ; mais, par une perfidie insigne, ils passèrent brusquement du côté de don Pèdre(1); alors le comte d'Armagnac, à la tête de toute la cavalerie qui restait au prince, s'avança en escadron serré, accompagné des Gallois, qui marchaient au milieu des chevaux, et attaqua les 6,000 Andalous que commandait don Tello. Don Pèdre marchait aux premiers rangs des nobles de Guienne.

Dès qu'il fut près des Espagnols sa fureur ne put se contenir : il voyait devant lui des rebelles d'autant plus odieux à ses yeux qu'il avait perdu leur affection par sa propre faute; il fondit sur eux presque seul ; sa voix terrible les menaçait de son courroux, il cherchait ses frères dans

---

(1) Ayala, chap. xii, page 454.

leurs rangs : « Où sont ces indignes bâtards? » criait-il (1). Les Castillans, reconnaissant le cruel don Pèdre, dont le nom seul inspirait l'effroi à toute l'Espagne, sentirent leur assurance s'affaiblir ; le duc de Lancastre, étant arrivé avec toute sa division, profita de l'hésitation qu'il remarquait chez eux, et les chargea avec furie. Don Tello partagea la terreur des siens ; effrayé du spectacle qu'offrait le combat, spectacle nouveau pour lui, il recula en désordre et fut emporté par son cheval dont il n'était plus maître (2) : il entraîna dans sa fuite tous les Castillans, qui, se voyant sans chef, ne songèrent qu'à se soustraire aux coups de l'ennemi; d'ailleurs leurs mules très-effrayées ne voulaient point s'arrêter, et aucune puissance au monde n'aurait pu y parvenir. En peu d'instans la plaine fut couverte de cette cavalerie en déroute ; elle se précipita dans le défilé de Najera, dont la gorge fut bientôt encombrée de milliers de cadavres : le reste alla se précipiter dans la rivière de la Najarilla. Le duc de Lancastre et le comte d'Armagnac, après avoir poussé quelque temps ces fuyards, revinrent

(1) Froissard.
(2) Ayala et tous les historiens espagnols.

sur le champ de bataille, et s'avancèrent en colonne serrée sur le centre des Castillans, dont le flanc droit, totalement dégarni, venait d'être attaqué de front par le prince de Galles.

Henri de Transtamarre avait su résister à Édouard : vêtu en simple chevalier, on le distinguait seulement à son grand cheval pie et à son bouclier sur lequel on voyait les tours de Castille. Ne pouvant s'imaginer que le corps de Tello fît si peu de résistance, il s'avançait avec confiance contre les Anglais, à la tête des 4,000 Castillans à cheval. Il fallut tout le sang-froid et la présence d'esprit du prince de Galles pour empêcher la ligne d'être rompue : il fit ouvrir précipitamment ses divisions, et les Espagnols, emportés par la charge, les dépassèrent après avoir laissé dans ce terrible passage la moitié des leurs. Mais l'intrépide Transtamarre se fraya un nouveau chemin et rejoignit son infanterie, qui, attaquée par Chandos, reculait en désordre; il parvint à la rallier, et contint quelque temps l'ennemi, qui recevait du centre de nombreux renforts : deux fois il le fit reculer, deux fois il perdit le terrain qu'il avait regagné. Jamais prince ne paya mieux de sa personne. Cependant son courage l'abandonna lorsqu'il apprit la déroute de son frère : il se jeta tout à coup sur l'aile droite, espérant faire sa jonction avec Duguesclin, qui, dans la conjoncture présente, devenait son unique soutien.

Le héros breton justifiait d'une manière brillante les espérances que l'on avait fondées sur lui. Attaqué par l'aile gauche des Anglais, il les avait complètement battus, et, poussant avec vigueur les débris de cette division, il menaçait à son tour le centre du prince de Galles, lorsque don Henri vint se jeter dans ses bras et l'instruisit de ce qui se passait à l'aile gauche : Bertrand ignorait la catastrophe de don Tello, parce que la position du terrain ne lui permettait pas de juger les mouvemens généraux de la ligne; il se porta sur un plateau voisin qui dominait toute la scène, d'un regard il en embrassa l'ensemble et désespéra de la journée : « Je vous supplie, dit-il au comte de Transtamarre, de mettre votre personne en sûreté par une prompte retraite que vous exécuterez avec quelques troupes du centre. Ne vous abandonnez pas au désespoir : il ne suffit pas d'une seule défaite pour anéantir votre fortune; je vais de mon côté arrêter celle du prince Noir, et sauver, s'il se peut, les débris de l'armée. » Henri pressa dans ses bras le généreux Breton, et, d'après ses désirs, il revint au centre; son parent le grand-maître d'Alcantara y combattait vaillamment, il avait su retenir sous leurs bannières les Espagnols pressés de tous côtés. L'arrivée de Henri et l'approche de Duguesclin releva tous les courages; pendant deux heures encore Édouard fut occupé à empêcher la jonction des Français avec les Castillans : il n'aurait jamais cru qu'on eût pu lui résister aussi long-temps. Enfin le grand-maître d'Alcantara fut tué : sa mort porta le découragement dans l'ame des Espagnols; ils jetèrent leurs armes en poussant de grands cris : ces immenses masses qui couvraient la plaine n'offrirent bientôt plus que l'image d'un vaste troupeau que l'on pousse à son gré.

Le prince Noir, ne cherchant pas à s'embarrasser de prisonniers espagnols, leur ouvrit une issue, ne lâchant contre eux que quelque cavalerie pour accélérer leur fuite : il lui restait à livrer un combat contre un ennemi bien plus difficile à vaincre. Robert Kenolles, accouru avec de nouvelles divisions au secours de Chandos attaqué par Duguesclin, n'avait pas été plus heureux que son frère d'armes; il s'était vu forcé de se replier en désordre sur le principal corps de bataille : le général en chef, réuni au duc de Lancastre et au comte d'Armagnac, concentra sur un seul point ses nombreuses divisions, leur fit changer de direction, et arrêta enfin la marche victorieuse des Français.

Duguesclin jugeant qu'il était inutile de songer au gain de la bataille, puisque les Espagnols avaient été totalement défaits, n'eut en vue que d'atteindre Najera pour y réunir les débris de l'armée castillane; mais son habile adversaire, devinant son intention, ne travailla de son côté qu'à lui couper la retraite; il y parvint, grace à la supériorité du nombre. Bertrand, se voyant arrêté dans ses projets, soutint contre des forces quadruples un de ces combats désespérés, tels qu'on en livrait alors dans le seul but d'honorer une défaite : resserrant ses divisions, dont la ligne était trop étendue, il en forma une masse redoutable, dont le front semblait être un mur de fer. La volonté de Bertrand paraissait animer cette phalange, de sorte que les moindres mouvemens s'exécutaient avec un ensemble remarquable : placé au centre de ce vaste corps, ayant à ses côtés Sylvestre de Budes, qui portait sa bannière, Duguesclin, à pied comme les autres, disputait le terrain avec opiniâtreté, et donnait tour à tour l'exemple d'une valeur héroïque et d'un sang-froid impassible. Les autres chefs disséminés sur la ligne, le maréchal Andhreguen, Lebègue de Villaine, Thibaud du Pont et Jean Dubois, le secondaient dignement (1).

Ce corps de bataille fut simultanément attaqué par tous les généraux anglais : le captal du Buch, Chandos, le duc de Lancastre, échouèrent l'un après l'autre, et virent leurs troupes écrasées par les Français : au milieu de la déroute des siens, Chandos tomba lui-même sous les coups d'un seigneur espagnol-maure, qui s'était rallié à Duguesclin ; renversés tous deux sur la poussière, ils luttaient depuis long-temps, lorsque l'Espagnol, se trouvant dessus son ennemi, allait lui enfoncer son poignard dans la gorge; Chandos le prévint en lui perçant le flanc de sa dague (2).

Pembrok, à la tête des Écossais, voulut à son tour essayer de rompre cette ligne ; il montait une mule, et portait l'étendard d'Angleterre (2); mais il fut arrêté aussitôt, car le maréchal d'An-

(1) Les principaux historiens espagnols, Ayala, Zurita, Ferreras, Cascales, Mariana, Garibay, s'accordent à dire que Duguesclin et Henri de Transtamarre furent les seuls qui firent leur devoir dans cette bataille ; ils louent particulièrement le premier, dont la valeur extraordinaire tint la fortune en suspens.

(2) Mesnard, Mémoires sur Duguesclin.

dhreguen fondit sur lui, arracha de ses mains la bannière, et la foula à ses pieds. Dans ce moment Édouard arrivait avec la réserve : il ne put s'empêcher d'admirer l'ordre de bataille des Français, et l'ardeur avec laquelle Duguesclin cherchait à retenir la fortune qui se déclarait contre eux; mais plus cette lutte devenait glorieuse pour les Français, plus elle coûtait cher à leurs adversaires; il importait de la faire cesser. Ayant donc rallié à la réserve les débris des divisions de Pembrok et de Chandos, le prince Noir attaqua Duguesclin de front et sur ses flancs : le héros breton, accablé ainsi de tous côtés, fut obligé de reculer, laissant sur la poussière ses plus braves officiers; Lebègue de Villaine et Eustache de la Houssaye, blessés grièvement, tombèrent au pouvoir de l'ennemi. Se retirant lentement, et portant toujours les coups les plus terribles, il arriva enfin à une vieille muraille romaine qui, dès le commencement de la bataille, protégeait sa droite; il s'adossa à cet obstacle en y groupant 200 chevaliers qui lui restaient encore : alors s'engagea un nouveau combat plus opiniâtre; Bertrand et le petit nombre de Français qui avaient survécu à ce désastre semblaient se multiplier. Les Anglais, aussi étonnés qu'irrités de cette ténacité, leur criaient inutilement de se rendre; le prince de Galles s'avança lui-même, et ordonna à ses soldats d'épargner ces valeureux guerriers; mais don Pèdre, qui était accouru sur ce point, les suppliait au contraire de ne point faire quartier, et les engagea par mille promesses à immoler Duguesclin. « Tuez-le, criait-il, tuez-le. » Duguesclin l'entend, s'élance sur lui comme un lion, et le frappe si rudement que sa lance vole en éclats, et que don Pèdre roule aux pieds des combattans : oubliant qu'il est entouré d'ennemis, Bertrand se précipite sur le roi pour l'achever; mais plusieurs Anglais le saisissent au corps et l'enlèvent de terre. Il se débattait entre leurs bras lorsque le prince de Galles s'avança au milieu de cette scène, en lui criant : « Duguesclin, rendez-vous, la fortune a trahi votre valeur. — Oui, je me rends, reprit-il, mais c'est au plus vaillant et au plus généreux prince de la terre. » En même temps il présenta au vainqueur le tronçon de sa lance, dont il ne s'était point dessaisi (1).

Cependant don Pèdre, qui venait de se relever, était accouru enflammé de courroux; il voulut frapper Duguesclin désarmé : les Anglais le repoussèrent avec indignation. « Je vous sup-

(1) Mesnard, Mémoires sur Duguesclin.

plie, dit-il à Édouard, de me livrer ce Breton; je donnerai en échange son pesant d'or. » Le prince Noir reçut cette offre avec mépris, et remit son prisonnier au captal du Buch. On pressent le sort que don Pèdre réservait à Bertrand : il venait de racheter de quelques soldats Lopez d'Orosco, et l'avait immolé de sa main; vingt Castillans étaient tombés sous ses corps dans le cours de la journée. La vue de ce vaste champ de carnage ne l'avait point rassasié de sang; sa rage cherchait encore à s'exercer sur quelques malheureux, lorsque le magnanime vainqueur arrêta sa furie en lui ordonnant de rester auprès de sa personne; le roi de Castille obéit, et se jeta même aux genoux de son protecteur pour le remercier de ce qu'il venait de faire pour sa cause.« Relevez-vous, beau cousin, répondit le modeste Édouard; rendez grace à Dieu, car la victoire vient de lui et non de moi (1). »

Le nouveau triomphe du prince de Galles, remporté sur les Espagnols et sur Duguesclin, était beau sans doute, et honorait ses talens et sa vaillance; mais il faut avouer que la fortune se plaisait à le favoriser d'une manière particulière. A Navarette, comme à Maupertuis, l'im-

(1) Washingham. — Arthur Collins, p. 123.

prudence de son ennemi le servit autant que son courage. Lorsque les seigneurs castillans, contre les sages avis de Duguesclin, acceptèrent si imprudemment le combat, le prince Noir était dans une telle disette, qu'il regarda la possession des vivres amoncelés dans le camp de don Henri comme le plus beau fruit de sa victoire. Les Anglais négligèrent le soin de leurs prisonniers et de leur riche butin, pour ne s'occuper qu'à apaiser la faim et la soif dont ils étaient dévorés depuis plusieurs jours.

Édouard fit son repas sans apprêts, sur l'herbe encore fumante de sang : il voulut que Duguesclin fût son convive avec les généraux anglais. Le captal du Buch prodiguait au guerrier breton les soins les plus empressés, sans pouvoir cependant cacher la joie qu'il ressentait de l'avoir en sa puissance : « Tel est le sort des armes, lui dit-il ; à Cocherel j'étais votre prisonnier, aujourd'hui vous êtes le mien. — Il y a cependant quelque différence, reprit Bertrand ; à Cocherel je vous ai pris moi-même, ici vous n'êtes que mon gardien. »

Après avoir satisfait la faim qui le pressait, le prince de Galles voulut voir les prisonniers ; on lui en amenait de tous les points. Parmi les seigneurs espagnols on distinguait don Sanche, comte d'Albuquerque, frère de don Henri, don Philippe de Castro, cousin germain du favori de don Pèdre, le marquis de Villena, neveu du roi d'Aragon, don Pedro Moniz, grand-maître d'Alcantara, Garcias Palomeque, évêque de Badajoz, Ferrand Osores, commandeur de Saint-Jacques, don Carillo Quintanna, majordome du comte de Transtamarre, enfin les deux Ayala père et fils (1); parmi les Français, après Duguesclin, Lebègue de Villaine et le vieux maréchal Audhreguen.

En apercevant ce dernier, le prince de Galles parut fort irrité, et l'apostropha en ces termes : « Vous êtes un traître, un perfide, et vous méritez la mort; car je vous fis prisonnier à la bataille de Poitiers, je brisai vos fers à condition

(1) Les historiens modernes disent que don Pèdre Ayala était fils de Fernand Ayala, pris à Navarette; ils semblent ignorer que l'auteur de la Chronique de Castille partagea le sort de son père, après avoir combattu vaillamment à Najera; il vécut pendant deux ans en Angleterre dans une dure captivité. Henri de Transtamarre, qui l'aimait beaucoup, paya sa rançon, le nomma chancelier de Castille, et l'envoya comme ambassadeur auprès de Charles V en 1374. Don Pedro Lopez Ayala mourut à Calahorra, à l'âge de soixante-quinze ans, en 1407, un an après le vieux Bozon son ami. (Voyez le Discours préliminaire de Eugenio Amirola, éditeur des chroniques d'Ayala, 1779.)

de ne point porter les armes contre le roi d'Angleterre ni contre moi tant que vous n'auriez point payé votre rançon : vous en fîtes le serment de chevalier, et cependant je vous trouve en face de moi, quoique vous deviez encore plus de la moitié de votre rançon. » La vivacité de cette apostrophe atterra le maréchal Andhreguen; accablé sous le poids du malheur, ce vieillard semblait ne compter pour rien toutes ses infortunes, mais il ne pouvait supporter l'idée de se voir flétri par l'épithète de traître et de félon, qu'on lui prodiguait en présence de tant de guerriers réunis. « Seigneur, dit-il au prince Noir, il vous est libre de me faire arracher la vie, mais vous ne devez pas me déshonorer en faisant croire que j'ai trahi mes sermens. Choisissez, parmi tous ceux qui nous entendent, douze chevaliers, et permettez qu'ils soient juges de ma conduite. »

L'émotion avec laquelle le maréchal prononça ces paroles toucha Édouard, qui se rendit sur-le-champ à ses désirs et choisit douze chevaliers pour en former ce tribunal d'honneur, devant lequel il répéta, mais en termes moins âpres, l'accusation contre le sire d'Andhreguen. Celui-ci répondit : « Je fus fais prisonnier par le prince de Galles, cela est vrai ; je jurai de n'accompagner à la guerre le roi de France ni aucun prince de sa famille, contre le roi d'Angleterre ou son fils aîné, si je n'avais payé en entier ma rançon, cela est encore vrai. Mais en combattant à Najera je n'accompagnais point le roi de France, car ni lui, ni ses fils, ni aucun prince de sa famille, ne sont présens; je ne portais point non plus les armes contre le roi d'Angleterre, mais seulement contre un prétendant à la couronne de Castille : et, qu'il me soit permis de le dire, le prince de Galles n'est point ici le chef de l'entreprise, il est à la solde de don Pèdre avec ses compagnies, comme je suis avec les miennes à la solde de don Henri. Je puis donc affirmer que dans cette circonstance je n'ai point trahi mes sermens. » Les douze chevaliers ne purent s'empêcher de reconnaître que le maréchal Andhreguen était entièrement dans son droit; le prince de Galles, également frappé des paroles du vieillard, avoua qu'il avait eu tort de l'accuser, et le combla de caresses (1).

Au soleil couchant, le prince Noir parcourut le champ de bataille en demandant sans cesse qu'on lui montrât le corps de don Henri qu'on

(1) Lopez Ayala, présent à cette scène chevaleresque, nous en a laissé une relation fort détaillée, chap. XIII, pages 459 et 460.

disait être mort, et qu'il ne connaissait pas, mais toutes les rechérches furent vaines; le lendemain on ramena le cheval pie du comte de Transtamarre, et en même temps tous les rapports s'accordèrent à confirmer que ce prince n'était ni mort ni prisonnier. « En ce cas, répondit Edouard avec son laconisme accoutumé, nous n'avons rien fait (1). »

Cet Henri, à la vie duquel les destinées de la Castille semblaient être attachées, avait eu le bonheur d'échapper à toutes les poursuites. Ayant abandonné son destrier sur les bords de la Najarilla, qu'il passa à gué, il traversa Najera, prit le cheval d'un chevalier castillan blessé grièvement, et arriva tout d'une traite dans le voisinage d'Ozma; non loin de ce bourg, il rencontra, un chevalier du pays d'Alava nommé Ferrand de Gonoa : cet homme généreux, reconnaissant le prince, le supplia d'accepter son cheval, bien meilleur que le sien, et le seul morceau de pain qui lui restait; Henri se remit en route, et fut rejoint bientôt après par trois seigneurs castillans, Sanchez de Tovar, don Egas, Micer Ambrosio, fils de l'amiral Gil Boccanegra. Le lendemain, arrivant avec sa suite à Bororia, petit

(1) Zurita, Cronicas d'Aragon, chap. XIII.

village voisin de Soria, il se vit tout à coup entouré par un peloton de cavaliers espagnols, échappés comme lui du champ de bataille : ils l'avaient précédé dans ce lieu de quelques instans. Ces hommes le reconnurent aussitôt, et il leur vint dans la pensée de s'emparer de sa personne et de le conduire à don Pèdre, afin d'en obtenir une riche récompense; Henri, conservant sa présence d'esprit dans ce pressant danger, profite d'un moment d'hésitation, fond l'épée à la main sur celui qui excitait le plus les autres, et l'étend mort à ses pieds : le reste de cette bande, effrayé de l'énormité de l'entreprise autant que de la résolution du prince, l'abandonne, et s'échappe au travers des sentiers de la montagne (1).

Après deux jours de marche le comte de Transtamarre arriva à Illueca, ville frontière de l'Aragon; il y fut accueilli par le gouverneur Martinez de Luna et par son frère Pierre, le même qui fut pape sous le nom de Benoît XIII lors du grand schisme d'Occident. Le dernier le conduisit à travers tout l'Aragon jusqu'aux portes de Jacca, d'où le prince se rendit à Ortez, auprès du comte de Foix, qui le conduisit à Mont-

(1) Ayala, chap. xiv, page 462.

pellier en passant par Narbonne, Béziers et Loupian (1).

La femme du comte de Transtamarre sortit miraculeusement de la Castille avec ses enfans, grace aux archevêques de Saragosse et de Tolède, qui lui fournirent les moyens de gagner l'Aragon, d'où elle alla joindre son mari en Languedoc.

Henri se trouvant, ainsi que sa famille, dans le plus grand dénuement, vendit au roi de France, pour la somme de 27,000 francs d'or, la seigneurie de Cessenon, qu'il possédait encore en Languedoc (juin 1367). Cette terre était située entre Béziers et Saint-Pons (2).

Pendant que don Henri échappait à la fureur de ses ennemis, Duguesclin, victime de l'impéritie des Castillans, comme il l'avait déjà été à Aurai de la présomption des Bretons, suivait son vainqueur, qui le traitait avec les égards dus à son caractère. Il fut ainsi témoin d'une révolution plus subite que celle qui avait précipité don Pèdre du trône de ses pères. A l'approche du vainqueur, les villes terrifiées ouvraient leurs portes, et ren-

---

(1) Froissard, liv. 1, chap. DLX.
(2) Lopez Ayala. — Zuritta, chap. LXIX. — Don Vaissette, Hist. du Languedoc, t. IV, p. 423, in-fol.

traient sous la domination d'un maître qu'elles abhorraient. Pierre signalait son nouveau règne par des cruautés qui épouvantaient Édouard; il cherchait partout son rival pour le massacrer, s'imaginant que chaque bourg lui servait d'asile. Le prince de Galles arriva à Burgos le 6 avril, avec don Pèdre et toute l'armée, et alla rendre grace à Dieu de sa victoire de Navarette (1), dans cette même abbaye de las Huelgas où, l'année précédente, Duguesclin avait fait couronner roi de Castille le comte de Transtamarre : exemple frappant de l'instabilité des choses humaines.

(1) En 1811, la guerre nous amena dans l'Arioca : nous pûmes visiter les lieux où se livra cette bataille. Les habitans ont conservé le souvenir de cet événement, et de vieilles chansons espagnoles font le récit du combat en signalant la lâcheté de don Tello. Elles parlent aussi du cheval pie de Henri. La rivière de Najarilla fut appelée souvent *la Rubia* (la Rouge), à cause du sang qui colora ses ondes le jour de ce désastre.

FIN DE LA Ire PARTIE DU TOME TROISIÈME.

TABLE
DU TROISIÈME VOLUME.

I.re PARTIE.

BERTRAND DUGUESCLIN,

CONNÉTABLE DE FRANCE.

LIVRE PREMIER.

Pag.

Naissance de Duguesclin.—Son enfance.—Sa jeunesse. 1

LIVRE II.

Guerre pour la succession de la Bretagne. — Premiers exploits de Duguesclin. 27

LIVRE III.

Duguesclin entre au service de la France. — Ses exploits devant Melun. 73

LIVRE IV.

Mariage de Duguesclin avec Tiphaine de Raguenel.— Aventure de sa sœur Julienne et du capitaine Felton. 82

LIVRE V.

Duguesclin signale les premiers jours du règne de Charles V par des succès éclatans. — Victoire de Cocherel.—Soumission de la Normandie. 117

LIVRE VI.

Duguesclin va une troisième fois au secours du comte de Blois. — Bataille d'Aurai. — Bertrand, de retour en France, délivre le royaume des grandes compagnies, et part avec elles pour l'Espagne. 163

LIVRE VII.

État de la péninsule hispanique au milieu du quatorzième siècle.—Duguesclin conduit les grandes compagnies au secours de Henri de Transtamarre.—Conquête de la Castille. 219

LIVRE VIII.

Duguesclin termine la conquête de l'Andalousie.—Don Pèdre se rend à Bordeaux pour implorer l'assistance du prince Noir, qui passe en Espagne avec une nombreuse armée.—Bataille de Navarette.—Duguesclin y est fait prisonnier. 258

FIN DE LA TABLE.

BERTRAND DUGUESCLIN,

CONNÉTABLE DE FRANCE.

BERTRAND DUGUESCLIN,

CONNÉTABLE DE FRANCE.

LIVRE IX.

Duguesclin est conduit à Bordeaux et resserré dans une étroite prison. — Sa conversation avec le prince Noir. — Il est mis à rançon. — Il sort de captivité, et conduit en Espagne une nouvelle armée ; il met en déroute celle de don Pèdre devant Tolède ; il défait une seconde fois, à la bataille de Montiel, ce prince et les Africains ses alliés. — Mort tragique de Pierre-le-Cruel.

CE fut pour Duguesclin un supplice cruel que d'être obligé de suivre ses vainqueurs dans toute la Castille, car il avait sans cesse devant les yeux le spectacle affligeant d'un pays en butte au courroux d'un prince inexorable. Il n'était pas le seul à gémir sur ces excès ; le jeune Édouard lui-même en avait l'ame froissée. Ce héros avait saisi avec joie l'occasion d'augmenter sa renommée, sans considérer s'il ne l'obscurcirait point en servant les intérêts d'un roi tel que don

Pèdre : il n'avait pas voulu croire aux crimes qu'on lui imputait, il s'était même fait illusion sur son caractère ; mais, lorsqu'il put apprécier à sa juste valeur l'homme pour lequel il venait de combattre, lorsqu'il le vit sur le théâtre de ses fureurs, il sentit naître dans son ame une généreuse indignation. Des milliers d'infortunés venaient se réfugier auprès de lui pour éviter la mort ; il ne put soutenir plus long-temps un pareil spectacle : il déclara à don Pèdre qu'il avait passé les monts pour vaincre les Français et les Espagnols réunis, et non pour présider à des massacres, lui rappelant qu'avant de quitter Bordeaux, il avait été stipulé que le roi ne ferait tuer aucun chevalier castillan, ni autre, sans le faire juger conformément aux lois établies (1). Don Pèdre, aveuglé par la passion, ne pouvait se résoudre à mettre un terme à ses vengeances. Voyant les habitans des provinces le recevoir sans difficulté, et embrasser ses genoux, il prit pour de l'affection ce qui n'était que de l'effroi ; il crut qu'il pourrait se passer de la protection des étrangers qui venaient de le replacer sur le trône, et n'aspira qu'au moment de se soustraire à leur tutelle. L'ingratitude est le caractère distinctif

---

(1) Ayala, chap. xiii, anno 1367.

des méchans. Mais, pour engager les Anglais à s'éloigner, il fallait au préalable s'acquitter envers eux de ce qu'on leur avait promis. Édouard somma don Pèdre de se déclarer le vassal de l'Angleterre, et de compter les sommes qu'il était convenu de donner comme indemnités des frais considérables de l'expédition. Le roi demanda du temps pour se concerter avec les grands du royaume; il disait qu'il craignait de mécontenter les Castillans en se déclarant vassal d'une autre couronne; qu'il ne pouvait pas non plus donner les indemnités réclamées, parce que les plus riches habitans du pays avaient quitté leurs demeures pour se retirer en Portugal ou en Aragon : mais il promit de remplir ses engagemens, si l'armée anglaise consentait à se replier sur la Navarre. Le prince Noir, éprouvé fortement par le climat de l'Espagne, venait d'être atteint d'une maladie de langueur qui avait le caractère d'une épidémie; il désirait ardemment regagner la Guienne, dont l'air pur semblait lui promettre un prompt rétablissement. Les principaux officiers, attaqués du même mal, partageaient ses désirs; d'ailleurs, le pays, ruiné par la guerre, ne pouvait nourrir plus long-temps son armée : d'un autre côté, le but que s'était proposé le prince de Galle venait d'être atteint; la Castille rentrait sous l'obéissance de son maître, et la France avait perdu son influence au-delà des Pyrénées. Édouard consentit donc à se retirer en Navarre, pour y attendre l'effet des promesses du Castillan, mais il eut dans sa retraite des preuves incontestables de sa perfidie. Bien décidé à ne tenir aucun de ses engagemens, don Pèdre aurait voulu anéantir l'armée anglaise, et mettre son chef dans l'impossibilité de punir son ingratitude; il lui tendit des embûches, ordonna aux guides de le conduire par des chemins impraticables. Les Anglais, engagés dans les montagnes des Asturies, eurent à souffrir de la soif, de la faim, et des fatigues excessives; ils se virent obligés de se battre contre les habitans de ces rudes contrées; enfin, après avoir fait un détour considérable, le prince Noir arriva à Pampelune, ayant perdu dans sa marche plus de monde que dans toute l'expédition. Il trouva en Navarre un prince aussi perfide que celui qu'il venait de quitter : c'était Charles-le-Mauvais; ce prince avait su se tirer des mains d'Olivier de Mauny, à l'aide d'un stratagème que lui seul pouvait imaginer. Après la bataille de Navarette, il demanda au chevalier français de sortir de sa captivité simulée : on n'a pas oublié qu'il s'était laissé faire prisonnier à dessein. Olivier exigea une rançon qu'il fixa à une somme modique; le Navarrois y consentit, et engagea le chevalier à le suivre à Tudela où il devait lui compter l'argent. Mauny exigea que le prince laissât son fils comme otage entre les mains d'autres chevaliers qui occupaient le château de Borja. Le roi arriva avec Olivier à Tudela ; mais à peine fut-il entré qu'il fit lever les ponts-levis, et s'empara de la personne du chevalier, qui fut obligé de faire rendre le jeune prince pour racheter sa liberté.

Charles-le-Mauvais vit arriver avec peine les Anglais dans ses états, et se concerta secrètement avec don Pèdre pour les abîmer. Le hasard dévoila cette trame au jeune Édouard, qui, dans sa juste colère, voulait revenir sur ses pas pour précipiter l'exécrable don Pèdre du trône auquel il venait de l'élever, mais ses officiers l'en détournèrent : l'Espagne leur inspirait à tous un dégoût insurmontable; ils craignaient de voir périr sous un ciel dévorant le grand homme qui faisait l'orgueil de l'Angleterre; ils repassèrent tous en Guienne après avoir vainement attendu les sommes promises par le Castillan.

Arrivé à Bordeaux, le prince Noir sentit diminuer son mal; il envoya à son père, comme trophée de la victoire de Navarette, le cheval de bataille de Henri : on sait que celui-ci l'avait abandonné pour en prendre un plus frais, lorsqu'il se vit forcé de se dérober aux vainqueurs. Ce fut le seul fruit de cette expédition, dont les suites eurent pour l'Angleterre des conséquences bien funestes, comme nous le verrons plus tard.

Le prince Noir mit en liberté, moyennant une rançon, les chevaliers français et bretons, à l'exception toutefois de Duguesclin, dont les Anglais redoutaient la valeur et le caractère entreprenant; ils le supplièrent de ne point lâcher ce dogue de Bretagne qui les dévorerait tous. Mais des raisons d'une plus haute importance lui faisaient un devoir de le tenir dans les fers; Charles V semblait se préparer à fondre sur la Guienne; il était important de le priver d'un guerrier aussi redoutable, cependant un mouvement d'amour-propre l'emporta sur tous les calculs de la politique : tel est le cœur humain.

On avait renfermé Bertrand dans une étroite prison; on n'en usait jamais ainsi vis-à-vis les prisonniers de guerre d'un rang élevé. Les barons de la Guienne s'en indignèrent : un reste d'affection les attachait encore à la France; ils se voyaient à regret destinés à concourir à son abaissement ; ils auraient voulu lui rendre un guerrier dont le bras pouvait si bien la défendre. Bien d'autres que ces barons portaient à Bertrand un intérêt touchant : les habitans de Bordeaux lui envoyaient chaque jour dans sa prison des présens assez considérables ; ils lui firent don de 10,000 fr. qu'il distribua aussitôt aux chevaliers pris avec lui, et dont la rançon n'était pas encore payée. Une foule de peuple se tenait constamment rassemblée sous les fenêtres de son donjon, dans l'espérance de l'apercevoir. La valeur seule ne commande pas un pareil empressement : vingt généraux de son temps avaient une réputation aussi bien établie que la sienne, et cependant ils n'inspiraient point le même enthousiasme. Les barons de la Guienne résolurent d'obtenir sa liberté à quelque prix que ce fût ; le sire d'Albret y parvint d'une manière bien adroite. A son retour d'Espagne, le prince Noir donna un banquet, auquel il convia les hauts barons de la Guienne et du Poitou, les sires d'Albret, d'Armagnac, de Duras, de Rosem, de Pérusse d'Escars, d'Aubeterre, de Rochechouart, de Parthenay, de Pons, de l'Esparre, de Mucident, etc. A la suite du repas, ces seigneurs, tous gens de guerre, parlèrent beaucoup de leur métier, comme cela se pratique entre ceux qui suivent la carrière des armes. Ils agitèrent plusieurs questions difficiles au sujet des prisonniers, et des règles qu'on devait observer vis-à-vis d'eux. Ceci fournit naturellement le prétexte de placer le nom de Duguesclin ; les uns se plurent à rehausser son mérite, les autres à le déprécier : le sire d'Albret se rangea à dessein de l'avis de ceux-ci, et saisit habilement l'occasion de flatter le héros anglais, de faire l'éloge de ses talens en rabaissant ceux du héros breton. « On a, dit-il en s'adressant au prince Noir, une opinion si fausse du mérite de Duguesclin qu'on va jusqu'à le comparer à Votre Seigneurie; on dit même que vous ne le retenez prisonnier sans vouloir accepter de rançon, que dans la crainte que le sort des armes ne le mette une seconde fois en face de vous. — Comment! on dit cela ? répondit Édouard fort ému. — Oui, Seigneur, dirent tous les princes aquitains, c'est le bruit général. — Je vais le faire cesser à l'instant, s'écria le prince; je prouverai que je n'ai nullement peur de Bertrand. » Il ordonna aussitôt qu'on lui amenât Duguesclin. Celui-ci, sachant que les Anglais ne voulaient point briser ses fers, était tombé dans une sorte d'abattement; il cherchait, mais inutilement, à se distraire : l'écuyer d'Édouard le trouva causant tranquillement avec la femme et les enfans du geôlier; ce fut avec beaucoup de peine qu'il obtint de se faire suivre par le Breton, qui ne voulait point aller servir de spectacle, disait-il, à son inexorable vainqueur. Enfin il se décida, et partit tel qu'il était dans le moment, vêtu d'un vieux pourpoint gris. Sa figure refrognée, ses habits délabrés, et ses cheveux en désordre, formaient un grotesque si prononcé qu'à son aspect le prince de Galles ne put s'empêcher d'éclater de rire. Il le fit asseoir auprès de lui : « Eh bien! Bertrand, comment vous trouvez-vous à Bordeaux?—Ma foi, prince, pas trop bien; j'aimerais autant entendre gazouiller les rossignols de la Bretagne, que d'entendre trotter les souris de la Guienne. — Vous savez qu'on dit que j'ai peur de vous voir libre, et que cette seule raison prolonge votre captivité. — On le dit, répondit franchement Bertrand, et on assure même que vous craignez le fer de ma lance. — Par saint Georges ! reprit Édouard en rougissant, dès ce moment vos fers sont brisés; fixez vous-même votre rançon, et quand vous ne la porteriez qu'à cinq florins, je l'accepterais. —Je la mets à 100,000 fr. , répondit fièrement le Breton (1). — Eh ! où prendrez-

(1) Cien mil francos de oro. Ayala, chap. XVIII, p. 468.

vous une pareille somme? répliqua le prince extrêmement piqué : — Je la trouverai dans la bourse de mes amis; et, s'il le faut, les femmes de la Bretagne me rachèteront du produit de leurs quenouilles (1). » Ainsi se termina cette scène dans laquelle Bertrand répondit à un acte de fierté par un autre encore plus éclatant.

Les bannerets réunis au banquet comblaient de caresses Duguesclin, dont ils avaient tous éprouvé la valeur et la générosité; chacun s'offrit de contribuer à payer sa rançon. La princesse de Galles vint exprès d'Angoulême pour voir le prisonnier dont on parlait tant; elle se le fit présenter le lendemain de son arrivée; le dernier trait de fierté de Bertrand l'avait charmée : « Je veux, lui dit-elle, payer 30,000 livres de votre rançon, je les remettrai pour vous au prince mon époux.—Ah madame, s'écria Duguesclin en se jetant à ses genoux, j'avais cru être le plus laid chevalier de France, mais je commence à avoir de moi une meilleure opinion, puisque de grandes dames comme vous me font de pareils présens (2). » Un mois après il prit le chemin

---

(1) Mémoires et chroniques de Duguesclin.
(2) Idem.

de la Bretagne, s'étant engagé de ne pas ceindre l'épée avant que sa rançon ne fût payée en entier. Au moment de partir, il reçut 20,000 livres qu'un chevalier venu du Languedoc lui remit de la part du duc d'Anjou.

Le premier jour de marche, il trouva sur la route un malheureux écuyer français qui revenait à Bordeaux reprendre sa parole, attendu qu'il n'avait pu ramasser la somme nécessaire pour se racheter des mains d'un chevalier gascon dont il était prisonnier : « Combien te faut-il ? lui demanda Bertrand. — 100 florins. — En voilà 200 : achète un cheval et une bonne lance, et viens me joindre lorsque j'appellerai tous mes anciens gars. »

La route de Bordeaux à Nantes était couverte de malheureux chevaliers ou écuyers qui sortaient comme lui de prison ; en les voyant, Bertrand oubliait sa propre position pour ne songer qu'à la leur : il soulagea leur misère avec une trop grande générosité, car il arriva à Paris sans qu'il lui restât un seul florin de l'argent qu'il avait reçu en Guienne du duc d'Anjou et de la princesse de Galles. Charles V l'accueillit avec distinction. Le monarque ne voulut voir en lui que le vainqueur de Cocherel et non le prisonnier du prince Noir. Bertrand, que ses revers récens n'avaient point abattu, déclara au roi qu'il désirait revenir le plus tôt possible en Espagne pour rétablir Henri de Transtamarre. Le roi fut effrayé de cette résolution; mais Bertrand, plein de ses projets, en regardait l'exécution comme infaillible, et fit remarquer à Charles V que don Pèdre, abandonné du prince Noir, détesté des Castillans, se verrait sans retour abandonné de ses peuples; il lui parla du comte de Transtamarre comme d'un prince très-digne de son amitié, dont les rares qualités égalaient le courage. Le roi, ébranlé par ses discours, finit par entrer dans ses vues; mais on convint d'agir de manière à ne point effrayer l'Angleterre. Duguesclin quitta Paris, et revint au château de Pontorson dont il était absent depuis quatre ans. En arrivant, il demanda à Tiphaine Raguenel sa femme 80,000 livres qu'il lui avait laissées en partant; mais celle-ci, aussi libérale que son mari, avait employé cet argent à soulager la misère des soldats bretons revenant d'Espagne; loin de la blâmer, Bertrand la loua beaucoup de sa conduite : il ne songeait pas à l'embarras dans lequel il allait se trouver lui-même vis-à-vis le prince Noir. Il avait compté sur ses amis, ils justifièrent sa confiance; les sires de Rohan, de Laval, de Tintiniac, de Châteaubriand, de

Dinan, se cotisèrent pour faire les 100,000 fr.; Duguesclin les accepta sans difficulté : ce fut aux yeux de la Bretagne un nouveau genre d'illustration que d'avoir payé la rançon de Duguesclin; les Rohan et les autres bannerets s'en firent aussi un titre de gloire, dont leurs descendans tirèrent vanité en plus d'une circonstance.

Bertrand quitta la Bretagne, ayant eu soin de faire savoir qu'il allait une seconde fois en Espagne, pour combattre don Pèdre. Aussitôt les chefs des plus illustres familles, les écuyers et les soldats rachetés par ses soins, se préparèrent à le suivre. Il repassa par Paris, où une foule de bannerets lui promirent d'aller le joindre en Languedoc; alors il reprit le chemin de Bordeaux, dans l'intention de dégager sa parole en acquittant au prince Noir le prix de sa rançon; mais il ne put encore mettre des bornes à ses libéralités, ou plutôt il ne put commander aux mouvemens généreux de son cœur. Comme il parcourait un pays qui avait été long-temps le théâtre de la guerre, il vit dans tous les lieux les traces de ce terrible fléau, il y répandit des largesses : à l'un il donnait de quoi rebâtir sa maison, à l'autre, l'argent nécessaire pour acheter des troupeaux et des instrumens aratoires. Apprenant que les prisons de La Rochelle étaient remplies de soldats pris à Navarette, il y vola, et les délivra tous en satisfaisant l'avidité des capitaines anglais.

Il arriva qu'un soir dix écuyers se présentèrent à la porte d'une hôtellerie, située sur la route d'Angoulême : la fatigue les accablait, et des vêtemens en lambeaux attestaient leur mauvaise fortune ; l'hôte fit quelques difficultés de les admettre chez lui. « Qui êtes-vous ? leur demanda-t-il. — Nous sommes, répondirent-ils, de vieux soldats de Duguesclin. — Des soldats de Duguesclin ! s'écria l'hôte. Entrez, mes bons amis, vous trouverez gîte chez moi. » Et il leur offrit tout ce qu'il avait de meilleur dans sa maison, en les accablant de questions sur le compte de Bertrand.— « Qu'est devenu ce guerrier magnanime ? — Hélas ! il n'est peut-être pas plus heureux que nous, répondirent-ils ; retenu pendant six mois dans les prisons de Bordeaux, il a obtenu la faculté de se racheter, et de fixer lui-même le prix de sa rançon ; il l'a portée de son propre mouvement à 100,000 fr. Jamais il ne pourra trouver cette somme, et il sera obligé d'aller reprendre ses fers. — N'en croyez rien, reprit avec feu le maître du logis, chacun se fera un honneur de contribuer à le rendre à la liberté ; pour moi, je me saignerai s'il le faut pour le tirer d'affaire. J'ai encore dix chevaux dans mon écurie, cinq cents moutons, et trente muids de vin; je vendrai tout cela, ainsi que les draps que ma femme avait aquatés, quand nous nous mariâmes. » Dans ce moment l'hôte fut interrompu par le bruit de plusieurs chevaux qui entraient dans la cour; des chevaliers surpris par la nuit venaient chercher un asile dans cette maison : ils mettent pied à terre, et entrent dans la salle où se trouvaient les dix écuyers rangés autour de la table; ceux-ci se lèvent spontanément, jettent un cri qu'étouffe aussitôt le respect : ils ont reconnu Duguesclin; le général a reconnu également ses anciens soldats, et les questionne avec bonté sur leur position. « Nous revenons, dirent-ils, de la Bretagne et allons à Bordeaux reprendre notre parole, car l'argent nous manque pour payer la rançon exigée par les Anglais. » L'hôte, comprenant alors que l'étranger était ce Duguesclin pour qui il donnerait volontiers ce qu'il possède, se jette à ses genoux. Bertrand s'empresse de le relever, le loue de sa générosité envers des soldats malheureux, et, pour l'en récompenser, lui accorde l'honneur de l'accolade; puis il remet au plus ancien de ces écuyers 3,000 livres pour le rachat des dix hommes d'armes, et y ajoute 2,000 livres destinées à l'achat d'armes et de chevaux, en leur recommandant de se trouver bientôt en Languedoc, où il devait réunir sa compagnie pour entrer de nouveau en campagne. Cette aventure fut bientôt connue de toute la Guienne, et servit de sujet à des chansons populaires dont il reste encore des fragmens.

En marquant ainsi chacun de ses pas par un bienfait, Duguesclin augmentait sa renommée, mais il épuisait aussi ses ressources. Il arriva à Bordeaux aussi pauvre qu'il en était parti. Les Anglais n'ignoraient pas l'emploi qu'il avait fait de l'argent destiné à racheter sa liberté; ils le reçurent avec respect, ne pouvant lui refuser le tribut de leur estime. En le voyant, le prince de Galles lui demanda s'il apportait sa rançon : Bertrand fut obligé d'avouer qu'il n'avait pas un florin. « Vous faites le magnifique, reprit Édouard d'un ton presque sévère; vous donnez à tout le monde, et vous n'avez pas de quoi vous racheter vous-même. — J'espère que Dieu et mes amis viendront à mon aide, répondit le Breton un peu confus; en attendant, je vais rentrer dans mon donjon. — Non, non, restez avec nous, vous aurez Bordeaux pour prison. »

Le magnanime vainqueur de Navarette aurait fini vraisemblablement par briser les fers de son rival, et alors rien n'aurait manqué à sa gloire;

mais la France ne lui en laissa pas le temps. Quelques jours après, un chevalier accompagné de plusieurs varlets se présenta au prince Noir, entouré de sa cour. L'étranger conserva la visière baissée, rien dans ses armes ne pouvait indiquer à quelle nation il appartenait; il acquitta la rançon de Duguesclin, et repartit sur-le-champ sans même l'avoir vu. On sut quelque temps après que ce messager venait de la part du duc d'Anjou, à qui Charles V avait ordonné de briser les fers du héros breton à quelque prix que ce fût.

Duguesclin rendu à la liberté se prépara aussitôt à fondre sur don Pèdre; son honneur était engagé à maintenir don Henri dans la possession de la couronne. Don Pèdre, aveuglé sur ses propres intérêts, se fit un ennemi irréconciliable de celui qui avait relevé son trône, et qui l'aurait soutenu si tant de bienfaits n'eussent été payés de la plus noire ingratitude. Le prince de Galles n'avait retiré de son expédition que le triste honneur d'avoir rétabli un tyran dans ses États : non content d'épuiser ses ressources pécuniaires pour subvenir aux frais de la guerre, il avait même contracté des engagemens, persuadé que la reconnaissance de don Pèdre lui fournirait les moyens de les remplir; mais bien loin de l'indemniser des premiers frais, le Castillan n'acquitta pas même les sommes dues aux grandes compagnies : le prince Noir se vit dans la nécessité de vendre ses joyaux et sa vaisselle pour apaiser 4,000 malandrins revenus avec lui d'Espagne ; jamais il ne put tirer du roi les moindres sommes. On verra dans la suite que la gêne dans laquelle ce prince se mit si généreusement pour le perfide don Pèdre fut la cause éloignée des désastres qui marquèrent les dernières années des deux Édouard.

Duguesclin s'aperçut du dépit du prince de Galles; il accrut son ressentiment en retraçant sans cesse les torts du Castillan. Enfin le héros anglais, indigné de ce que tous ses messages restaient sans réponse, de ce que l'on ne faisait droit à aucune de ses réclamations, déclara hautement à Bertrand qu'il abandonnait pour toujours les intérêts de don Pèdre. « Puisque Henri de Transtamarre ne vous a plus pour ennemi, il ne doit pas désespérer de la fortune, s'écria Bertrand transporté de joie; bientôt son odieux rival sera précipité du trône une seconde fois. » Quelque regret que le prince Noir ressentît de voir détruire son ouvrage, sa fierté blessée éprouvait déjà le plaisir de la vengeance.

Duguesclin quitta la Guienne, emportant l'estime d'Édouard et des grands de sa cour; il se rendit en Languedoc, où il trouva un nombre considérable de chevaliers venus de diverses provinces, et principalement ceux dont il avait payé la rançon ; tous se montraient décidés à le suivre jusqu'aux extrémités de la terre. Le Breton, inquiet de savoir ce qu'était devenu le comte de Transtamarre, obtint bientôt sur son compte des renseignemens fort rassurans.

Henri, après avoir séjourné quelques semaines dans le Languedoc, se jeta dans les Pyrénées avec quelques-uns de ses partisans, dont le nombre augmentait tous les jours ; il ravageait la Navarre, appartenant à Charles-le-Mauvais, portait la désolation dans la Bigorre, dépendante des Anglais, faisant ainsi sentir les effets de sa vengeance à tous ceux qui avaient concouru à sa ruine. Ayant reçu du duc d'Anjou, gouverneur du Languedoc, un renfort de 2,000 hommes, il s'enfonça dans l'Alava, ayant avec lui le vicomte de Lille, le comte d'Ossonne, Guillaume de Villemur, le sire de St.-Pons et le bâtard de Foix, fils de Gaston Phébus. Ce jeune guerrier, plein d'ardeur, s'était voué à la défense de la cause du comte de Transtamarre. Mais qui le croirait ? pendant que des étrangers prenaient sa défense, don Henri trouvait des ennemis dans ses plus proches parens : don Tello, au lieu de redoubler de zèle pour faire oublier la lâcheté dont il s'était rendu coupable dans la bataille de Najera, venait de se liguer avec Charles-le-Mauvais contre son frère. Toutefois les circonstances devenant de plus en plus favorables à celui-ci, il ne put lui faire tout le mal qu'il projetait.

Don Pèdre, pressé par le désir de se venger, parcourait ses États le fer et la flamme à la main, immolant à son ressentiment des milliers de victimes; la terreur s'empara tellement de tous les esprits que ces actes de férocité ne causèrent aucun soulèvement; tout restait dans la stupeur. Burgos, Séville, Tolède, virent tomber la tête de leurs principaux habitans. Il semblait que le tyran ne voulût régner que sur des cadavres. En vain Fernand de Castro cherchait-il à calmer cette espèce d'ivresse, ses exhortations restèrent sans effet. On conçoit que la nation entière n'attendait qu'une occasion favorable pour manifester son mécontentement.

Le comte de Transtamarre, après avoir parcouru l'Alava, franchit l'Ebre à Logroño (fin d'août 1367), et traça sur le sable, avec la pointe de son épée, une croix. « Je jure, dit-il, par ce signe révéré de ne plus sortir de la Castille; d'y vaincre ou d'y périr. » S'avançant ensuite au milieu de ce même champ de Navarette où il avait été vaincu, il y trouva encore des traces de son désastre; il remercia les prêtres de Najera, pour le zèle qu'ils avaient mis à soigner les blessés et à faire enterrer les morts. Don Henri dut sans doute se rappeler alors les paroles de Duguesclin, qui, la veille de la bataille, prédit un grand revers, sans lui ôter l'espérance de le réparer. Voulant signaler par quelque action mémorable son passage dans ce lieu funeste, le comte de Transtamarre arma chevalier, sur les bords de la Najarilla, le bâtard de Foix (1).

La nouvelle de l'arrivée du comte de Transtamarre se répandit en Castille avec la rapidité de l'éclair; ce fut le signal d'une explosion générale: dans le peu de temps qu'il avait régné, Henri s'était concilié l'amitié de ses sujets; autant la domination de son frère se montrait tyrannique, autant la sienne s'exerçait avec des formes paternelles. Don Pèdre avait donc le tort irrémissible d'avoir outragé la morale en forçant les Castillans à préférer un usurpateur bon et juste à un prince légitime, mais fourbe et cruel.

Burgos ainsi que Valladolid ouvrirent leurs

---

(1) Ayala, Ferreras et Zurita. Trois ans après, Henri donna le comté de Medina Celi à ce bâtard, qui devint ainsi la tige de l'illustre famille de ce nom.

portes au comte de Transtamarre, dont l'armée grossissait à chaque pas. Il trouva dans la citadelle de Burgos don Jayme d'Aragon, roi de Majorque, qui, en combattant à Navarette dans les rangs des Anglais, avait été blessé aux deux jambes : il était dans l'impossibilité absolue de marcher ; Henri alla lui-même le faire prisonnier dans son lit (1), et le traita néanmoins avec humanité. Maître de Valladolid, le comte de Transtamarre fut obligé de s'arrêter devant Tolède, dont le gouverneur, guerrier fort habile, se montrait très-attaché aux intérêts de Pierre ; d'ailleurs les habitans, qui avaient déjà éprouvé les effets de la vengeance du roi de Castille, craignirent de se compromettre une seconde fois en recevant dans leurs murs un prince qui n'avait pu se soutenir sur le trône. Henri forma le blocus de Tolède au commencement de mai, c'est-à-dire les premières semaines de l'année 1368.

Cependant don Pèdre, qui se trouvait à l'extrémité de la Péninsule, ne se laissa pas effrayer à l'approche de ce nouvel orage ; il résolut d'appeler toute la population aux armes. Cette mesure ne lui réussit point, car personne ne ré-

---

(1) Froissard, liv. 1, chap. DLXVI. Tous les historiens espagnols. Ce prince mourut en 1375.

pondit à son appel, et les moyens violens qu'il employa pour y contraindre les habitans ne servirent qu'à le faire détester encore plus. Apprenant que don Henri venait de faire un mouvement rétrograde sur l'Èbre, il s'avança à son tour, et alla s'établir à Ségovie. Sa présence dans cette ville, loin de calmer les esprits, ne fit qu'en augmenter l'agitation. Un clerc, poussé par ses compatriotes, vint le trouver dans son palais, et, jouant le rôle d'inspiré, l'exhorta à quitter Ségovie pour se retirer à l'extrémité de l'Espagne; il finit son allocution en lui annonçant de la part de saint Dominique qu'il périrait de la main de Transtamarre. « Il est juste, lui dit don Pèdre, que tu ailles sur-le-champ rendre compte de ta mission à saint Dominique. » En même temps, il le fit jeter vivant dans un bûcher (1).

De pareils actes n'étaient point faits pour lui gagner des partisans : se voyant délaissé, quoique, pour enrôler des soldats, il offrît des sommes considérables, il se décida à recourir aux expédiens les plus extraordinaires; en conséquence, il se ligua étroitement avec le roi de Grenade Mahomet Lagus : ce musulman se mon-

(1) Ortis, Annales de Séville.

tra d'autant plus disposé à le secourir qu'il lui devait le trône. Tracer l'origine de l'alliance de ces princes, c'est les peindre tous deux d'un seul trait.

En 1360 Mahomet Lagus, s'étant fait un parti dans Grenade, obligea le sultan Bermejo-le-Rouge à quitter sa capitale : ce dernier avait rendu des services au roi Alphonse, père de don Pèdre; il pensa que le fils ne lui refuserait point son assistance dans ce pressant danger; en conséquence il envoya un des siens auprès du roi de Castille, afin d'en obtenir la permission de venir chercher un asile dans ses Etats. De son côté Mahomet Lagus, connaissant le caractère du Castillan, lui fit promettre beaucoup d'or et la cession de plusieurs villes s'il lui envoyait la tête de son compétiteur. Don Pèdre reçut en même temps les deux messages. Il fit dire à Bermejo qu'il se ferait un devoir d'acquitter les dettes de reconnaissance contractées par son père, et qu'il n'eût qu'à se rendre à Séville, où il irait lui-même le recevoir. D'après cette assurance, le Maure arriva dans la capitale de l'Andalousie avec trente serviteurs attachés à sa fortune, et quantité de mules chargées d'une partie de ses trésors consistant en lingots d'or et d'argent. Quelques jours après, don Alvarez, grand-maître, de Saint-Jacques, donna au roi maure et aux seigneurs de sa suite un banquet splendide à l'issue duquel on fit naître une rixe simulée : au milieu du tumulte occasioné par cette scène, les Maures furent massacrés ; don Pèdre tua de sa main, d'un coup de javeline, Bermejo, qui mourut en lui reprochant sa perfidie et en prédisant à son meurtrier une fin aussi terrible (1). Le roi de Castille s'empara de tout l'or apporté par le Maure : il convoitait cette riche proie. C'est une partie de ces trésors qui fut pillée à Séville, par les partisans de Transtamarre.

Uni par le crime au sultan de Grenade, don Pèdre s'en rapprocha davantage lorsqu'il se vit attaqué par Henri. N'espérant plus intéresser à sa cause le prince Noir, qu'il avait payé de la plus noire ingratitude, il implora l'appui de Mahomet Lagus. Son attente ne fut point trompée, car le souverain de Grenade lui ménagea l'alliance des chefs africains de Fez et de Maroc, qui franchirent le détroit de Gilbraltar avec près de 20,000 hommes. Pendant que le roi de Grenade

(1) Annales de Séville par Ortis de Zuniga, in-f°, p. 180. — Cronica de los Moros d'Espagna, par Jayme Bleda, 1618, in-f°, p. 498.— Historia de los Moros de Grenada, par Luys Marmal, liv. 1, p. 12.

faisait les préparatifs de cette guerre, don Pèdre rentra dans Séville, et y donna le signal des massacres; tout ce qui était soupçonné de faire des vœux pour Henri était mis à mort à l'instant : la spoliation accompagnait le meurtre, car le roi avait besoin d'argent pour payer les Maures qui venaient à son secours, et il ne fallait pas songer à les tromper comme il avait trompé le prince Noir; tous moyens lui semblèrent bons pour se procurer les sommes nécessaires. Il sut qu'il existait de riches reliques dans un des caveaux de l'église de Sainte-Marie de Séville, qui avait servi de sépulture à plusieurs rois de Castille ses ancêtres; il y descendit avec des flambeaux, en enleva ce qui lui parut de quelque prix, et arracha même les couronnes d'or qui ornaient la tête d'Alphonse-le-Sage et de sa femme Béatrix. « Qu'ont-ils besoin de diadème? dit-il, n'ont-ils pas dans le ciel la couronne des saints (1)? »

Les succès qu'obtenaient sur tous les points les partisans de son compétiteur redoublaient sa rage; il se rendit lui-même à Grenade pour

---

(1) Annales de Séville, par Ortis de Zuinga, p. 213. — Annales espagnoles, par Garibay. — Antiquidades de la ciudad de Sevilla, par Rodrigo Caro, 1634.

presser les préparatifs des Maures (1). Mais il se trompait sur les véritables intentions de ces musulmans. Ce n'était point pour défendre la cause d'un prince chrétien que les souverains de Grenade, de Tunis, de Fez et de Maroc, unissaient leurs efforts; ils n'agissaient ainsi que dans la seule pensée d'arrêter les progrès que les chrétiens faisaient en Espagne, et de garantir l'islamisme des dangers qui le menaçaient. Ils avaient appris que Duguesclin avait formé le projet de porter la guerre chez eux, s'il parvenait à détrôner une seconde fois le roi de Castille. La renommée, qui grossit tous les objets, avait fait, à leurs yeux, du héros breton un homme surnaturel qui marchait à la tête d'une armée formidable, ayant à ses ordres des flottes nombreuses, de sorte que le nom de Bertrand inspirait en Afrique autant d'effroi aux Maures, qu'il en inspirait en Bretagne aux Anglais : ces musulmans craignaient toujours de voir descendre ce redoutable guerrier sur les plages de Carthage pour

---

(1) Les mémoires sur Duguesclin et les historiens français disent que don Pèdre passa en Afrique, et qu'il y épousa la fille du sultan de Fez, de la famille de Benemarin ; c'est un fait controuvé ; aucun historien espagnol ne parle de cette prétendue union.

venger la mort de Louis IX; ils crurent donc prévenir une nouvelle invasion des chrétiens en faisant alliance avec le monarque espagnol.

Pendant que celui-ci pressait le passage des 30,000 auxiliaires qu'il venait d'acquérir, Henri, revenu une seconde fois devant Tolède, y éprouvait la même résistance. Il se trouvait dans la plus fâcheuse position, le succès pouvant seul entretenir les dispositions favorables qu'une partie des Castillans montraient en sa faveur : déjà le bruit de la coalition de don Pèdre avec les Africains avait transpiré; cette nouvelle, quoique incertaine, arrêta tout à coup les progrès de l'insurrection; les partisans de don Pèdre reprenaient de l'assurance, et, quoique peu nombreux, ils glaçaient d'épouvante la multitude, qui n'obéit qu'à l'audace; la défection se mit parmi les soldats de don Henri. Ce prince, désespéré de perdre le fruit de tant de travaux, se disposait à rentrer dans l'Aragon, lorsque la nouvelle de l'arrivée de Duguesclin fit changer la face des affaires. Jamais impression ne fut plus subite : Henri envoya des émissaires secrets pour annoncer dans les lieux les plus reculés la venue de Bertrand, et ceci fit sur le peuple l'effet qu'il en attendait.

Impatient de pénétrer en Espagne, Duguesclin s'était engagé, au commencement de novembre 1368, dans les Pyrénées alors couvertes de neige ; son courage, sa constance, avaient animé ses soldats d'un esprit vraiment singulier. Jamais un autre général ne serait parvenu à leur faire surmonter les difficultés qui se renouvelaient sans cesse. Charles-le-Mauvais s'opposait de tout son pouvoir à l'entrée des nouvelles bandes ; le comte de Castelbon, commandant supérieur de ses troupes, s'empara des défilés pour défendre le passage. Duguesclin, irrité de ce qu'on lui suscitait ces entraves, s'arrêta au milieu de ces montagnes, et conçut le hardi projet d'en expulser les Navarrois avant d'aller en Castille. En effet, ayant inspiré à ses soldats l'énergie qu'il jugeait nécessaire pour une telle entreprise, il revint sur ses pas, assiégea le comte de Castelbon dans la principale forteresse, prit la place d'assaut, et fit prisonnier le comte qu'il contraignit de servir de guide à son armée dans ce pays difficile. Grace à ce succès inespéré, il fut en peu de jours dans les plaines de Vittoria à la tête de 8,000 soldats aguerris, ayant avec lui ses anciens lieutenans, attachés depuis dix ans à sa fortune, Olivier de Mauny, Eustache de la Houssaye, du Bouestel, Geoffroi de Villiers, Thibaut du Pons, Carenlouet, Guillaume de Launnoy :

le valeureux Lebègue de Villaine l'avait devancé, et se trouvait alors auprès de Henri dont il soutenait le courage chancelant.

Deux mois avant que Duguesclin pénétrât en Navarre, don Pèdre entrait en campagne avec les Maures de Grenade, qui avaient mis sur pied une armée forte de 30,000 hommes d'infanterie et de 7,000 chevaux (1); le roi de Castille y joignit 6,000 fantassins et 2,000 cavaliers. Abil Ismaël, fils de Mahomet Lagus, prit le commandement de ces forces réunies. Le plan de don Pèdre était de soumettre toutes les villes de l'Andalousie qui avaient arboré l'étendard de la révolte, et de marcher ensuite vers Tolède pour débloquer cette place; en conséquence les opérations commencèrent par le siège de Cordoue, ville très-importante, autant par sa population que par ses fortifications, les mieux établies d'aucune ville d'Espagne. Fernandez de Fuente-Mayor y commandait pour Henri (2); il s'y défendit en héros, et rendit inutiles tous les efforts des assaillans. Les Maures mettaient

---

(1) Ayala, chap. III, anno 1369, page 535. — Historia de l'obispado de Cadix, par Suarez-Pédro, 1696, in-folio, page 142.—Cronica de los Moros de Grenada. Bleda, page 539.

(2) Historia de Cordoua, par Philippe de la Gandera.

d'autant plus d'ardeur à s'emparer de Cordoue que cette cité, jadis leur capitale, était regardée par les musulmans comme une ville sainte ; ils y avaient bâti une mosquée qui était en grande vénération parmi les sectateurs de Mahomet ; elle servait d'église cathédrale aux chrétiens. Enflammés du zèle religieux, les Maures livrèrent un nouvel assaut, et enlevèrent un faubourg, faisant main-basse sur tous les chrétiens. Le gouverneur Fernandez de Fuente Mayor, réunissant ses forces, attaqua les assiégeans au milieu des rues, les battit, et les expulsa du faubourg. Ismaël, voyant les siens découragés, son armée diminuée d'un tiers, leva le siège (1), et alla venger l'affront de ses armes sur Jaën ; s'étant rendu maître de cette ville après un combat sanglant, il la livra aux flammes ; les habitans furent emmenés en captivité (2). Ubeda et Utrera éprouvèrent le même sort, mais il échoua devant Andujar défendu par le beau-frère de don Henri, le comte de la Niébla. Après ce nouvel échec, Ismaël ra-

(1) Il reste encore une vieille chanson espagnole faite à l'occasion de ce siège ; on la trouve tout entière dans les Annales ecclésiastiques de Jaën, par Martin de Ximena. 1652, in-folio, page 345.

(2) Ibid.

mena ses troupes dans le royaume de Grenade ; il en sortit une seconde fois, au bout d'un mois, pour attaquer de rechef Cordoue, mais ne fut pas plus heureux. Alors, tournant ses vues d'un autre côté, il ne songea qu'à faire la conquête de tout le territoire perdu depuis un siècle par les rois de Grenade. Il soumit ainsi vingt-cinq villes, et emmena prisonniers 18,000 chrétiens. Don Pèdre essaya, mais en vain, de s'opposer à ces empiètemens, Ismaël méprisa ses plaintes ; enfin, cédant à ses supplications, Mahomet Lagus se détermina à le secourir plus efficacement, fit marcher ses troupes au secours de Tolède, et mit à la disposition du roi de Castille 25,000 hommes, commandés par un général musulman que les chroniques espagnoles appellent Abdalla-Mir (1). Cette armée se composait de Maures hispaniques, d'Africains du pays de Maroc et de Fez ; elle se dirigea par la Puebla de Alcocer et par Alcantara, avec la résolution de délivrer Tolède, qui tenait toujours malgré le manque de vivres. Les assiégés, bloqués depuis sept mois, mangeaient les chevaux et les mules ; une me-

---

(1) Historia de los Moros de Grenada, par Luys Marmol, page 14.—Antiquitades de la Ciudad de Sevilla, par C. Rodriguez Caro.

sure de blé (la fanega) se vendait 1200 maravédis.

En traversant l'Estramadoure, don Pèdre apprit que Duguesclin venait de pénétrer une seconde fois en Espagne; il accéléra sa marche dans le but d'attaquer son compétiteur, qui continuait le blocus de Tolède. De son côté Henri de Transtamarre, instruit des mouvemens de son ennemi, dépêcha au-devant de Bertrand un de ses parens pour le supplier de hâter sa venue. Duguesclin rencontra cet émissaire à Siguença, au-delà du mont Arienca; il le renvoya sur-le-champ au comte de Transtamarre, en lui faisant savoir qu'il voulait rester maître du plan de la campagne, et qu'à ce prix seul il concourrait à son rétablissement. Henri accueillit avec joie ce message; il expédia aussitôt un second officier vers le général français, pour lui déclarer qu'il souscrivait à ces conditions, et qu'il exécuterait ses ordres avec docilité.

Au lieu de s'avancer directement vers Tolède par Guadalaxara, Madrid et Aranguez, au lieu de traverser la nouvelle Castille en entier, Bertrand suivit la ligne de l'Aragon, en évitant ainsi quantité de rivières qui auraient fort embarrassé sa marche s'il eût pris par le centre de l'Espagne. Il franchit ensuite le Tage un peu au-dessous de sa source, se dirigea entre la rive gauche de ce fleuve et la chaîne de Truxillo. De cette manière il marchait à la hauteur du pays de Tolède, dont il n'était séparé que par un rideau de montagnes, rangeant sous les lois de don Henri les pays qu'il parcourait. La direction suivie par le général français avait tellement trompé tous les calculs, que les espions crurent qu'il s'était égaré, ou qu'il n'avait pu franchir le Tage, ce qui entretint le roi de Castille dans une fausse sécurité. Il en résulta que ce prince ralentit son allure, et donna ainsi à Duguesclin le temps d'atteindre l'armée castillane.

Nous avons dit que don Pèdre possédait quelques-unes des qualités qui distinguent les hommes supérieurs. Il mettait dans sa conduite une persévérance que rien ne rebutait; profitant des mouvemens préliminaires que les troupes faisaient pour se concentrer sur les frontières de l'Estramadoure, il parcourut l'Andalousie dans l'espoir de réunir des milices espagnoles : son autorité n'était pas tellement méconnue, qu'elle n'agît encore assez efficacement sur les masses. Le souvenir de la bataille de Navarette rendait la noblesse craintive; elle n'osait se déclarer franchement en faveur de don Henri : elle se vit à regret obligée de suivre les bannières de son rival, qui parvint encore à rassembler 14,000 hommes, dont 5,000 à cheval. On distinguait parmi ces nobles, le fidèle Fernand de Castro, les alcades mayor de Séville, de Carmona, d'Icijà, de Xerès, le grand-maître d'Alcantara, Fernand Alonzo, Rodriguez de Sanabria, le même qui avait défendu Briviesca en 1366, etc. Le roi contraignit les Juifs à s'enrôler; il en forma une division de plusieurs milliers d'hommes (1), les faisant commander par des officiers de leur nation : c'était peut-être la première fois depuis le siège de Jérusalem par Titus, que ce peuple errant se trouvait en armes.

Don Pèdre avait obtenu du nouveau roi de Portugal Ferdinand un secours de 5,000 hommes; ainsi ses forces réunies pouvaient former un total de 45,000 combattans : la moitié aurait suffi pour accabler son compétiteur, si le courage de ces soldats eût été proportionné à leur nombre. Les Africains passaient à juste titre pour être intrépides individuellement, mais ils ne savaient point faire la guerre d'une manière régulière ; leurs cavaliers, montant des chevaux excellens, étaient mal armés et presque nus. On pouvait

(1) Ayala, chap. v, anno 1369.

ranger les Portugais dans la même catégorie. Les Espagnols, la meilleure troupe de cette coalition, marchaient avec répugnance sous les mêmes enseignes que les sectateurs de Mahomet : la crainte d'encourir la colère du tyran avait pu seule leur faire contracter une telle alliance. Il ne régnait aucune discipline dans ce ramas de troupes étrangères, qui traitaient la Castille comme un pays ennemi : don Pèdre n'avait ni le pouvoir ni la volonté d'arrêter ces ravages, et le chef maure accouru pour le soutenir sur son trône n'avait ni les talens ni les vertus du prince Noir, dont il tenait la place. Les chroniques espagnoles dépeignent cet Abdalla-Mir de Benmarin sous les traits d'un vrai barbare, qui manifestait une haine profonde pour les chrétiens. Ce chef musulman ne balança pas à annoncer comme certaine la défaite du comte de Transtamarre. Don Pèdre ne montrait pas la même confiance ; il aurait désiré que son nouveau protecteur eût pris plus de précautions en présence d'un ennemi aussi redoutable que Duguesclin. Il obtint avec beaucoup de peine que l'armée s'arrêtât au-delà des montagnes de Truxillo ; il désirait combiner avec calme son plan de campagne : cette prudence, qui paraissait si naturelle, le perdit, tellement peu les circonstances de la vie se ressemblent entre elles! Il importait au contraire, dans la situation des affaires, d'étonner l'ennemi par une marche rapide sans lui laisser le temps de se reconnaître.

D'après cette détermination, l'armée combinée partit d'Alcantara dans les premiers jours de mars 1369, et déboucha par plusieurs colonnes dans une riche vallée, nommée *el campo de Montiel*, arrosée par les rivières d'Azuer et du Jabalon.

Montiel était le point central de la Manche ; la ville de ce nom s'appuyait aux montagnes d'Alcaraz, elle appartenait à l'ordre de Saint-Jacques ; ainsi que la plupart des villes d'Espagne, elle avait un château détaché du corps de la place, et bâti sur un plateau qui dominait la vallée. Ce château, formé de deux grosses tours liées par un pan de muraille, passait alors pour inexpugnable ; don Pèdre y avait renfermé une partie de ses trésors : le gouverneur Garcias Moran, chevalier asturien [1], montrait un dévouement absolu à ses intérêts.

Cette vallée de Montiel, abondante en fourrages, parut un lieu propice pour faire subsister l'armée pendant que l'on préparerait un nouveau

---

[1] Ayala, chap. vi, anno 1369.

plan de campagne ; aussitôt les quartiers s'établirent au pied des collines, et avec une telle sécurité que l'on ne craignit pas de les étendre dans un développement de trois lieues. La chaîne de montagnes à laquelle Montiel s'adossait se prolongeait dans une direction parallèle à la Guadiana, dont elle était éloignée de quinze lieues; ainsi la ville se trouvait en face du point central de la ligne des quartiers; ceux des Juifs venaient les premiers en prenant du côté de Tolède, ceux de don Pèdre ensuite, puis ceux des Portugais, enfin ceux des Africains; et, par une disposition dont les historiens espagnols n'expliquent point les motifs, don Alvarez de Cordova, grand-maître de Calatrava, se trouvait campé trois lieues en arrière des Africains, avec 3,000 Espagnols, dont 800 à cheval, l'élite des troupes castillanes du parti de don Pèdre (1).

Le pays de Montiel fournissait des vivres, mais les habitans voyaient avec horreur les mahométans; ils abandonnèrent leurs demeures, se cachèrent dans les montagnes, et servirent admirablement Henri en l'instruisant de tous les mouvemens de son rival : il ne dédaigna point leur coopération. Incertain sur le parti qu'il de-

(1) Ayala, chap. vii, anno 1367.

vait prendre, le comte de Transtamarre se détermina à laisser devant Tolède une faible division, afin de continuer le blocus, et, suivi du reste de l'armée, fit un mouvement en avant dans la direction de Montiel. Des avis assez vagues faisaient penser que Duguesclin cherchait à se frayer un passage par les montagnes de Truxillo; on en eut bientôt l'assurance, car le chevalier breton vint faire sa jonction avec le prince dans un lieu nommé Orgaz, à cinq lieues de Tolède, vers le sud. L'arrivée de Bertrand releva le courage du comte de Transtamarre, que les mauvais succès du siège de Tolède avaient rebuté : le Breton lui amenait 6,000 hommes. Don Henri voulut mettre en délibération le plan de campagne qu'il avait conçu; mais Duguesclin, ayant présent à la pensée la défaite de Navarette, s'opposa à la réunion du conseil de guerre, et déclara qu'il allait battre en retraite avec les siens, si on ne le laissait point maître de régler les opérations. Lebègue de Villaine, Dubouestel et Olivier de Mauny manifestèrent les mêmes intentions. Henri n'insista plus; il abandonna sa fortune à la prudence du héros qui l'avait déjà placé une fois sur le trône de Castille.

Duguesclin, instruit par les paysans de la position de l'armée de don Pèdre, résolut d'aller fondre sur elle sans perdre un seul instant; cette détermination hardie étonna les seigneurs du parti de don Henri, mais la confiance que montrait Bertrand les rassura. Le général français choisit parmi les Espagnols les soldats les plus lestes et les plus déterminés; il les amalgama avec ses compagnies, ce qui forma 15,000 hommes environ. Il leur annonça qu'il allait se mettre en route le soir même. Henri et les nobles castillans se sentirent transportés en le voyant disposer avec sang-froid une entreprise aussi audacieuse; car il courait attaquer une armée trois fois plus forte. Don Fuente-Mayor, le brave défenseur de Cordoue, venait d'arriver au camp avec le grand-maître de Saint-Jacques et le comte de la Niébla, gouverneur d'Andujar; ils demandèrent à marcher en tête des premières divisions. Henri déclara devant tous les seigneurs castillans qu'il voulait servir comme volontaire sous les ordres de Bertrand.

Duguesclin partit le soir, le 9 ou le 10 mars. Au lieu de suivre la route battue, il s'engagea dans les montagnes qui se prolongent jusqu'à Tolède.; il dut passer la Guadiana à Alcoléa, et arriver dans la plaine de Ciudad Réal; puis il entra dans les montagnes d'Almodavar, qui sont une arête de la Sierra Morena. Ce trajet dut se faire en trois nuits et deux jours. Comme ses gens marchaient dans l'obscurité, ils allumèrent quantité de feux sur la crête des montagnes, afin de ne pas tomber dans les précipices (1). Les soldats de garde au sommet de la tour de Montiel signalèrent l'approche de ces feux : le gouverneur se mit aux créneaux, et distingua parfaitement ces signaux embrasés, qui semblaient marcher; il courut en instruire don Pèdre, qui, établi dans le vallon, ne pouvait les apercevoir. Le roi rassura Garcias Moran en disant que vraisemblablement c'était l'annonce de l'approche d'une division conduite par don Pedro Moniz qu'il attendait. Il ne s'imaginait pas que l'armée de don Henri, occupée devant Tolède, pût songer à quitter le siège pour venir l'attaquer : au reste, comme les habitans des campagnes avaient abandonné leurs demeures, il manquait absolument de renseignemens sur le compte de don Henri. Ainsi l'alerte donnée par le gouverneur de Montiel n'eut point de suite, le roi et les chefs s'abandonnèrent de nouveau au sommeil; mais ils y furent bientôt arrachés.

Duguesclin, ayant resserré ses divisions, déboucha par Santa Cruz le 14 mars au ma-

---

(1) Ayala, chap. vi, p. 548.

tin, un mercredi, à la pointe du jour; aucun poste avancé ne défendait les approches du camp; rien ne protégeait les flancs et les extrémités de cette immense ligne : les quartiers des Juifs en formaient la tête. Bertrand les attaqua, et les enleva en peu d'instans, car les Juifs, novices dans le métier des armes, ne se conduisirent guère mieux que les Andalous de don Tello à la bataille de Navarette (1). Duguesclin avait ordonné de ne pas s'embarrasser de prisonniers, et de ne faire quartier à personne. Don Pèdre, surpris comme les autres, entendit bientôt le redoutable cri de *Duguesclin*; il maudit le destin qui attachait à ses pas cet odieux étranger; sautant sur un cheval tigré, présent du roi de Grenade, il courut planter sa bannière au milieu de la plaine pour qu'on s'y ralliât, et, à la tête des premières divisions qu'il put rassembler, s'avança fièrement au devant de Duguesclin. Le choc fut terrible. Le roi donnait les preuves de la plus éclatante valeur. Pendant la mêlée un étendard semblable au sien frappe les yeux de don Pèdre; ce ne peut être que celui de son compétiteur : en effet Henri, animé par l'exemple de Duguesclin, se dirigeait vers le point où flot-

---

(1) Ayala. Froissard, liv. 1, chap. 569.

tait l'étendard de Castille; les deux frères se précipitent; ils vont se joindre; mais des flots de combattans les éloignent l'un de l'autre.

Voyant les Espagnols occupés à lutter dans la plaine contre la division de don Henri et de Lebègue de Villaine, Bertrand se met à la tête des arbalétriers, se coule dans le camp de don Pèdre, et met le feu aux tentes. Lebègue de Villaine, apercevant cet incendie du point où il combat, en fait remarquer la flamme à ses soldats afin d'exciter leur ardeur, fond avec eux sur le quartier portugais, et s'en rend maître : l'ennemi éperdu se jette dans la vallée, qui offre bientôt le spectacle le plus affreux. Les Castillans, attachés à la fortune de don Pèdre par la crainte seule, jettent leurs armes et se rendent prisonniers; mais dans le même instant ils se voient foulés aux pieds des chevaux par les Africains fuyant devant Duguesclin, qui venait de les attaquer : ce général avait décidé de l'action par une troisième charge exécutée à la tête des Français et des Bretons. La ligne étant rompue, les quartiers, attaqués partiellement, furent emportés les uns après les autres : bientôt la confusion fut à son comble; dans cet effroi universel, nul ne défendait ses jours; les chefs et les soldats, frappés d'une terreur panique, errant sans direction, couraient à une perte assurée.

Au milieu de cette déroute générale, Don Pèdre seul conserva quelque présence d'esprit : il venait de rallier près de 6,000 hommes. Ce corps formait au milieu de la plaine un point de réunion vers lequel les fuyards se dirigeaient de toute part, et pouvait devenir assez formidable pour engager le combat une seconde fois. Duguesclin le comprit ainsi : laisant Thibault du Pont poursuivre les Africains, il reforma ses divisions, s'avança de front et en colonne d'attaque contre don Pèdre, dont la position devint plus critique encore par une circonstance fortuite : don Gonzales de Mexia, gouverneur de Villanueva, sortit de cette place voisine de Montiel, et vint prendre en flanc les Portugais, à la tête d'un fort détachement ; diversion qui favorisa singulièrement les mouvemens de Duguesclin. Don Pèdre ne put jamais communiquer aux siens la passion qui l'animait ; la frayeur s'empara d'eux lorsqu'ils virent approcher les Français : craignant donc de tomber au pouvoir de l'ennemi si la mêlée avait lieu, il abandonna ces hommes terrifiés, dont bon nombre prenait déjà la fuite, et suivi d'une centaine de cavaliers déterminés qu'il avait su conserver auprès de sa personne, il franchit rapidement un ruisseau qui coupait le terrain. Mais Lebègue de Villaine, qui se trouvait le plus près de lui, devinant son intention, se détacha avec une troupe de cavaliers, et le poursuivit sans relâche, le serrant de si près que l'écume de son cheval volait sur la cuirasse du prince : ce dernier, en pressant son coursier, gagnait du chemin. Le chevalier français le suivait toujours de l'œil, quoique enveloppé d'un tourbillon de poussière, et arriva quelques instans après le prince fugitif devant la tour de Montiel, dont il vit lever le pont. Certain que le roi était renfermé dans la forteresse, il réunit autour de lui les troupes qui le suivaient à peu de distance, les plaça devant la porte avec son fils, ordonnant de ne laisser sortir personne de la place : en même temps il dépêcha un de ses écuyers vers Duguesclin pour le prévenir qu'il tenait don Pèdre bloqué dans Montiel. A cette nouvelle le général, qui continuait à pousser devant lui les Africains, fit cesser cette poursuite, rallia toute l'armée, et accourut investir Montiel de toute part, chose qui était facile à cause du peu d'étendue de la place et de sa forme circulaire.

A l'exemple des généraux romains, dont il étudiait sans cesse les principes, Bertrand transforma tous ses soldats en pionniers, et s'en servit pour élever un mur en terre et en bois, parallèle à celui de la place et entièrement clos; il n'y laissa qu'une seule issue, dont il confia la garde au Bègue de Villaine. Ces nouveaux remparts s'élevaient comme par enchantement; il y adossa ses quartiers en déclarant qu'il ne bougerait pas de sa position avant d'avoir pris la forteresse, soit par composition, soit par famine.

Cependant, après avoir fait les dispositions nécessaires pour s'assurer un triomphe définitif, Duguesclin écouta la voix de l'humanité; il assembla dans la tente de Henri les chefs et les seigneurs castillans, et en leur présence il dit au roi de Transtamarre : « Don Pèdre, que repousse l'opinion générale, est assez puni; prouvez par votre générosité que vous êtes plus digne de régner que lui; accordez à votre frère des conditions honorables, et la liberté de se retirer dans quelque royaume voisin après qu'il aura abdiqué en votre faveur une couronne qu'il ne peut plus porter. » Henri et tout le conseil applaudirent à ces proposions : on envoya aussitôt vers Montiel un écuyer, pour instruire don Pèdre des intentions de son frère. Mais le tyran avait une trempe de caractère incapable de se prêter à de semblables arrangemens; refusant de paraître aux créneaux, il envoya le gouverneur qui, pour donner le change aux assiégeans, répondit : « L'on se trompe ; don Pèdre n'est point entré dans Montiel, j'ignore même le lieu de sa retraite. » Cette réponse causa un étonnement général ; l'armée commençait même à murmurer de ce qu'on l'avait privée d'un riche butin en lui faisant quitter subitement le champ de bataille pour la conduire devant une place dont la prise n'était d'aucune importance. Pour calmer cette effervescence, Lebègue de Villaine fit, en présence des troupes, la déclaration suivante : « Je jure sur l'honneur avoir vu de mes yeux don Pèdre entrer dans Montiel, et je pense que cinq à six jours suffiront pour nous en rendre maîtres. » Bertrand n'avait pas besoin d'une assurance si positive ; toujours opiniâtre dans ses résolutions, il annonça qu'il n'abandonnerait le siège que lorsqu'il aurait en sa puissance le roi de Castille, mort ou vif.

La forteresse de Montiel, bâtie sur un rocher, pouvait résister aux assauts les plus vigoureux, mais elle était dépourvue de vivres ; le gouverneur en avait averti le roi en le recevant dans ses murs, aussi ne voulut-il laisser entrer que douze personnes, parmi lesquelles on comptait don Fernand de Castro, Rodriguez de Sanabria,

Diego Gonzales d'Oviedo, favori du prince, un Anglais nommé Raoul Elme, et un Breton, nommé Jacques Rolland.

Pierre, se voyant donc réduit à mourir de faim s'il ne voulait être pris, résolut d'essayer à s'échapper furtivement pendant la nuit : d'ailleurs une particularité singulière lui rendit odieux le séjour de Montiel. Superstitieux autant que cruel, ce prince avait consulté, six ans auparavant, des devins : on sait qu'à cette époque, par imitation des temps anciens, on recevait comme des oracles les moindres paroles de ces magiciens; les devins espagnols lui avaient répondu énigmatiquement : « *Méfiez-vous de la maison des étoiles, vous y trouverez la mort* (1). Cette prédiction sinistre avait frappé son imagination : or, la tour de Montiel s'appellait *la Tour des Étoiles*. Sans doute que son élévation, car la sommité de ses créneaux semblait toucher le firmament, lui avait fait donner ce nom, inscrit en grosses lettres au-dessus du portail.

Afin de préparer son évasion, don Pèdre envoya les plus déterminés de ses gens pratiquer une ouverture à la muraille élevée par les assiégeans, chose facile, car elle ne se composait

---

(1) Cascales, Hist. de Murcie, p. 327. — Ayala, notes.

que de terre et de planches; il leur recommanda de ne travailler qu'à l'opposé de la partie laissée libre par les Français. Le sort le servit admirablement, car la brèche fut ouverte sans que les soldats de Bertrand s'en aperçussent.

Tout étant disposé, le lendemain 23 mars, neuf jours après le combat de Montiel, don Pèdre descend de la tour pendant une nuit fort obscure, il suit un sentier très-étroit; Fernand de Castro, le Breton Jacques Rolland, Raoul d'Elme l'Anglais, et deux autres Espagnols, l'accompagnent; chacun mène son cheval par la bride; l'Anglais Raoul d'Elme marche le premier, le roi vient ensuite. Mais à peine ont-ils touché le mur, que les soldats de garde les aperçoivent, et l'un d'eux va avertir Lebègue de Villaine de ce qui se passe; celui-ci accourt sans bruit, et le hasard lui découvre l'ouverture, qui jusqu'alors avait échappé à tous les yeux. Ne doutant point que ces hommes n'eussent l'intention de sortir par cette issue, il se place à l'entrée avec quelques chevaliers. A peine y est-il arrivé, qu'il entend des pas précipités : c'est don Pèdre qui, joyeux d'avoir fait beaucoup de chemin sans rencontrer personne, s'avance rapidement : déjà il se voit hors de cette fatale enceinte, déjà il se promet de susciter de nouveaux dangers à un

4.

vainqueur qu'il exècre. Le premier de sa troupe se présente devant l'embouchure de la brèche; Lebègue l'arrête; mais Raoul d'Elme le repousse durement et franchit le passage; don Pèdre se présente; il veut suivre celui qui le précède, mais Villaine le saisit au corps (1). Le prince cherche à se dégager, mais il se sent fortement tenu; glissant alors la main à sa ceinture, il en tire un large poignard; il va en frapper son ennemi, lorsque le capitaine français, apercevant le brillant de la lame malgré l'obscurité, arrête le fer (2). Sur ces entrefaites arrivent quantité de chevaliers, qui aident Lebègue à retenir son prisonnier, que, dans la lutte qui s'était établie entre eux, son extrême ressemblance avec don Henri lui avait fait reconnaître pour don Pèdre. Pendant qu'on l'emmenait, don Pèdre esseya inutilement de corrompre Lebègue de Villaine, en lui offrant une partie des trésors qu'il avait su dérober à toutes les recherches. « Si j'acceptais vos offres, lui répondit le chevalier, je commettrais une lâcheté qui couvrirait de honte moi et les miens. — Du moins, reprit le prince au

---

(1) Froissard.— Arthur Collins, life of the Black prince. London 1740, in-8°, page 210.

(2) Mesnard, Mémoires sur Duguesclin.

désespoir, ne me livrez pas à mon frère : il me tuerait. — Bannissez toute crainte à cet égard, Henri est trop généreux; d'ailleurs Duguesclin, tous les chevaliers, et moi le premier, avons résolu de vous ménager un sort convenable et proportionné au rang que vous occupiez. » Ces paroles ne rassurèrent point don Pèdre; cet homme si terrible fondit en larmes. Pendant que Lebègue cherchait à calmer l'effroi de son prisonnier, le vicomte de Rouergue arriva, et prétendit s'emparer de la personne de don Pèdre; le chevalier breton, indigné, déclara qu'il ne le livrerait qu'à don Henri ou à Duguesclin. L'altercation devint si vive, que les deux bannerets mirent l'épée à la main. Le roi de Castille songeait déjà à profiter de cette querelle pour s'évader; mais Lebègue, devinant son intention, le retint fortement par la jaque; quelques autres chevaliers accoururent, et repoussèrent l'injuste comte de Rouergue. L'on se trouvait alors dans les quartiers de la division commandée par Lebègue de Villaine, mais la tente de cet officier était encore fort éloignée; on fit entrer le roi et les cinq autres personnes dans celle d'Alain La Houssaie (1). Chacun s'empressa de prodiguer

(1) Froissard, liv. I.

au prince les égards que sa position réclamait.

Don Pèdre, assis dans un coin de la tente, ses mains couvrant son visage, restait plongé dans les plus amères réflexions; il en fut tiré par le mouvement qu'occasiona l'arrivée de Transtamarre, qui, averti de la capture de son rival, accourait plein de joie, suivi de quantité de Castillans. Don Henri entre, cherche des yeux son mortel ennemi; il l'aperçoit, et ne le reconnaît pas, car il ne l'avait pas vu depuis dix ans. Un Espagnol le lui montre du doigt en disant : « Tenez, le voilà le meurtrier de toute votre famille. » Au même instant, don Pèdre se lève transporté de fureur. « Oui, c'est moi, dit-il fortement (1); c'est moi. » Plus prompt que la foudre, et quoique sans arme, il se précipite sur son frère; alors, à la lueur des flambeaux, s'engage une lutte si horrible que les spectateurs en restent glacés d'effroi. Attachés l'un à l'autre, les deux rivaux chancellent, tombent, et font retentir la terre de leur chute; ils roulent dans la poussière. Henri avait pu tirer sa dague, il allait en percer don Pèdre; mais ce dernier, plus vigoureux, la lui arrache, et parvient à se trouver dessus son ennemi; il va l'immoler, mais un va-

---

(1) Yo so, yo so. (Ayala, page 556.)

let du comte de Transtamarre, nommé Perez Andreda, s'élance au milieu des deux combattans en prononçant ces paroles remarquables par leur naturel : « Je ne veux faire ni défaire un roi de Castille, mais je veux secourir mon maître (1), » et prenant la jambe de don Pèdre il le renverse fortement; alors Henri ressaisit la dague, et la plonge tout entière dans le flanc de son frère.

Aucun Espagnol ne songeait, dans ce moment solennel, à prendre la défense de don Pèdre, le petit-fils de tant de rois; deux étrangers, l'Anglais Raoul d'Elme et le Breton Rolland, mirent l'épée à la main pour remplir ce devoir : mais ils payèrent de la vie ce généreux dévouement.

Duguesclin (2) n'était point présent à cette scène affreuse, ses quartiers étant fort éloignés

(1) Yo no pongo, ni quito rey in Castilla, mas ayudo à mi señor. (Cascales, Hist. de Murcie, page 121.)

(2) Ayala raconte, ainsi que nous venons de le rapporter, le fait matériel de la mort du roi; mais il ne s'accorde pas avec nous sur la manière dont ce trépas fut amené. Selon lui, don Pèdre fit sortir de Montiel Rodriguez Sanabria, en le chargeant de proposer à Duguesclin des sommes considérables, pour l'engager à favoriser sa fuite. Sanabria trahit son maître, et complota sa perte avec Duguesclin et Henri. Il rentra dans Montiel, annonça à don Pèdre que le géné-

du lieu où elle se passait; il n'arriva qu'au moment où des Castillans de la suite de don Henri mutilaient indignement le corps de don Pèdre. Le tronc fut renfermé dans un sac, et suspendu aux créneaux de Montiel; la tête fut envoyée à

ral français consentait à le servir. Sur cette assurance, don Pèdre se rendit dans la tente de Bertrand; le Breton le livra à Transtamarre, qui lui donna la mort. Ferreras écrivait long-temps après Ayala; il avait pu éclaircir ce fait; cependant il répète textuellement la version de ce chroniqueur. Mariana, plus passionné, renchérit sur ce récit, et assure, en mettant néanmoins le mot *on dit* (dizen), que Duguesclin prit la jambe de don Pèdre. Nous n'essaierons pas de démontrer qu'une pareille conduite était incompatible avec la générosité bien reconnue de Duguesclin, générosité qui ne se démentait dans aucune circonstance.

Nous ferons observer seulement que Ferreras et Mariana écrivant à une époque où la rivalité de la France et de l'Espagne était dans toute sa force; certainement ils n'auront fait aucune difficulté de mettre sur le compte d'un Français une action odieuse. Au reste, Cascales, écrivain très-exact, Luys Marmol, don Jayme de Bleda, Garibay, racontent la catastrophe sans y faire figurer Duguesclin; ils ne le nomment seulement pas. Froissard rapporte ce fait de manière à faire croire que Bertrand n'était point présent à cette scène, et certainement si la moindre circonstance défavorable à l'honneur du héros breton eût existé, Froissard se fût empressé de la mettre en évidence, car il ne laissait échapper aucune occasion de dénigrer les Français.

Séville, mais les habitans la jetèrent dans le Guadalquivir, dont les flots avaient bien souvent roulé les têtes des victimes de ce prince odieux. Ainsi finit, le 23 mars 1369 (1), à l'âge de trente-quatre ans, ce tyran plus sanguinaire que Néron et Domitien.

(1) La date de la mort de don Pèdre a été le sujet d'une controverse entre tous les chronologistes. Nous avons adopté la version d'Ayala, parce qu'elle s'appuie, selon nous, sur des faits matériels : la bataille de Navarette se livra dans les derniers jours ds 1367; après sa défaite, Henri passa en France; il y resta deux mois, rentra en Espagne au commencement de mai 1368, et assiégea, dans le mois de juillet, la ville de Tolède. Il est certain, et Ayala l'assure, que cette place était assiégée depuis neuf mois lorsque le combat de Montiel eut lieu ; ce ne pouvait donc être que dans le mois de mars de l'année 1369, et non dans celui de 1368, malgré ce qu'en disent les savans auteurs de l'Art de vérifier les dates, dont l'opinion est d'ailleurs combattue victorieusement par M. Buchon, dans son édition de Froissard.

LIVRE X.

Duguesclin est rappelé d'Espagne par Charles V, qui le nomme connétable de France. — Bertrand chasse les Anglais du voisinage de Paris, et commence, malgré l'hiver, la belle campagne de 1370. — Il bat les Anglais au combat de Pont-Vallin, détruit en détail une armée de 30,000 hommes, et sauve le royaume d'une nouvelle invasion.

Henri de Transtamarre redoutait le départ de Duguesclin; il le supplia de rester encore en Espagne pour consolider son ouvrage : Bertrand se rendit à ses vœux. Tolède et plusieurs autres villes qui tenaient encore le parti de don Pèdre se soumirent, mais la conquête de Soria ne fut pas aussi facile. Le général français envoya dans l'Arioca un corps de troupes aux ordres de son frère Guillaume et d'Alain de Beaumont; ces deux chefs se rendirent maîtres du plat pays, et bloquèrent Soria, capitale de cette province; la ville se défendit vigoureusement : Guillaume Duguesclin, ayant voulu tenter l'escalade, fut tué sur les remparts. A cette nouvelle, Bertrand accourut de Burgos avec de nouvelles troupes, et prit des mesures qui annonçaient la ferme résolution de ne se retirer que lorsque la place se serait rendue. Les habitans, effrayés de l'opiniâtreté des assiégeans, forcèrent le gouverneur, Diego de la Roncal, à capituler. Duguesclin, pour reconnaître les services rendus dans cette circonstance par Alain de Beaumont, lui donna la seigneurie d'Anneville, pour la posséder sa vie durant, comme en avait joui Guillaume Duguesclin qui venait d'être tué : les lettres de donation sont du 10 avril 1368 (fin de l'année).

Bertrand resta deux mois à Soria, capitale du comté que don Henri lui avait donné l'année précédente. Il ne séjourna si long-temps dans la Rioca que pour soumettre la totalité de cette province, une des plus riches de la Castille. Calahora et Osma tenaient encore ; la première se rendit au bout d'un mois, la seconde, située dans le même canton que Navarette, fut prise après avoir soutenu plusieurs assauts.

Tandis que Bertrand faisait rentrer le reste de la Castille sous la domination de don Henri, ce prince s'occupait de son côté à le récompenser dignement de ses services, sans oublier ses compagnons d'armes. Le nouveau roi ratifia, le 4 mai 1369, la donation qu'il avait faite à Duguesclin du duché de Molina : les événemens politiques avaient empêché le donataire d'entrer en jouissance de ce riche apanage; il donna la seigneurie Ribadeo à Lebègue de Villaine, qui épousa en même temps une femme de la maison de Gusman; Olivier de Mauny reçut la seigneurie d'Agrida, Eustache de La Houssaye celle d'Aguilar del Campo, et Thibaut du Pont celle de Villalpan (1). Don Henri paya également la rançon de Lopez Ayala, l'historien, qui gémissait en Angleterre dans une dure captivité, et l'attacha à sa chancellerie.

Duguesclin vint joindre Henri dans Séville (mois de décembre 1369). A peine y avait-il pris quelques jours de repos, qu'il reçut la visite du comte de Roquebertin, envoyé par le roi d'Aragon. Le monarque espagnol, regardant le vainqueur de Montiel comme l'arbitre des rois, le priait de l'aider à soumettre la Sardaigne, promettant de partager avec lui les fruits de cette conquête. Cette proposition aurait pu convenir à un guerrier qui eût voulu se signaler à tout prix; mais les prétentions de l'Aragonnais

---

(1) Mariana et Ferreras.

étaient injustes : il s'agissait de dépouiller de leur héritage deux jeunes orphelins. Duguesclin déclara qu'il ne consentirait jamais à tremper dans une action aussi inique. En vain chercha-t-on à le fléchir, il sut résister aux offres les plus brillantes. Ces négociations durèrent une année entière.

Voulant se venger de ces refus, le roi d'Aragon investit sur-le-champ la ville de Molina, située près de ses frontières : Garcias de Vera, gouverneur de la place, se rendit lâchement, et reçut garnison aragonnaise. Duguesclin, indigné de se voir enlever son duché, porta ses plaintes à don Henri, qui, partageant son ressentiment, envoya sommer Pierre III de rendre Molina. Le roi répondit qu'il avait plus de droit sur la principauté de Molina que le guerrier breton, et qu'au reste il était prêt à l'abandonner, et d'y ajouter même d'autres bienfaits, si Bertrand voulait le seconder dans son expédition de Sardaigne. Duguesclin repoussa cette nouvelle proposition, en annonçant qu'il allait faire un appel aux enfans de la Bretagne, et qu'avec le secours de ses compatriotes il saurait bien rentrer en possession de Molina. Henri, outré de la mauvaise foi de l'Aragonnais, se préparait à soutenir Bertrand dans ses justes prétentions;

tout reprenait déjà en Castille un aspect belliqueux; on allait voir deux puissans souverains s'armer pour la querelle d'un simple chevalier.

Des envoyés de Charles V arrivèrent dans cette conjoncture. Le monarque français réclamait avec les plus vives instances les services de Duguesclin contre l'Angleterre qui menaçait derechef la monarchie française. On conçoit que toute considération disparut devant le devoir de secourir son roi; Bertrand abandonna la défense de ses propres intérêts pour voler à Paris; au bout de quelques jours il reprit le chemin de la France, suivi de 1,500 vieux soldats.

Avant de quitter Henri II il eut soin de contracter avec ce prince, au nom de Charles V, une ligne offensive d'après laquelle le roi de Castille s'engageait à fournir au roi de France tous les secours en hommes et en argent, qu'il réclamerait de lui : nous verrons dans la suite quel zèle le monarque castillan mit à tenir ses engagemens. Ainsi Duguesclin (1) sut non-seulement

---

(1) Ce ne fut qu'en 1374 que le roi d'Aragon, forcé de faire la paix, rendit, le 10 mai, le duché de Molina. Henri rentra en possession de cette seigneurie au nom de Bertrand, qui la vendit au roi de Castille, en 1378, pour la somme de 120,000 florins.

Les Mémoires sur Duguesclin et les auteurs des différentes

ménager à son pays un fidèle allié, il emporta encore d'Espagne la gloire d'avoir fait asseoir sur le trône de Castille un prince qui devint le chef d'une des plus illustres dynasties de la chrétienté. Charles-Quint, né de la dernière héritière de Henri, se trouvait donc redevable d'une partie de sa puissance à la valeur d'un Français.

Bertrand rentra en France au milieu de 1370; le royaume se trouvait alors dans une situation embarrassante; sa fortune pouvait s'élever d'une manière extraordinaire ou s'abîmer devant celle de l'Angleterre; Duguesclin était le seul homme capable de faire pencher la balance; il avait déjà rendu au royaume un service inappréciable en le délivrant des grandes compagnies, car le départ de ces malandrins permit à Charles V de respirer.

Ce prince, dont le corps débile renfermait une ame forte, profita de ces deux années de calme pour réparer les maux causés par le règne de son

---

vies du héros breton ne parlent aucunement des démêlés de Bertrand avec le roi d'Aragon pour le duché de Molina. Nous avons puisé ces détails dans les historiens espagnols Ortis, Zurita, et surtout Ferreras, tome v, in-4°, liv. vIII, page 418-445.

père; ses sages mesures redonnèrent de la vie au commerce, dont les progrès avaient été arrêtés par les guerres d'Édouard III : il encouragea particulièrement la culture de la vigne, à laquelle aucun autre pays de l'Europe ne se livrait avec autant de succès. La France commençait à changer de face; les fortunes particulières, en se multipliant, augmentaient les produits du fisc. Charles V, d'une parcimonie extrême dans son intérieur, se fit en peu de temps une épargne de plusieurs millions de livres; heureux d'avoir fermé les principales plaies de l'État et de voir reprendre à la nation une nouvelle confiance, il excita lui-même son ardeur martiale un peu amortie; occupé de l'idée de mettre des bornes à la puissance colossale de l'Angleterre, il choisit avec empressement l'occasion qu'il crut la plus favorable pour lui porter des coups assurés.

La victoire de Navarette, célébrée dans Londres avec tant de pompe, fut le terme des prospérités d'Édouard III. Nous avons vu que le prince Noir avait enrôlé sous ses bannières une partie de ces grandes compagnies dont Duguesclin venait de délivrer la France : ces troupes exigeaient une grande exactitude dans leur paie, aussi le prince de Galles, ainsi que nous l'avons dit plus haut, fut obligé d'emprunter de fortes sommes pour subvenir aux premiers frais, ne doutant pas que le roi de Castille, rétabli sur le trône par son secours, ne s'empressât de le rembourser de cet argent; mais l'indigne don Pèdre le trompa de la manière la plus lâche : pour rendre ce qu'il avait emprunté le jeune Édouard se vit forcé de recourir à des expédiens fâcheux; on mit un nouvel impôt sur les terres seigneuriales de la Guienne, de la Gascogne, et de toutes les provinces dépendantes de l'Angleterre, sans se laisser arrêter par le souvenir des services que les nombreux vassaux de ces provinces avaient rendus à Édouard III; cependant il était prouvé que leur valeur personnelle avait puissamment contribué aux triomphes de Créci, de Poitiers et de Navarette. En apprenant que le nouvel impôt territorial était décrété, les barons se réunirent, et déclarèrent énergiquement qu'ils s'opposeraient à la perception de cette taxe. Charles V, attentif au moindre événement, envoya vers les seigneurs aquitains rassemblés auprès de Blaye, des hommes dévoués qui firent naître dans cette assemblée l'idée de secouer le joug de la domination anglaise; ces émissaires remplirent si bien les vues de leur maître que les barons prirent la résolution hardie de se rendre à Paris pour se plaindre au roi des vexations du prince Noir, en appelant au monarque français, seigneur suzerain de la Guienne : cette députation se composait des comtes d'Armagnac, de Cominges, de Périgord, et d'Albret ; ce dernier était le plus puissant feudataire de l'Aquitaine ; des possessions immenses, une réputation militaire très-bien méritée, et ses alliances avec plusieurs maisons royales, le rendaient l'arbitre des autres bannerets. Charles V fit aux barons aquitains une réception fort distinguée ; désirant gagner du temps, il ordonna que la cour des pairs examinât l'affaire ; dans cet intervalle il ne négligea rien pour s'attacher le comte d'Albret ; il lui fit épouser Isabelle de Bourbon, sœur de la reine, ce qui flatta toute la Gascogne et prépara les esprits au changement de domination que le monarque méditait ; d'un autre côté l'union du comte d'Albret avec une princesse de France causa beaucoup de chagrin au jeune Édouard, qui mit encore moins de ménagemens dans sa conduite envers les barons aquitains ; ceux-ci, aigris au dernier point, pressèrent la décision de Charles V ; le monarque avait affecté de ne mettre aucune précipitation dans l'examen de cette question ; il finit par citer le prince Noir devant la cour des pairs ; cette mesure vigoureuse annonçait mieux qu'une victoire combien la France avait repris de la force : Jean de Chápponel et Renaud Pelaud, le premier chevalier de l'hôtel du roi, et le second greffier de la cour des pairs, allèrent signifier dans Bordeaux cette sommation au vice-roi.

Le vainqueur de Poitiers ne put en entendre la lecture sans émotion. « Oui, j'irai à Paris, puisque j'y suis mandé, dit-il en regardant les deux Français d'un air sévère, mais ce sera le bacinet en tête, et accompagné de 60,000 hommes. » Ces sortes de menaces s'exécutent rarement ; le prince de Galles congédia les deux envoyés, en les traitant avec les égards dus à leur caractère d'ambassadeurs, mais bientôt après il eut la faiblesse de changer de manière d'agir : il fit courir après eux sous prétexte qu'ils avaient volé un cheval dans une hôtellerie : subterfuge pitoyable, et dénué de toute espèce de vraisemblance. On renferma Chapponel et Pelaud dans le château d'Agen. Cet attentat aux droits des gens fut pour les seigneurs aquitains une preuve de l'impossibilité de se réconcilier avec le prince Noir; ils résolurent donc d'user de la force pour secouer un joug insupportable ; cependant ils n'éclatèrent point sur-le-champ ; ils préparèrent leur entreprise d'une manière si discrète que les Anglais ne soupçonnèrent rien de ce qui se tramait contre eux. Au jour marqué il y eut un soulèvement général ; Aymeri de Rochechouart, sire de Mortemart, donna le signal en s'emparant du château de Lusignan ; il arracha de la tour la bannière d'Angleterre, et la remplaça par l'étendard de France (1).

Tandis que la Guienne, le Poitou, le Périgord et la Gascogne s'insurgeaient contre l'Angleterre, le Ponthieu, ainsi que la partie de la Picardie cédée par le traité de Bretigni, chassaient les garnisons anglaises, et rentraient sous la domination des Valois.

Le roi d'Angleterre, accoutumé depuis vingt-cinq ans à dominer d'une manière absolue dans toute l'ancienne Gaule, était loin de s'imaginer qu'il fût possible de lui faire perdre cette suprématie ; aussi crut-il qu'un seul mot de sa part suffirait pour arrêter l'insurrection et réprimer les barons de l'Aquitaine. En conséquence, il répondit aux grands vassaux du Poitou et de la Guienne par une espèce de manifeste dont les termes décelaient son dépit. Il prétendait que le roi de France devait les forcer lui-même à ren-

(1) Histoire du Poitou, par Dumolard, tome II.

trer sous l'obéissance du prince de Galles. « Je saurai bien l'y contraindre, » disait-il dans ce factum : le vainqueur de Créci se faisait illusion.

Charles V ne fut point étonné de cet étrange manifeste, et le regarda comme le signal d'une rupture. Dans cette persuasion, il voulut du moins se donner le plaisir de braver ses deux formidables ennemis. Dérogeant à l'usage de faire porter la déclaration de guerre par un chevalier à bannière, il en chargea un valet de ses écuries ; cet homme arriva à Londres, et se présenta au palais du roi, annonçant qu'il était porteur d'un message de Charles V. Édouard, étonné d'abord de l'arrivée d'un pareil ambassadeur, sentit bientôt qu'on voulait lui faire insulte ; il y opposa la majesté d'un grand monarque, et reçut l'envoyé sur son trône, entouré des grands de sa cour. Le valet se prosterna, et lui remit la déclaration de guerre revêtue du grand sceau de France. Le roi d'Angleterre la prit de ses mains avec dignité : « Tu as bien rempli ta mission, dit-il au valet ; tu peux te retirer librement et sans crainte (1). » Le malheureux se croyait destiné à payer de sa tête l'outrage que son roi faisait à celui d'Angleterre ;

---

(1) Tous les historiens d'Angleterre.

il remercia le ciel de pouvoir quitter Londres sur-le-champ : son retour à Paris étonna tout le monde (1).

Édouard III, croyant la France dans l'impuissance de se relever des pertes successives qu'elle avait essuyées, ne s'était pas mis en mesure de lui faire la guerre d'une manière vigoureuse ; la nouvelle de la réduction d'Abbeville et de tout le Ponthieu lui parvint avant qu'il eût eu le temps de réunir quelques troupes ; mais son étonnement fut bien plus grand encore lorsqu'il vit le détroit de Calais couvert de vaisseaux français. Cette flotte ennemie, venue comme par enchantement, débarqua 15,000 hommes qui se répandirent sur les côtes méridionales de l'Angleterre, dévastèrent le pays, surprirent Porstmouth, et le livrèrent aux flammes : c'était la seconde fois, depuis cinquante ans, que les Français brûlaient cette ville, une des plus importantes du royaume (2).

Le prince Noir, qui annonçait sa prochaine arrivée à Paris avec 60,000 hommes, ne pouvait

(1) Froissard, livre 1ᵉʳ, page 251.
(2) Le vin se vendait en Angleterre et en Allemagne chez les pharmaciens comme un cordial ; la France était le seul pays où la culture de la vigne fût dans un état prospère : nos rois avaient coutume d'envoyer chaque année aux princi-

tenir la campagne; il était consumé par une maladie de langueur dont il avait pris le germe en Espagne. Les ducs d'Anjou et de Berri, unis aux seigneurs aquitains, volaient de succès en succès. A cette nouvelle, le vieux Édouard retrouva pour un moment cette activité qui l'avait rendu jadis si redoutable; il fit un appel à ses sujets, et la nation anglaise, de tout temps remarquable par son patriotisme, y répondit avec transport. La noblesse, le clergé, la bourgeoisie, rivalisèrent d'ardeur pour la défense de l'État. Le parlement, qui avait refusé si souvent de l'argent au roi, vota les sommes demandées; deux flottes considérables furent réunies avec célérité ; elles étaient destinées à balayer le détroit de la Manche, et à porter deux armées sur le continent, l'une en Guienne, l'autre à Calais. En même temps, Édouard faisait la paix avec le roi d'Écosse, et obtenait du duc de Bretagne l'entrée de ses ports, en exécution d'un traité secret.

paux souverains de l'Europe un présent de vin provenant de leurs domaines particuliers. Charles V ne voulut pas s'écarter de cette coutume, quoique la guerre fût déclarée : son échanson arriva à Londres presque en même temps que la flotte française brûlait Porstmouth, et offrit le présent de son maître. Édouard le refusa sèchement : « Je ne l'accepte point, et pour certaines raisons. » (Rymer, Washingham.)

Ainsi, grace à l'esprit national de ses sujets, Édouard put mettre son royaume hors de danger, et porter la guerre dans les États de son ennemi. Apprenant que Charles V venait de prononcer la confiscation de la Guienne, il reprit le vain titre de roi de France, qu'il avait quitté dix ans auparavant. Les dispositions rapides de l'Angleterre prouvèrent à Charles V qu'il s'était trompé sur le compte d'Édouard et de la nation anglaise; il avait cru l'un trop affaibli par l'âge ou par la mollesse, l'autre trop mécontente de son roi pour l'aider à venger son injure; il reconnut bientôt son erreur, mais l'orage était formé: il s'agissait de le conjurer, c'est alors que l'on songea à Duguesclin. La France retentissait du bruit de ses victoires, on venait d'apprendre celle de Montiel, la renommée avait encore grossi cet exploit en y mêlant le merveilleux. Charles V ne vit que Bertrand capable de le tirer du danger dans lequel il venait de s'engager, il lui envoya à différentes reprises des chevaliers pour le rappeler en France le plus tôt possible. L'infatigable guerrier se mit en mesure d'obéir dans le plus court délai; mais tandis qu'il traversait l'Espagne, les événemens s'étaient pressés en-deçà des Pyrénées.

Le duc de Lancastre, sorti de Calais avec une

armée nombreuse, dévasta la Picardie; le duc de Bourgogne tenta inutilement de l'arrêter, on se trouva heureux d'avoir pu fermer aux Anglais le chemin de Paris. En Guienne, le prince de Galles ayant essayé sans effet de ramener les esprits, avait encore trouvé moyen de contenir les provinces soulevées : il était secondé par le comte de Pembrok, Robert Kenolles et le brave Chandos. Jamais, depuis cinquante ans, la guerre ne s'était faite aussi vivement. Maîtres des forteresses du Poitou, de la Saintonge, du Limousin, de l'Aunis, etc., les Anglais parvinrent, à force de menaces, à ramener les barons de la Guienne sous leurs bannières. Aymeri de Rochechouart, sire de Mortemart, grand tenancier du Poitou, resta fidèle aux intérêts de la France, ainsi que le vieux Arnoul de Perusse - d'Escars, le plus puissant seigneur du Limousin, le même qui avait été chargé, en 1359, par le pape Innocent VI, son compatriote (1), de faire bâtir les murs de la ville d'Avignon (2), tels qu'on les voit encore aujourd'hui.

(1) Innocent VI était né à Mont, près Pompadour, dans la terre de Souveraine de Pompadour, femme de cet Arnoul d'Escars.

(2) La Chesnaie des Bois, tome VI. — Nouguier, Histoire de l'Église d'Avignon.

Ces deux barons tenaient la campagne contre Chandos, sénéchal du Poitou; ayant reçu un renfort des 2,000 Bretons commandés par Carenlouët, ils obligèrent le général anglais à chercher un refuge dans la capitale de cette province. Celui-ci, ayant obtenu à son tour du prince de Galles deux nouvelles divisions, chassa des positions les plus importantes le sire de Mortemart; mais il échoua devant Saint-Savin, forteresse à laquelle il livra sans résultat plusieurs assauts. Obligé de lever le siège, Chandos partagea son armée en deux colonnes, afin d'aller couper par différentes directions un fort détachement de troupes françaises qui menaçait Poitiers; il prit de sa personne le chemin de Lussac, petite ville sur la Vienne, menant avec lui les principaux tenanciers poitevins, Louis d'Harcourt, Guichard de Langle, les sires de Pons, de Partenay, Geoffroi d'Argenton, Bernard de Surville. Les Poitevins des sires de Mortemart et de Perusse, et les Bretons de Carenlouët, occupaient le pont de Lussac, et le général anglais se disposa à forcer le passage; mais le lieu n'étant pas favorable pour combattre à cheval, il mit pied à terre et s'avança hardiment avec les siens, quoique la longue robe de sénéchal qu'il portait ce jour-là l'embarrassât beaucoup, et se mit en devoir de gravir le pont, dont la courbure était fortement prononcée, selon la structure de cette époque. Arrivé sur le milieu de l'arc, Chandos s'embarrassa dans son manteau, et tomba. Aussitôt les Français coururent sur lui, et l'entourèrent malgré les Anglais, que le peu d'espace qu'offrait le terrain empêchait de se déployer : toutefois la tête de leur colonne se battit avec acharnement pour reprendre Chandos. Dans cette lutte, le chevalier Jacques de Saint-Martin ayant fait au sénéchal une blessure mortelle en le frappant de son épée entre l'œil gauche et le nez, les Anglais, à la vue de leur général couvert de sang, prêt à expirer, furent saisis d'effroi, et mirent bas les armes. Carenlouët, commandant la colonne française, fit placer Chandos sur un brancard formé de boucliers et de lances, et se hâta de battre en retraite vers Saint-Savin avec ses prisonniers; mais à peine eut-il quitté le pont pour déboucher dans la plaine, qu'il se trouva en présence d'un corps de troupes ennemies trois fois plus fort que le sien, et commandé par Richard Ponchardon : ce dernier enveloppa les Français, au milieu desquels il aperçut fort bien Chandos mourant. Ce spectacle fit pousser à ses soldats des cris de rage; ils manifestèrent vivement l'intention de venger la mort du sénéchal. Carenlouët, embarrassé de ses prisonniers, sans espoir d'échapper à un ennemi supérieur en nombre, usa d'un expédient singulier pour sauver la vie de ses compagnons d'armes ; il se rendit avec eux tous aux chevaliers anglais qu'il venait de prendre : d'après les lois de la guerre, ces nouveaux prisonniers passaient sous la protection des premiers. En effet, les Anglais qui avaient mis bas les armes au pont de Lussac les reprirent pour défendre leurs vainqueurs contre le courroux de Ponchardon. Mais cette homme, sourd à leurs exhortations, rompant la faible barrière qu'on lui opposait, allait assouvir sa rage sur les Français, lorsque Chandos, rouvrant la paupière, arrêta son ressentiment : le héros ennoblit ses derniers moment par ce trait de grandeur d'ame; il expira le lendemain 2 janvier 1370 (1).

Les Anglais furent d'autant plus sensibles à la

(1) Notre siècle a été témoin d'un fait semblable : on sait que 5,000 Français, prisonniers dans la Vendée, furent redevables de la vie au magnanime Bonchamp, qui expira en donnant l'ordre de les épargner. Les hommes généreux se retrouvent les mêmes dans tous temps et dans tous pays.

Les historiens du Poitou disent que Chandos fut enterré sur les bords de la Vienne, et qu'une inondation détruisit son tombeau quelques années après.

perte de Chandos, qu'ils apprirent en même temps l'arrivée de Duguesclin; le chevalier breton avait enfin quitté l'Espagne, il amenait 2,000 vieux soldats dont le nombre s'augmentait, à chaque pas, de tous ceux qui avaient servi sous ses ordres. Quantité de nobles dont l'ardeur paraissait engourdie ne purent résister à l'ascendant du nom de Bertrand; ils quittèrent leurs manoirs et accoururent grossir sa troupe. Les ducs d'Anjou et de Berri, embarrassés pour résister au prince Noir qui venait de rentrer en campagne, reçurent Duguesclin comme un secours envoyé du ciel; leurs soldats découragés se ranimèrent, et se crurent invincibles sous les bannières du vainqueur de Montiel; chacun reprit de la confiance: jamais révolution ne fut plus subite. En moins d'un mois les affaires changèrent de face dans la Guienne; les places fortes se soumettaient à la seule approche de Duguesclin; le prince de Galles lui-même ne put résister au torrent, son étoile pâlissait devant celle du Breton; craignant de tomber au pouvoir de celui dont naguère il tenait la destinée dans ses mains, il quitta précipitamment Angoulême pour se réfugier dans une place plus forte : il vit enlever Agen, Moissac, Aiguillon, sans pouvoir s'y opposer; le captal du Buch, n'osant pas non plus tenir la campagne, se renferma dans Bergerac. Duguesclin, voyant le duc d'Anjou maître de la Guienne, vola en Limousin où le duc de Berri se maintenait avec peine, quoiqu'il eût avec lui l'élite de la noblesse : il se consumait depuis deux mois devant Limoges. Les Anglais, usant du droit du plus fort, avaient enlevé cette place à la veuve du comte de Blois, tué à Aurai, et depuis lors ils refusaient de la rendre. L'affection que Duguesclin conservait pour la maison de Penthièvre l'excitait encore plus à presser la reddition de cette ville; elle ne put tenir contre ses savantes dispositions : il dirigeait lui-même les assauts avec une ardeur surprenante; il fut dignement secondé par l'évêque de Limoges. Ce prélat, usant de toute son influence, sut gagner les habitans, qui se déclarèrent ouvertement en faveur de la France.

Après ce succès important, Duguesclin quitta l'armée pour se rendre à Paris, accompagné de dix chevaliers. Il fut aisé de juger après son départ de ce que pouvait faire la seule présence d'un homme tel que lui. Le prince de Galles, aigri par de revers consécutifs, surmonta les douleurs de la maladie qui le minait; il réunit ses divisions éparses, et en forma une armée devant laquelle tout plia de nouveau. Le duc de Berri, privé de Bertrand, n'osa point affronter ce terrible ennemi ; il abandonna Limoges en y laissant une garnison assez considérable, et se retira en Guienne. Le général anglais arriva à son tour dans le Limousin, enleva les forteresses qui défendaient les approches de la capitale, et vint mettre le siège devant Limoges : un injuste ressentiment l'animait contre les habitans de cette ville ; il aurait voulu qu'ils se fussent exposés à une ruine certaine par zèle pour une domination étrangère et tyrannique. Ses soldats ne servirent que trop bien sa colère, ils sapèrent la muraille avec une ardeur incroyable, et pratiquèrent une large brèche au travers de laquelle le prince Noir passa, traîné sur un chariot, car il ne pouvait point se tenir à cheval. On frémit en lisant dans les chroniques du Limousin les horreurs commises au sac de cette ville ; les douleurs aiguës que ressentait le jeune Édouard le rendaient cruel : il semblait qu'il espérât les calmer en se baignant dans le sang. Il donna d'une voix presque éteinte le signal du carnage : les gémissemens d'une population tout entière ne purent l'émouvoir ; rien ne fut épargné, ni les femmes, ni les enfans ne trouvèrent grace devant lui. Le sire de Villemur, commandant la garnison française, après avoir fait une vigoureuse résistance devant la brèche, voyant qu'il n'y avait à espérer aucun quartier, réunit 100 chevaliers, s'adossa à un mur, déploya sa bannière, et se battit pendant trois heures ; il se fit massacrer avec les siens, après avoir vengé sa ruine sur des milliers d'ennemis.

La marche triomphale du prince Noir se fit au travers de cadavres que l'incendie dévorait encore. Le modeste vainqueur de Maupertuis perdit en un seul jour l'éclat de ses vertus : les grands vivent souvent trop long-temps pour leur gloire.

Tandis qu'Édouard entrait dans Limoges, le fer et la flamme à la main, Duguesclin, au-devant de qui Charles V avait envoyé Larivière, son premier chambellan, arrivait à Paris au milieu des lamentations de tout un peuple. La capitale se trouvait encombrée de gens de la campagne qui fuyaient la fureur des Anglais débarqués depuis peu sous le commandement de Kenolles ; ce général avait poussé son excursion jusque sous les murs de Paris (mai 1370). La cour et la ville étaient dans l'effroi ; ce fut dans ce moment d'alarmes que l'on annonça l'arrivée de Bertrand : à ce nom seul les craintes cessèrent ; les habitans sortirent en foule pour voir l'homme envoyé par le ciel ; on se pressait sur son passage; on contemplait ses traits avec ravissement : son assurance, sa physionomie rayonnante de joie, le souvenir de ses exploits, inspiraient de la confiance aux plus timides: les cloches de toutes les églises étaient en mouvement : on cria même noël! noël! usage pratiqué seulement en l'honneur des rois.

Duguesclin était vêtu d'un pourpoint gris, portait un casque sans panaches; un seul écuyer composait sa suite : il n'avait pris cette espèce de déguisement que pour mieux tromper la vigilance des Anglais, qui voulaient l'enlever sur la route. Cet ajustement si simple contribuait à le rendre encore plus extraordinaire aux yeux du peuple. Il parvint à l'hôtel Saint-Paul au travers d'une foule qui semblait porter son cheval; Charles V se plaça au perron, avec tous les seigneurs, pour recevoir le duc de Molina, le faiseur de rois, l'ancien vainqueur de Cocherel; rentré dans la salle du conseil, il lui déclara qu'il l'avait choisi pour commander ses armées, et lui remit de ses propres mains l'épée de connétable (2 octobre 1370) (1). Duguesclin, ne se

(1) Moreau de Fienne était connétable, mais son âge avancé ne lui permettait pas d'exercer cette charge; il se sacrifia au bien public, se démit volontairement de cette haute dignité, désignant lui-même Duguesclin comme seul capable de sauver l'Etat.

croyant pas digne d'occuper un poste si élevé, se défendit long-temps de l'accepter. « Messire Bertrand, dit Charles V, je n'agrée point votre refus; il est inutile d'alléguer votre naissance médiocre; je n'ai ni frère, ni neveu, ni comte, ni baron dans mon royaume, qui ne se fasse un honneur de vous obéir; celui qui ne s'en croirait pas honoré, et qui le ferait connaître, encourrait ma colère : ainsi, prenez sans crainte l'épée de connétable. — Je l'accepte, répondit le modeste Bertrand; mais Votre Grace doit savoir que mon élévation me suscitera des jalousies; aussi je la supplie de m'accorder une autre faveur, c'est la promesse de ne point ajouter foi, avant de m'avoir entendu, aux rapports désavantageux qu'on pourrait faire sur mon compte. » Cette circonstance, rapportée par les écrivains contemporains, prouve que ce grand homme, quoique toujours dans les camps, avait appris à connaître les cours aussi bien que s'il n'en fût jamais sorti.

Duguesclin venait d'être nommé connétable à l'âge de cinquante ans; la situation des affaires demandait qu'on ne perdît pas un jour si on voulait arrêter les progrès des Anglais. Cependant, jugeant convenable de ne rien précipiter, il rassembla sans trop de hâte les élémens propres à former une armée avec laquelle il pût marcher à des résultats certains. Il fit confectionner des armes et des machines de guerre, et s'appliqua à relever l'esprit public en mettant tous ses soins à rétablir la discipline telle qu'elle était dans les beaux jours de Philippe-Auguste; il remit en honneur les préceptes de la chevalerie. L'histoire générale, au milieu de ces grands détails, parle des efforts que le héros breton faisait pour atteindre ce but. Il établit des peines très-rigoureuses contre les chevaliers qui abuseraient de leurs privilèges seigneuriaux, et rangea ces sortes de délits dans les forfaitures à l'honneur. Les peines portées par le nouveau connétable contre les chevaliers déloyaux n'étaient ni corporelles ni pécuniaires, mais ignominieuses, parce que la perte de l'honneur et de la considération passait alors pour un dommage irréparable. Une des dispositions les plus singulières de ce code, que rapporte Alain Chartier, fut celle-ci :

« Celui Bertrand laissa de son temps telle remontrance, en mémoire de discipline et de chevalerie dont nous parlons, que quiconque homme noble se forfaisoit reprochablement en son état, on lui venoit au mangier trancher la nappe devant soi. »

Bertrand organisa en *lances*, en *compagnies d'armes*, les écuyers et les gens de guerre qui étaient venus se renfermer dans Paris; au bout de quinze jours il forma une masse compacte de troupes, dont la majeure partie n'aurait pu, il est vrai, tenir en rase campagne devant les Anglais, mais qui pouvait fort bien se défendre derrière des murs; ceci lui suffisait pour l'exécution du plan qu'il avait formé avec le roi. Son talent particulier était d'obtenir beaucoup avec peu; il voulait se ménager des résultats importans sans attaquer l'ennemi de front : il fut donc résolu qu'on se bornerait à écarter les Anglais de la capitale en les harcelant sans cesse, et à les mettre dans une position tellement difficile qu'ils perdissent cette assurance, principe de leurs succès passés. Mais Robert Kenolles n'attendit pas l'exécution de ce projet; car ne pouvant plus subsister autour de Paris, craignant de compromettre sa réputation avec Duguesclin, il commença son mouvement de retraite avant que son adversaire fût entré en campagne : il se retira par le Maine, la Beauce et l'Orléanais, prenant pour base d'opération la rivière du Loir; il établit son centre entre le Mans et Laval; de là il menaçait l'Anjou, la Normandie, et ne doutait pas de pouvoir tirer de la Beauce et du Blaisois les vivres nécessaires à la subsistance de ses troupes pendant l'hiver. Il ne devait rien craindre pour son flanc gauche appuyé à la Bretagne, dont le souverain était l'allié tacite de l'Angleterre; d'une autre part, il pouvait en peu de jours effectuer sa jonction avec l'armée anglaise de Guienne, dans le cas où il serait forcé de passer la Loire.

Nous avons déjà dit que Robert Kenolles, le plus célèbre général de l'Angleterre après le prince Noir et Chandos, était d'une extraction très-obscure (1); sa fortune rapide, récompense de services éclatans, lui faisait beaucoup d'envieux. Il avait pour lieutenans, dans cette circonstance, Grandson, Hue de Calverley, ancien compagnon d'armes de Bertrand, Hennequin, Tomelin, Follisset et Alain Bouchain, chefs d'aventuriers bretons et gascons. Ces six capitaines conduisaient des troupes d'une valeur éprouvée.

Le général anglais, voyant la saison trop avancée pour continuer la campagne, prit ses quartiers d'hiver en étendant dans le Maine, d'une manière prodigieuse, sa ligne primitive; bientôt après il quitta l'armée, laissant le commandement à Grandson, et alla dans la Guienne

(1) Kippis, Hist. du prince Noir.

s'aboucher avec le prince de Galles pour régler de concert les opérations ultérieures; il s'établit à Bordeaux en attendant l'ouverture de la campagne suivante.

Duguesclin avait beaucoup fait en mettant Paris en état de défense, mais ce n'était pas assez pour sa gloire; il annonça qu'il voulait, avant la fin de l'année, chasser du royaume les Anglais nouvellement débarqués avec Robert Kenolles. Il est des occasions où la présomption est nécessaire; il en fallait dans les circonstances où l'on se trouvait : néanmoins, tout en applaudissant à son zèle, Charles V refusa de seconder ses hardis projets. Jugeant la conservation de la capitale comme le point essentiel, il ne voulut pas dégarnir Paris de troupes, et garda les quatre divisions que Duguesclin venait d'organiser dans l'Ile-de-France. Le connétable ne put obtenir que 3,000 hommes, la plupart, il est vrai, chevaliers, écuyers et varlets nobles ; on distinguait parmi les principaux trois maréchaux, le sire d'Andhreguen, Louis de Sancerre, Jean de Blainville, puis Olivier de Clisson, les deux Mauny, l'amiral Jean de Vienne, le sire de Renneval, Oudart de Renti, Henri d'Estourmel, Eughes de Chastellux.

Bertrand arriva à Pontorson où il établit son

quartier général, et s'empressa de grossir son armée. La Bretagne ainsi que la Normandie fourmillaient d'aventuriers qui, traînant à leur suite quelques centaines d'hommes, dont ils se disaient les capitaines, dévoraient ces contrées. Les émissaires d'Edouard traitaient avec eux pour les prendre à la solde de l'Angleterre, au moment où Duguesclin arriva à Pontorson. Le connétable, sentant de quelle importance il serait de priver les Anglais de ce secours, envoya sur-le-champ des écuyers qui s'assurèrent de tous ces capitaines en doublant la paie offerte par Edouard. La plupart avaient servi dans les rangs des Français; plusieurs même se rappelaient avec orgueil d'avoir combattu sous les yeux de Bertrand; ils acceptèrent sans balancer les avantages qu'on venait leur offrir de sa part, mais ils exigèrent des avances, et de plus la parole du connétable qu'ils seraient payés exactement durant l'expédition. Duguesclin n'avait point reçu d'argent du roi, dont les ressources se trouvaient épuisées : ses coffres étaient vides; il commença par donner les lingots qu'il avait apportés de Castille, vendit ses joyaux, une partie de ses domaines, et même les perles de sa femme, pour compléter la somme nécessaire : les capitaines satisfaits convinrent de se trouver le mois suivant sous les murs de Caen. Les principaux bannerets, que l'intérêt seul ne guidait point, accoururent à Pontorson dans l'espoir d'acquérir de la gloire en marchant sous les ordres de leur illustre compatriote : les sires de Rohan, de Raitz, de Laval, de Châteaubriand, de Porrhoet, de Rochefort, de Penouhet, de Lanvaux, se montrèrent les plus ardens.

Au moment de quitter ses quartiers de Normandie, Duguesclin, fort scrupuleux sur les usages de la chevalerie, renouvela celui de la confraternité d'armes, que les anciens preux contractaient en commençant une entreprise périlleuse ; une estime réciproque était la base de ces sortes d'associations ; on y préludait par une cérémonie à la fois touchante et guerrière. Duguesclin choisit pour frère d'armes Olivier de Clisson entré depuis peu au service de Charles V. Ce banneret breton, d'une humeur altière et de manières rudes, rachetait ces défauts par une valeur brillante et une loyauté rare : il passait pour le plus puissant *tenancier* de la Bretagne, et, par cette seule raison, il importait qu'on l'attachât à la cause de la France. Les deux frères d'armes promirent de défendre réciproquement leur honneur, leur vie et leurs biens, de se prêter une assistance mutuelle contre tous, excepté contre le roi de France et le sire de Rohan (1). Après le pacte d'honneur conclu entre les deux chevaliers, pacte qui fut suivi de fêtes pompeuses, le connétable réunit dans les environs de Vire les divisions de compagnies soldées et de nobles volontaires : l'effectif de cette armée n'était que de 12,000 hommes; mais tous ces soldats, vieillis dans le métier des armes, se montraient animés de cet esprit aventureux, si propre aux entreprises hardies lorsqu'il est habilement dirigé.

La saison pluvieuse dans laquelle on entrait semblait ne pas permettre de continuer la guerre; aussi regardait-on comme certain que Duguesclin passerait l'hiver dans l'inaction, et qu'il n'ouvrirait la campagne qu'au retour du printemps ; le connétable agit de manière à confirmer cette opinion, et fit ses dispositions pour rester dans ses quartiers qui s'étendaient jusqu'à Mortain. Les Anglais, d'abord alarmés par les mouvemens qu'ils voyaient en Bretagne et en Normandie, reprirent alors confiance; toutefois Grandson, homme présomptueux et

(1) Voyez, dans la vie de Clisson, les détails de cette cérémonie.

rempli d'ambition, aurait désiré au contraire que les hostilités ne cessassent point : il brûlait du désir de se signaler pendant qu'il était en possession du commandement général, en l'absence de Robert Kenolles. Bien convaincu que le connétable éviterait toute espèce d'engagement, il voulut avoir au moins la gloire de le défier au combat ; en conséquence il envoya vers lui un écuyer pour offrir la bataille dans les plaines du Mans, indiquant une époque assez rapprochée : mais ce défi étant une pure bravade, il ne fit aucune disposition pour se rendre au lieu désigné. Ce message piqua singulièrement Duguesclin. « Par Dieu ! dit-il, ils me verront plus tôt qu'ils ne voudraient. »

En effet, cette provocation hâta l'exécution du projet qu'il avait conçu : il fit, selon son habitude, un présent considérable à l'envoyé, en lui disant qu'il épargnerait aux Anglais la moitié du chemin ; ses écuyers, renchérissant sur lui, fêtèrent le héraut ; ils le firent boire la nuit entière, de telle sorte qu'il ne put repartir le lendemain ; en effet il passa la journée à cuver le vin qu'il avait pris la veille outre mesure. Si c'était un stratagème de Duguesclin, comme l'assure Froissard, au moins il ne fut pas déloyal, puisque la violence n'y fut pour rien. Quoi qu'il en soit, le général français en sut profiter merveilleusement. Tandis que ses écuyers occupaient l'envoyé anglais, il rassembla ses quartiers avec sa promptitude accoutumée, déclara à ses officiers qu'il avait résolu d'aller surprendre l'ennemi disséminé sur une ligne trop étendue et de disperser ses divisions en les attaquant partiellement : le ton d'assurance qu'il mit à développer son plan devant ses officiers, la chaleur avec laquelle il démontra les résultats certains de cette entreprise, les enflamma tous ; sans plus attendre on abandonna les tentes, les bagages, les attirails de guerre, et l'on se mit en route malgré une pluie battante à laquelle succédait par intervalle un vent impétueux ; les guerriers d'alors, avons-nous déjà dit, bravaient avec audace la mort dans les combats, mais ils redoutaient l'intempérie des saisons; il fallait tout l'ascendant de Bertrand pour les engager dans une pareille expédition.

L'armée, formée en colonne de marche, était divisée en trois portions, l'avant-garde, le corps de bataille et l'arrière-garde ; celle-ci, commandée par le maréchal Andhreguen, devait ramasser les soldats qui n'auraient pu suivre la marche rapide de l'avant-garde, dont le connétable s'était réservé le commandement : il avait eu soin de mettre en croupe des cavaliers, des archers et des arbalétriers. Au point du jour il quitta Mortain, s'engagea dans la vallée de Domfront, pénétra dans le Maine, traversa la partie occidentale de cette province, et arriva en face de l'ennemi après un trajet d'un jour et une nuit, pendant lesquels il fallut surmonter des obstacles de toute espèce; les routes, dégradées par les pluies, étaient impraticables, d'épaisses ténèbres empêchaient d'apercevoir les accidens de terrain : quantité de soldats égarés tombaient dans des ravins, d'autres, cherchant un chemin plus commode, perdaient la trace de la colonne; toutes les petites rivières qui viennent se jeter dans la Mayenne, étant débordées, augmentaient les embarras de la marche; aux torrens de pluie se mêlait un vent glacial. Les chevaliers ne pouvaient s'empêcher de murmurer; les chevaux se laissaient choir de lassitude; les hommes se relevaient, et marchaient avec beaucoup de peine : Duguesclin soutenait leur courage en leur promettant de la gloire et les riches dépouilles de l'ennemi; mais sa voix devenait impuissante : les chevaliers, succombant sous le poids de leurs armures, ne pouvaient plus le suivre; il n'avait plus que 500 hommes en arrivant devant Pont-Vallain. Une lisière de bois le cachait aux yeux des Anglais : il en profita pour faire prendre quelques heures de repos à sa troupe, dont l'arrivée successive de ceux restés en arrière augmentait progressivement le nombre. Le soleil brillait sur l'horizon : la présence de cet astre bienfaisant influe autant sur les dispositions morales de l'homme que sur le reste de la nature; chacun oublia peu à peu ses fatigues; l'inaltérable sérénité de Duguesclin fit renaître la confiance : il montrait à ses soldats les Anglais dispersés dans la plaine, les uns endormis sous des cabanes éparses, les autres courant çà et là pour chercher des vivres, pas un seul ne se doutant du danger qui les menaçait tous; c'est ainsi qu'il avait surpris les Maures dans les champs de Montiel : le souvenir de ce triomphe enflamma d'enthousiasme les compagnons de Bertrand, dont la plupart avaient vaincu avec lui dans cette mémorable journée. Après avoir pris quelque repos, les bannerets et les chevaliers demandèrent à combattre; les simples soldats exprimèrent le même vœu : le connétable profita de cet élan, fit plier les bannières, ordonna de couvrir les cuirasses, dont le luisant pouvait le faire apercevoir plus tôt qu'il ne le désirait. Il laissa les chevaux dans le bois, sous une garde nombreuse, et sortit de la forêt à la tête de 4,000 hommes, tous à pied comme lui (1).

Grandson, n'ayant point vu revenir son héraut, était resté dans la sécurité la plus complète ; il avait établi sa tente sur le revers du coteau ; sa bannière et celle des principaux chefs flottaient devant l'entrée du camp ; elles servirent de point de direction au connétable, il marcha rapidement vers ces objets ; déjà il avait franchi la moitié de la plaine sans rencontrer aucun obstacle, sans même être signalé, car les Anglais ne le soupçonnaient pas si près d'eux. Enfin quelques postes avancés répandirent l'alarme, mais Duguesclin, plus prompt que l'éclair, fondit sur les quartiers, tailla en pièces les soldats épars, culbuta les premières divisions qui voulaient se former, et pénétra dans le camp de Grandson. Celui-ci, homme de cœur,

(1) Il est impossible de préciser d'une manière exacte les changemens survenus dans la tactique et dans l'organisation des troupes françaises ; on ne peut en suivre les traces que bien faiblement : sous Philippe-Auguste, un noble se serait cru déshonoré de combattre à pied ; sous les premiers Valois, la cavalerie ne formait pas la cinquième partie des armées : les chevaux ne servaient, pour la plupart du temps, qu'à transporter les cavaliers sur le lieu où l'action devait se passer.

s'était mis promptement sur la défensive; quoique surpris, il sut réunir auprès de lui assez de monde pour résister au premier choc. Il fit planter sur un tertre l'étendard d'Angleterre, écartelé des lis français; puis de ce point ses trompettes sonnèrent le ralliement. Les soldats anglais, tous anciens guerriers, accoutumés aux chances de la guerre, ne se laissèrent point intimider par cette surprise; ils crurent d'abord qu'ils étaient attaqués par un faible parti isolé, car ils ne voyaient point d'étendards; les cris de *Duguesclin* et de *Clisson* leur apprirent bientôt qu'ils avaient devant eux l'élite des troupes de France; ils accoururent de tous côtés se rallier autour de la bannière royale : mais cette bannière était elle-même menacée de tomber bientôt au pouvoir de Duguesclin. Ce général, après avoir passé sur le corps des postes avancés, joignit enfin le capitaine Grandson; rien ne put résister à sa furie : les Anglais furent écrasés autour de l'étendard d'Angleterre qu'il arracha lui-même du tertre. Bertrand étonnait l'ennemi et ses propres soldats par la rapidité de ses coups. Cependant l'avantage qu'il venait de remporter en mettant le désordre dans le quartier-général était loin de lui assurer un succès complet;

Grandson venait de s'échapper de la mêlée afin d'accélérer la marche des divisions les plus éloignées; il revint à leur tête en bataille serrée, tandis que David Hollegrave, Cressonval et Hennequin, accouraient du côté opposé pour prendre les Français par les flancs. Entouré de tous côtés, le connétable ne vit que la gloire de vaincre un plus grand nombre d'ennemis; il resserra le front de sa ligne, se plaça au centre, et livra un nouveau combat au milieu du camp anglais; les deux Mauny, le sire de Renneval, Alain de Beaumont, Penhouet, le secondèrent par leur courage, et soutinrent l'ardeur des soldats que la vue de tant d'assaillans pouvait déconcerter : leurs efforts ne furent point inutiles, tous se battirent en désespérés; des monceaux de cadavres s'élevaient devant eux; mais ce courage héroïque se lassait de lutter contre des flots d'ennemis qui se renouvelaient sans interruption. Le feu venait d'être mis aux tentes; l'incendie, dont la flamme s'élevait au-dessus de la tête des combattans, rendait la position des Français plus critique; Duguesclin parcourait comme un lion cette scène de carnage, en faisant tomber sous ses coups les plus valeureux des ennemis; il ne cesssait de crier aux siens : « Courage, mes enfans, ces gars vont être déconfits. » Sur ces entrefaites, le maréchal Andbreguen arriva ; il amenait avec lui l'arrière-garde et de nombreux traînards ; il entra dans le bois au moment où les deux premiers corps en sortaient, et il fit halte à son tour, afin que ses gens pussent prendre quelque repos. Comme il découvrait de loin tous les mouvemens, il vit accourir les divisions éparses des Anglais ; jugeant alors que Duguesclin serait massacré avec les siens si l'on différait d'aller à son secours, il prit la détermination de voler sur le point où l'on combattait ; ses soldats, animés du même esprit, semblèrent retrouver de nouvelles forces : ils se précipitèrent hors de la forêt, et culbutèrent Hollograve, qui voulut les arrêter avec sa division de 2,000 hommes. L'ennemi, obligé de partager ses efforts à cause de cette diversion, ralentit ses attaques contre Duguesclin, qui saisit cet instant de relâche pour resserrer les rangs éclaircis par la mort de beaucoup de braves. Cependant, ne voulant pas laisser refroidir l'ardeur des siens, il reprit bientôt l'offensive au cri de *Mont-Joie saint Denis !* et se précipita sur la division que Grandson avait laissée devant le camp pour contenir les Français pendant qu'il allait de sa personne recevoir le maréchal Andbreguen ; la ligne anglaise fut rompue, et Grandson lui-même, pris en queue par Bertrand, se vit entouré de toute part.

Le maréchal de Blainville et l'amiral de Vienne, restés dans la forêt avec les chevaux et les bagages, ne pouvant retenir leurs troupes, s'étaient vus obligés de les conduire dans la plaine, suivis par les valets eux-mêmes, qui abandonnèrent les bagages pour courir à l'ennemi. Ce nouveau renfort vint prendre les Anglais par le flanc droit; alors l'affaire fut décidée. Grandson, ne pouvant se dissimuler que son imprévoyance était la seule cause de ce désastre, se jeta au milieu des vainqueurs pour y trouver une mort glorieuse : armé d'une hache d'acier, il abattit sur son passage quantité de soldats, et perça jusqu'à Duguesclin; dès qu'il l'aperçoit, il prend son arme à deux mains, et s'élance avec furie pour en décharger un coup sur la tête du Breton; mais celui-ci a vu le mouvement; il se baisse, et évite le coup, qui tombe à terre; entraîné par la rapidité de sa course, Grandson chancelle; Bertrand le saisit au corps, le renverse, lui arrache son arme, et lui appuie sa dague sur la gorge pour le forcer à demander quartier : l'Anglais se rend prisonnier. Mais Clisson a vu le péril de son frère d'armes, il accourt aussitôt; il va abattre la tête de Grandson à demi couché, lorsque Duguesclin pare le coup avec son gantelet, en criant : « Respectez-le, il est mon prisonnier. » Ainsi deux fois, dans l'espace d'un moment, le capitaine anglais dut la vie à la générosité de son vainqueur.

La prise de Grandson ne fit point cesser le combat sur tous les points.. Hennequin, Guiffart et Thomelin arrivèrent avec des troupes fraîches, rallièrent une partie des fuyards, et exécutèrent leur retraite en bon ordre, afin de sauver ces débris; mais le connétable ne leur en donna pas le temps; il marcha contre eux, et les attaqua de front pendant que le maréchal de Blainville et le sire de Rohan s'étendaient sur les deux ailes pour les tourner. L'engagement recommença, on opposa à Bertrand une résistance opiniâtre; Hennequin, Guiffart et Thomelin retardaient par leur bravoure personnelle la défaite totale des Anglais, et prolongèrent l'action pendant la journée entière; enfin ils furent mis hors de combat. Ce succès prodigieux et un butin immense firent oublier aux vainqueurs les pertes qu'eux-mêmes venaient d'essuyer.

La victoire de Pontvallain n'était encore que le prélude de résultats plus importans; on avait mis en déroute 10,000 Anglais, il en restait 20,000 autres; mais disséminés sur une vaste étendue, occupant la ligne du Loir et de la Loire, ils auraient dû agir avec une célérité extrême pour pouvoir concentrer une masse capable de tenir tête aux Français. Un général tel que Bertrand l'eût exécuté; mais Kenolles se trouvait éloigné du théâtre de la guerre, Grandson, privé de la liberté, déplorait son imprudence; toute impulsion était perdue, et le connétable connaissait trop bien le prix du temps pour laisser à l'ennemi le loisir de se reconnaître. Il passa un jour entier sur le champ de bataille; le lendemain il rassembla son armée, et lui annonça qu'elle allait essuyer de nouvelles fatigues, qu'elle allait courir à de nouveaux dangers, mais aussi à de nouveaux succès. Les Francais ne faisaient point ordinairement la guerre d'une manière aussi pénible; néanmoins, électrisés par un chef qui possédait leur confiance, ils consentirent sans difficulté à continuer la campagne. On laissa les blessés dans Pontvallain, et l'on se mit sur les traces de l'ennemi.

Le peu d'Anglais échappés au dernier combat avaient porté l'alarme au milieu de leurs quartiers établis auprès du Mans; le connétable arriva le même jour que ces fuyards, dispersa deux faibles divisions de Kenolles, et entra en triomphe dans la capitale du Maine, où ses troupes se reposèrent une semaine entière : il employa ce temps à concerter avec ses officiers les moyens de terminer l'expédition par un coup d'éclat.

En réunissant les noms des villes du Maine et du Poitou, que les Mémoires sur Duguesclin et les différens historiens de ce grand homme placent confusément dans leur relation, on peut démêler, ce nous semble, l'intention première de Robert Kenolles. Ce capitaine, cherchant à faire sa jonction dans la Guyenne avec le prince Noir, et voulant en même temps menacer Paris, avait étendu sa ligne d'une manière inconsidérée; d'un côté, il touchait l'extrémité de la Normandie, de l'autre Orléans; en second lieu, il occupait le cours de la Loire depuis Orléans jusqu'à Nantes. Entre ces deux points, plusieurs de ses divisions, ayant franchi le fleuve, avaient pénétré en Poitou, où elles s'étaient liées avec celles du prince de Galles. Ce général se serait bien gardé de laisser ses troupes disséminées dans un rayon si étendu, s'il eût imaginé qu'il pouvait être attaqué au milieu de l'hiver ; mais Duguesclin trompa ses calculs et ceux des hommes les plus expérimentés de cette époque, en commençant une campagne dont on ne voyait pas d'exemple dans les annales de la guerre : aussi lui avait-il fallu, pour cela, braver les difficultés locales, l'intempérie des saisons et les préjugés de ses compagnons d'armes. Nous verrons quels fruits il retira de ces innovations.

Les débris des troupes anglaises battues à Pouvallain et au Mans se retirèrent sur la Loire, et joignirent celles de Cressonval, second lieutenant de Robert Kenolles. Ce capitaine venait d'établir son quartier-général à Sainte-Maure, forteresse qui défendait le passage du fleuve. Le connétable résolut d'attaquer ce point, aussi important que celui de Pontvallain; il partit du Mans, traversa la partie méridionale de la province, et après trois jours de marche au milieu des neiges il arriva dans le voisinage de Sainte-Maure. Selon son habitude, il tenta la voie des négociations pour se rendre maître de la place, car ce guerrier si bouillant au milieu des combats se montrait avare de sang avant et après l'action; il envoya un sauf-conduit et un trompette à Cressonval, pour le prier de venir s'aboucher avec lui. Cressonval, ancien chef de malandrins, avait combattu en Castille sous les ordres de Bertrand; il ne fit aucune difficulté de venir le trouver dans son camp. « Capitaine, lui dit le connétable en montrant les troupes réunies sous ses bannières, je pense que vous n'aurez pas la prétention de défendre long-temps Sainte-Maure contre tant de braves gens ; je vous accorde des conditions honorables si vous capitulez sans combattre. » Cressonval répondit avec fierté, comme cela se pratique au premier abord. « On m'a confié la garde de cette forteresse, dit-il ; je la défendrai tant que je vivrai, et je m'enterrerai sous ses ruines. » Duguesclin, voyant ses exhortations inutiles, changea de langage. « Par saint Yves ! s'écria-t-il en fronçant ses gros sourcils, je vous rends responsable du sang qui va couler ; je jure de vous faire pendre aux créneaux de Sainte-Maure, si vous soutenez le siège pendant deux jours. » Cette menace fit sensation sur Cressonval ; il objecta que la reddition de la place ne dépendait pas de lui seul ; que ses officiers, et même les habitans, s'y opposeraient : il finit par demander quatre jours pour préparer sa capitulation. Bertrand y consentit, et demeura dans son camp, établi à deux lieues de la ville. Le capitaine anglais, étant rentré dans Sainte-Maure, ne perdit pas un instant pour sauver la garnison anglaise et les effets les plus précieux des habitans. Ses dispositions terminées, il mit le feu à la forteresse, et se retira par la route de Bressuire, quelques heures après son entretien avec le connétable. Duguesclin, averti de ce qui se passait, leva le camp en écumant de colère ; il trouva Sainte-Maure à moitié consumée, et sans s'y arrêter une seule minute il se mit sur les traces de l'ennemi; il joignit l'arrière-garde des Anglais à Montcontour, et la tailla en pièces; la tête de la colonne de Cressonval atteignit en même temps Bressuire, ville cédée à Édouard par le traité de Bretigni : ce ne fut pas sans difficultés que les habitans leur en ouvrirent les portes. A peine la première division avait-elle franchi les ponts, que le beffroi signala l'approche des Français, dont les bannières couleur de feu paraissaient avec éclat au milieu de la plaine couverte de neige. Les habitans, saisis d'effroi, craignant de voir entrer dans la ville les soldats de Duguesclin pêle-mêle avec les Anglais, levèrent les ponts-levis; Cressonval se trouva hors des murs avec le reste de l'armée : toutefois il ne perdit point courage; ses gens jetèrent le butin dont ils étaient chargés, et se rangèrent devant les fossés, attendant l'ennemi de pied ferme. Malgré leur résolution valeureuse le combat ne fut pas long : une partie fut culbutée dans les fossés pleins d'eau; l'autre demanda quartier, et l'obtint. Mais il s'éleva alors, entre les capitaines des compagnies soldées et les troupes seigneuriales, une vive querelle relativement au partage des prisonniers : les bannerets disaient que les bandes, se faisant payer très-cher leurs services, ne devaient avoir aucune part aux rançons ; les capitaines soutenaient le contraire, et ces derniers tranchèrent la question d'une manière bien cruelle : se jetant comme des furieux sur les prisonniers, ils les massacrèrent. Duguesclin fit un rempart de son corps à ces malheureux ; mais il eut la douleur de n'en sauver qu'un petit nombre. En voyant ce spectacle du haut de leurs remparts, les habitans de Bressuire poussèrent des cris d'effroi ; ils voulaient se rendre sur-le-champ pour éviter un pareil sort ; mais le gouverneur, indigné du massacre de ses compatriotes, déclara qu'il périrait plutôt que de subir les lois de vainqueurs aussi féroces. Sommé par Duguesclin, il répondit que si on lui envoyait un second héraut, il le ferait accrocher aux créneaux. Le connétable n'était pas accoutumé à ces sortes de réponses; il fit le serment de ne pas manger de chair avant d'avoir pris la place d'assaut ; il l'investit aussitôt. Un jeune écuyer, nommé Jean Dubois, fit un autre serment, celui de planter le soir même l'étendard de Duguesclin sur la tour de Bressuire ; et, n'écoutant que l'ardeur de son âge, il fut se placer seul avec son gonfanon au bord du fossé, et brava long-temps ainsi les Anglais, qui faisaient pleuvoir sur lui une grêle de traits.

Le connétable disposa trois attaques, il se réserva la plus périlleuse, confia la seconde à Clisson et la troisième au maréchal d'Andhreguen : ces tentatives échouèrent partout; les murailles étaient très élevées, l'on manquait d'échelles, et l'ennemi, certain de ne pas obtenir quartier, se défendait en désespéré; on revint trois fois à la charge. Le maréchal Andhreguen monta lui-même aux créneaux, et fut culbuté dans les fossés; il s'élança de nouveau à l'escalade, resta maître de la muraille, et s'y maintint quoique criblé de blessures. Le connétable n'avait pas été moins maltraité : il eut son casque brisé, et reçut sur le crâne plusieurs atteintes graves, qui le forcèrent à se retirer du combat; il revint bientôt après couvert d'une nouvelle armure, et enflammé d'une ardeur d'autant plus vive qu'il voyait sa fortune et sa réputation compromises s'il échouait devant ces remparts : « Allons, mes enfans, s'écria-t-il, il
« faut aller souper dans Bressuire; ces gars tien-
« nent votre pitance. »

Le sire de Carenlouet dirigeait une troupe d'archers armés de crocs, à l'aide desquels ils arrachaient les créneaux; l'habileté consistait à faire exécuter le mouvement avec beaucoup d'ensemble ; on conçoit que cent hommes tirant en même temps devaient produire une forte secousse ; Carenlouet employa à cette opération beaucoup de bras, et occasiona un ébranlement tel, qu'un pan tout entier de muraille fut entraîné par les crocs ; alors les sires de Beaumont, de Ventadour, et l'amiral de Vienne, se précipitèrent vers cette brèche et s'y établirent ; les Français entrèrent dans la ville comme un torrent, la nuit allait paraître, mais les derniers rayons du jour virent encore flotter sur les murailles l'étendard de Duguesclin. Le jeune Dubois n'eut pas l'honneur de le planter ainsi qu'il en avait fait le serment : il venait d'être tué dans la première enceinte.

5,000 Anglais périrent à la prise de Bressuire ; le combat de Pontvallain leur en avait coûté 9,000, tant morts que prisonniers, ou mis hors d'état de servir : ces deux échecs consécutifs, essuyés sur le point central de la ligne établie par Kenolles, laissaient les autres points isolés et sans appui. Kenolles accourut de Bordeaux en apprenant ces désastres, dont il pouvait fort bien s'accuser ; recueillant les faibles débris de la division de Cressonval, il s'établit à Parthenai, dans l'espoir de rallier les détachemens laissés dans l'Orléanais et dans le Blaisois. De son côté,

Duguesclin, craignant de voir toutes les forces du prince de Galles se réunir contre lui, battit en retraite vers Saumur, place très peuplée et capable d'une bonne défense; il y fit faire les obsèques du maréchal Andhreguen, mort dans Bressuire des suites de ses blessures: il avait emporté le corps pour le faire inhumer plus dignement. Après avoir rendu les derniers devoirs à son vieux compagnon d'armes, il publia un ordre du jour pour avertir les troupes qu'elles n'étaient point encore arrivées au terme de leurs travaux. En effet il envoya le maréchal de Blainville et une division dans le Berri pour s'opposer à la jonction que Robert Kenolles tentait d'opérer avec les Anglais de cette province; Olivier de Clisson marcha sur Bressuire pour observer les mouvemens que l'ennemi ferait dans le Poitou : Bertrand resta à Saumur, se tenant prêt à voler au secours de celui de ses deux lieutenans qui serait le plus menacé.

Froissard nous a laissé de ces opérations une relation fort étendue, mais très-confuse: on y voit que le plan de Bertrand reçut son entière exécution. Le maréchal de Blainville battit en détail les Anglais répandus dans l'Orléanais et dans la Touraine; la fatigue, la misère, et les embûches des paysans, firent périr ceux qui échappèrent à ses coups. Robert Kenolles, désespéré de tous ces revers, voyant que les 5,000 Anglais réunis sous ses ordes ne montraient aucune énergie, voulut au moins les sauver et les rendre à sa patrie. En conséquence il fit des dispositions pour les faire embarquer sur la flotte qui croisait devant les côtes du Poitou et de la Bretagne; il les devança aux sables d'Olonne; mais Clisson, qui observait les mouvemens des Anglais, devina leur intention; il suivit leurs traces à travers les marais du Poitou, et détruisit (1) la division de 5,000 hommes avant qu'ils eussent rejoint leur général.

A la nouvelle de cette défaite qui anéantissait son dernier espoir, Robert Kenolles ne chercha plus qu'à échapper aux recherches de Clisson, qui voulait couronner ses succès par une si belle capture; il sortit à la hâte du Poitou, et alla cacher son désespoir dans le château de Derval, situé sur les confins de la Bretagne, n'osant plus paraître en Angleterre, dans la crainte sans doute qu'Édouard III ne lui fît payer de la tête la perte de 30,000 hommes causée par son impéritie. Ce général vit ainsi pâlir dans l'espace de

(1) Voyez dans la Vie de Clisson la relation très détaillée de ce fait d'armes.

quelques mois une renommée qui lui avait coûté trente ans de travaux.

L'année 1370 durait encore, et la campagne était terminée; cette armée anglaise, qui avait fait trembler la capitale de la France, brûlé ses faubourgs, envahi cinq provinces, fut dans moins de trois mois détruite sans qu'il en restât vestige. On doit ces immenses résultats au courage, aux talens, à la volonté ferme de Duguesclin. L'auteur des *Essais sur les mœurs* établit un parallèle entre cette expédition et la belle campagne de 1675 du maréchal de Turenne. La comparaison est juste sous quelques rapports : l'une et l'autre eut lieu en hiver; deux grands capitaines battirent avec de petites armées des forces considérables; mais les conséquences furent bien différentes : celle de Turenne servit à peu de chose, et n'aurait point compromis le sort de l'État si elle eût été malheureuse; celle de Duguesclin, au contraire, sauva le royaume, dont la position était tellement critique qu'une seule défaite eût consommé sa ruine.

Duguesclin était au moment de quitter Saumur pour se rendre à Paris, lorsque don Pero Lopez Ayala, le même qui avait été pris à la bataille de Navarette, vint le trouver, et lui remit de la part du roi de Castille, son maître, une somme considérable en espèces : c'était le prix de la renonciation de Bertrand au titre de duc de Molina. Le roi Henri II, ayant payé la rançon d'Ayala, l'avait nommé chancelier de Castille et ambassadeur auprès du roi de France. Bertrand fit distribuer sur-le-champ cet argent à son armée pour la dédommager des fatigues qu'il lui avait fait éprouver dans une guerre d'un genre tout nouveau pour elle. Après cet acte de générosité, il licencia les compagnies soldées, et se rendit auprès du roi, accompagné des barons et chevaliers qui venaient de vaincre sous ses ordres. Paris lui fit une réception magnifique; Charles V, fier d'avoir deviné un grand homme dans un simple chevalier, le combla de caresses, et le remercia des services qu'il venait de rendre à l'État. Une occasion s'offrit bientôt au roi de donner au généreux guerrier une preuve éclatante de son estime; il la saisit avec empressement.

La reine Jeanne de Bourbon mit au monde, le 3 mars 1371, un second fils qui fut le duc d'Orléans, époux de la belle Valentine de Milan, assassiné en 1407. Suivant l'usage d'alors, le prince nouveau-né eut deux parrains : Louis, comte d'Étampes, cousin du roi, fut désigné le premier; Bertrand Duguesclin fut choisi pour être le second. A la fin de la cérémonie, le héros breton mit l'épée de connétable dans les mains de l'enfant en lui disant : « Monseigneur, je mets cette épée en votre main, et prie Dieu qu'il vous donne ou tel, ou si bon cœur que vous soyez encore aussi preux et aussi bon chevalier comme fut oncques roi de France qui portat épée (1). »

(1) **Mémoires sur Duguesclin; Ménard.**

LIVRE XI.

Campagne de 1371.—Conquête de l'Aunis.—Conquête de la Rochelle. — Combat de Chizai. — Duguesclin y met en déroute les Anglais et fait rentrer le Poitou sous la domination de la France.

Duguesclin venait de prouver qu'il était possible d'expulser totalement les Anglais des terres de l'ancienne France; mais lui seul paraissait propre à diriger cette vaste entreprise. Le roi n'entra dans ses vues qu'avec une sorte de répugnance, non qu'il ne le crût capable de l'exécuter, mais il craignait que le ciel ne se lassât de le favoriser. Enfin il ne put résister aux cris de la noblesse dont les succès récens avaient réveillé l'émulation; chacun désirait combattre sous les ordres de Bertrand.

Le connétable voulait ouvrir la campagne dans les premiers jours du printemps, afin de profiter des chances offertes par la fortune. En effet, le prince de Galles, toujours consumé du mal qu'il avait rapporté d'Espagne, venait de quitter la France pour aller réparer ses forces dans son pays natal; il laissa le gouvernement des provinces méridionales et le commandement des troupes à son frère le duc de Lancastre, prince sur qui le temps avait opéré bien des changemens. Jadis brave, magnanime, chevaleresque, Lancastre était devenu inhabile, dur et sombre; dévoré d'une ambition démesurée, il ne faisait plus de cas de la gloire. L'idée de combler l'espace qui le séparait du trône l'occupait tout entier; les considérations les plus importantes lui paraissaient sans intérêt si elles ne se rattachaient point à ce grand objet (1): afin d'entretenir son illusion sur son élévation imaginaire, il épousa une fille de don Pèdre, et prit le titre de roi de Castille. Nul n'était moins propre que lui à ramener la fortune sous les drapeaux de l'Angleterre; il accepta d'abord cette mission avec transport; mais bientôt, effrayé de se voir avec des troupes peu nombreuses au milieu d'un pays dont les habitans supportaient avec indignation le joug de l'Angleterre, il demanda instamment des secours en hommes et en argent. Il s'agissait de prévenir

(1) Il accoutuma tellement ses enfans à l'idée de porter une couronne, que son fils aîné ne fit aucune difficulté de devenir un rebelle. Il commença une nouvelle dyn[...] qui fut à son tour précipitée du trône.

la perte totale des provinces du continent. Édouard III redoubla d'efforts ; il rassembla une flotte nombreuse destinée à porter des troupes suffisantes pour réparer le revers qu'il venait d'essuyer ; il conçut même le projet hardi de s'emparer de la Rochelle, d'en transplanter les habitans en Irlande, et de la repeupler d'Anglais. L'acquisition de ce port aurait complété la ligne maritime qu'il avait su établir sur tout le littoral occidental de la Gaule ; car déjà il possédait Ostende, Calais, les ports de la Bretagne, ceux de Bordeaux et de Bayonne. La Rochelle pouvait encore servir de point d'appui aux partisans que le monarque anglais conservait en Poitou. Mais il est rare qu'un projet important ne soit ou deviné ou divulgué. Les Rochellois eurent connaissance de celui-ci ; ils résolurent de ne rien épargner pour le faire échouer : personne plus qu'eux n'avait senti le malheur de passer sous une domination étrangère. « Vous ne régnerez plus sur nos biens, avaient-ils écrit à Jean II lors du traité de Bretigni ; mais vous régnerez toujours sur nos cœurs. »

Les Rochellois avaient obtenu de leurs nouveaux maîtres la permission de se gouverner par leurs propres lois, d'après un système particulier ; mais ils ne purent éviter de livrer aux Anglais la citadelle, qui passait pour la plus forte du royaume. On comptait dans la ville 15,000 bourgeois en état de porter les armes ; les succès remportés en Poitou par les Français les avaient exaltés, de sorte que la garnison eut beaucoup de peine à se maintenir dans la citadelle. Édouard, désireux de voir réussir le projet qu'il venait de former au sujet de la Rochelle, chargea de l'exécution le comte de Pembrock, homme de résolution. Les historiens anglais disent que le premier soin de ce général fut d'embarquer des tonneaux remplis de chaînes destinées à lier les habitans, dont on connaissait l'attachement à leurs anciens souverains ; ce fait est peu probable, c'eût été une précaution inutile : car lorsqu'on a les moyens de se rendre maître d'une population de 30,000 habitans, on peut fort bien la garder sans le secours de chaînes. Quoi qu'il en soit, les Rochellois prouvèrent par leur énergie que cette mesure était au moins précipitée.

Pembrock se présenta devant la Rochelle, ne doutant pas d'y être reçu sans difficulté. Une fois débarqué avec ses troupes, il devait s'emparer des postes les plus importans, se saisir des habitans et les jeter au fond des vaisseaux de transport stationnés dans la rade : mais quelle fut sa surprise en voyant le port fermé et les Rochellois sous ! les armes Au lieu de se retirer aussitôt, et d'aller débarquer en Guienne les troupes qu'il avait sur sa flotte, il perdit un temps précieux à parlementer, espérant toujours prendre la ville ou par surprise, ou par famine. Il y avait huit jours qu'il tenait la rade, lorsqu'on vit paraître l'escadre française unie à celle de Castille ; la jonction de ces forces navales prouvait que l'on connaissait depuis long-temps le projet des Anglais. La marine espagnole passait alors pour la mieux entretenue de l'Europe ; les Arabes, savans dans tous les arts, avaient perfectionné en Espagne la construction des vaisseaux : ceux-ci étaient plus hauts de bord et mieux construits que ceux des Anglais. Boccanegra, aventurier génois, bâtard de la maison Grimaldi, et qui faisait sur mer le même métier que les malandrins faisaient sur terre, commandait ces forces : Henri II l'avait pris à son service avec sa division, composée de petites frégates très-légères. La flotte française marchait sous les ordres d'Yvain, le dernier rejeton de Léolin, prince de Galles, dépossédé par Édouard Ier. Cet amiral nourrissait contre l'Angleterre une haine aussi violente que légitime : il passait pour un homme bizarre ; son intrépidité égalait la singularité de ses manières. Il prenait le titre de *Poursuivant d'amour*, et portait constamment les couleurs d'une princesse d'Écosse dont il était épris depuis vingt ans. Il fut chercher la flotte de Henri dans les ports d'Espagne, et l'engagea à se mettre avec lui sur les traces de Pembrock. En secondant les efforts de la France, Henri de Transtamarre payait un tribut à la reconnaissance, et agissait en même temps dans ses propres intérêts; car il devait regarder l'Angleterre comme sa mortelle ennemie, puisque le duc de Lancastre avait épousé la fille de don Pèdre.

Le comte de Pembrock, surpris à l'ancre, ne pouvait éviter le combat que venaient lui présenter Yvain et Boccanegra; l'action se livra à la hauteur de la Rochelle, dans le mois de mai 1371. Les Espagnols se servirent de brûlots pour incendier les vaisseaux anglais. Les matières dont ils firent usage n'étaient point aussi combustibles que nos artifices d'aujourd'hui : on prenait à cet effet des bateaux plats que l'on chargeait de bois résineux. Ces brûlots castillans, conduits par des marins intrépides, pénétrèrent au milieu des vaisseaux ennemis et en embrasèrent douze. Les Français, profitant du désordre occasioné par cet incendie, attaquèrent les bâtimens anglais qui se retiraient de la mêlée pour éviter les flammes, et s'en rendirent maîtres. Yvain prit à l'abordage le vaisseau amiral, et déchira de ses mains l'étendard d'Angleterre; mais il déshonora son triomphe en insultant Pembrock captif et désarmé; il fut cependant asez sage pour ne point disputer à l'amiral castillan l'honneur de la journée; il se contenta de partager avec lui l'immense butin fait sur les Anglais. Boccanegra conduisit dans les ports d'Espagne la flotte, les prisonniers et le général anglais.

En apprenant cette victoire, Duguesclin demanda à Charles V la permission de partir sur-le-champ pour la Guienne, afin de profiter de l'épouvante dans laquelle ce nouveau revers venait de jeter les Anglais; et en effet le duc de Lancastre, soit qu'il voulût presser lui-même le départ de nouveaux secours, soit qu'il craignît de compromettre sa réputation dans une nouvelle lutte, quitta brusquement le continent en laissant le commandement au captal du Buch, créé depuis peu connétable d'Aquitaine. Dès que Grailli apprit que Bertrand avait quitté Paris pour se porter en Poitou, il s'établit dans le voisinage de la Rochelle qu'il voulait contenir, parce qu'il comprenait bien que la cour de France s'efforcerait d'appuyer les habitans dans leur résolution de secouer le joug des Anglais. Le captal agit si sagement qu'il déjoua les projets de Bertrand ; celui-ci quitta sa position, et se rendit en Auvergne, où il voulait employer tout l'hiver à ravitailler ses troupes et les renforcer par de nouvelles levées. En voyant Duguesclin battre ainsi en retraite, Grailli quitta son camp de la Rochelle, et vint s'établir sur la Charente et la Vienne, afin de couvrir le Poitou et observer l'ennemi sur plusieurs points. Ainsi se termina l'année 1371. La campagne de 1372 fut commencée de bonne heure par le connétable, qui conduisait une armée plus considérable que toutes celles qu'il avait commandées jusqu'alors; il venait de passer l'hiver à parcourir les provinces du centre, pour échauffer le zèle de la noblesse. Le succès le plus complet couronna ses efforts : le dauphin d'Auvergne, les sires de Sully, d'Estaing, de La Fayette, vinrent se ranger sous ses bannières ; quantité de bannerets bretons s'étaient rendus auprès de lui malgré le duc de Bretagne, qui favorisait de tous ses moyens le roi d'Angleterre. La noblesse de la Bourgogne, réunie sous les ordres du sire de La Trémouille, arriva dans le mois d'avril; le comte d'Alençon et le maréchal de Sancerre se firent une gloire de servir sous les ordres de Bertrand : le duc de Bourbon, jeune, brillant de valeur et de vertus guerrières, ne l'abandonnait plus depuis quatre ans (1).

Le connétable leva ses quartiers à la fin d'avril, sortit de l'Auvergne, traversa la Marche, entra dans le Poitou par le côté opposé au captal, enleva Chavigni, Montmorillon, et se porta devant Montcontour, dont les Anglais avaient singulièrement augmenté les fortifications; ils venaient de creuser les fossés d'une manière prodigieuse. Duguesclin y obvia par un moyen aussi gigantesque que l'obstacle lui-même; il rassembla un nombre considérable de paysans, leur fit abattre la moitié d'une forêt voisine; et, à force de bras, il transporta les arbres devant Montcontour, en combla l'immense cavité des fossés : au moyen de cet amoncellement, les Français montèrent précipitamment à l'escalade; les assiégés stupéfaits capitulèrent sans attendre que l'ennemi eût atteint leurs remparts. Après avoir pris Montcontour, Bertrand alla faire sa jonction avec le duc de Berri dans le Limousin; le prince tenait en échec sur les frontières de la Guienne les troupes anglaises commandées par le sire d'Augoris; les mouvemens du

(1) Voyez la Vie de Louis de Clermont, duc de Bourbon.

connétable décelaient l'intention de mettre tous ses soins à faire rentrer sous les lois de Charles V la Guienne, une des plus belles provinces du royaume, séparée de la couronne depuis deux siècles : ce projet était digne du vainqueur de la Castille ; il exécuta son plan avec sa prudence accoutumée.

Avant de songer à la réduction de la Guienne, il fallait détruire la ligue des seigneurs poitevins, ligue d'autant plus redoutable que ces seigneurs avaient obtenu d'Édouard III des privilèges qu'ils ne pouvaient pas conserver en rentrant sous la domination de la France; l'idée seule de les perdre resserrait les liens qui les unissaient à l'Angleterre. Thouars passait pour leur principal boulevard, ils possédaient également Poitiers; mais Bertrand s'y était ménagé des intelligences dont il espérait profiter s'il s'en présentait une occasion favorable; pour détourner les soupçons des seigneurs poitevins, il se garda bien de menacer ce point important; il s'attacha au contraire au siège de Saint-Sever commencé par le duc de Berri; la place fut enlevée malgré la vive résistance du gouverneur Guillaume de Perci, frère du sénéchal : le captal du Buch, accouru pour secourir la place, fut obligé de se retirer. Ce siège offrit une circonstance que nous ne passerons pas sous silence. Comme la voix de Duguesclin avait réveillé l'ardeur des Français de tout rang et de tout âge, il se trouvait dans son armée des hommes de diverses professions, et jusqu'à des prêtres. Un abbé de Malepaye se faisait distinguer des autres par son sang-froid et son audace. Il portait le casque en tête, mais il conservait les vêtemens ecclésiastiques; il fut chargé, au siège de de Saint-Sever de diriger une mine; il s'en acquitta si bien, que ses travailleurs pratiquèrent une ouverture; il s'y élança le premier; les Anglais placés à l'embouchure de la brèche abattirent son bacinet, et le saisirent par un bras; les Français le retinrent par l'autre, de sorte qu'il courut risque d'être déchiré. Enfin, après une lutte très-vive, il resta au pouvoir des derniers, qui reprirent même son casque; cependant il fut obligé de se retirer, et les Anglais comblèrent la mine. L'abbé Malepaye s'étant reposé un instant, car la chaleur était excessive, alla commencer une seconde mine sur un autre point, et parvint à s'y loger (1).

Au moment où le connétable prenait possession de Saint-Sever, il reçut un émissaire secret envoyé par les habitans de Poitiers, qui le sup-

---

(1) Anciens mémoires de Duguesclin, page 500.

pliaient d'accourir en toute hâte pour recevoir leur soumission : le sénéchal Thomas de Perci, successeur de Chandos, apprenant que Saint-Sever était attaqué, avait quitté Poitiers avec la garnison entière, afin de renforcer le corps d'armée du captal, et forcer les Français à battre en retraite. Duguesclin ne différa point de mettre à profit ce précieux avis; le soir même, il choisit 300 chevaliers des plus déterminés, sortit du Limousin avec eux, franchit une partie de la Marche, de l'Angoumois, traversa le Poitou, et, après un circuit de trente lieues, il arriva devant Poitiers. Sa marche avait été si rapide que les habitanss ne voulaient pas croire que ce fût Bertrand; enfin on livra une porte; il entra au galop dans la ville, alla planter sur la principale tour le drapeau français, qu'on n'y voyait plus flotter depuis le traité de Bretigni. Duguesclin était depuis deux heures dans la place, lorsque Thomas de Perci se présenta pour y entrer; il était revenu sur ses pas dès qu'il avait appris la réduction de Saint-Sever; son étonnement fut extrême lorsqu'il trouva les portes fermées; les habitans le reçurent en lui criant du haut des remparts : *Duguesclin! Duguesclin!* Ce cri terrible lui apprit qu'il était en présence du redoutable Breton qu'il croyait à vingt lieues en arrière, occupé à s'établir dans sa nouvelle conquête; ses esprits en furent tellement frappés, qu'il ne songea pas à livrer combat pour rentrer dans Poitiers. Il aurait pu faire repentir Duguesclin d'avoir compromis sa fortune dans cette téméraire entreprise; ce qui était d'autant plus croyable que le général anglais enleva deux jours après Niort, place bien plus forte et mieux gardée que Poitiers; il battit même une division française accourue pour secourir la ville. Les succès de Perci devant Niort ne balancèrent pas les revers consécutifs éprouvés par les armées anglaises sur tous les points ; le connétable, dont l'activité était incomparable, quitta bientôt Poitiers, et se remit à battre la campagne, en persistant toujours dans le projet de prendre la Rochelle; il s'approcha de la place, la resserra, et l'isola en s'emparant de tous les points fortifiés qui l'avoisinaient. Il investit Soubise, forteresse bâtie sur un coteau auprès de la Charente; elle se trouvait appartenir à une châtelaine très-dévouée aux intérêts de l'Angleterre. Bertrand, obligé d'observer Thomas de Perci dans le Poitou, laissa la conduite du siège à Thibaut du Pont, un de ses plus habiles lieutenans. Le captal, qui suivait tous les mouvemens de son ennemi, fondit pendant la nuit sur les Français laissés devant Soubise, les surprit dans leur camp, mit le feu aux tentes, tailla en pièces ceux qui voulurent se défendre, et fit prisonniers les autres avec Thibaut du Pont, criblé de blessures. Mais, par un de ces jeux bizarres de la fortune si ordinaires à la guerre, l'exploit du captal se changea bientôt en une défaite; quoique surpris, les Français opposèrent une résistance assez longue; les flammes de l'incendie, et les cris des combattans retentissant dans le silence de la nuit, attirèrent l'attention d'Yvain de Galles, dont la flotte croisait de nouveau devant la Rochelle, avec mission de protéger les opérations de Duguesclin; au bruit qu'il entendait, et à la lueur qu'il apercevait de loin, il ne douta point que les Français n'en fussent venus aux mains avec l'ennemi; il débarqua une partie de ses troupes sur la côte, et se précipita dans le camp; il reconnut les Anglais autant à la haine qui l'animait qu'à la clarté des torches dont chaque soldat était pourvu; il surprit le vainqueur occupé à faire le partage du butin et des prisonniers. Grailli crut d'abord que quelques détachemens français faisaient une tentative désespérée pour s'ouvrir un passage; il regarda leur défaite comme l'ouvrage d'un moment; cependant il se vit bientôt entouré de toute part: sa valeur personnelle arrêta quel temps ces flots d'ennemis, mais Yvain de Galles rendit ses efforts impuissans, en appelant de nouvelles troupes. Grailli, conservant son sang-froid, fit ses dispositions pour battre en retraite vers Saint-Jean-d'Angély; au même instant, Pierre de La Villette saisit la bride de son cheval, brisa ses armes à coups de masse, et le menaça de l'abattre s'il ne se rendait prisonnier sur-le-champ; le captal tendit son gantelet. C'était la seconde fois que Grailli tombait au pouvoir du roi de France, qui avait lieu d'être mécontent de sa conduite; il fut enfermé dans la tour de Corbeil, où il mourut cinq ans après : Charles V refusa constamment de le mettre à rançon. Le continuateur de Vély semble blâmer cette rigueur; il oublie sans doute que le captal avait à se reprocher des torts très-graves envers le roi de France : non-seulement il fut mis en liberté sans rançon après la bataille de Cocherel, mais on lui donna encore le beau duché de Nemours, et, le premier rang dans les armées après Duguesclin; au mépris de sa promesse, oubliant les bienfaits dont on l'avait comblé, il abandonna le service de la France pour se jeter dans celui de l'Angleterre, et contribua puissamment à la défaite de Navarette : l'ingratitude est toujours une bassesse; il est au-dessous de la dignité d'un historien de chercher à l'excuser (1). Charles V savait que les récompenses sont pour un roi les plus honorables moyens de gouverner, aussi donna-t-il à Pierre de La Villette une rente de 1,200 liv., pour avoir pris le captal du Buch.

(1) Christine de Pisan, dont on connaît l'exactitude, s'exprime ainsi à ce sujet (chap. xxvi) : « Et comme autrefois lui eust le roi Charle quieté de sa rançon et le fist de son hotel, setoit retourné aux Anglois, ne le volt plus le roi par rançon delivrer. »

Nonobstant l'autorité respectable de Christine de Pisan, le président Hénault dit : « Le captal mourut prisonnier au Temple après avoir refusé généreusement de s'engager au service de la France. » Tout ceci est inexact; le captal mourut à Corbeil et non au Temple; les registres de la cour des comptes en font foi, car ils mentionnent les frais d'inhumation; puis il n'existe aucune preuve de ce refus généreux; et comment penser que Charles V eût offert du service à un guerrier qui l'avait déjà si indignement trompé!

L'Encyclopédie méthodique, section de l'Histoire, article *Grailli*, renchérissant sur Vély et sur le président Hénault, dit : « La conduite peu généreuse de Charles V à l'égard du captal a imprimé sur la vie du monarque français une tache ineffaçable. »

C'est ainsi qu'en répétant des faits dénués de fondement on les accrédite dans l'opinion publique. Au reste, les Actes publics du règne de Charles V (collection Docamps) fournissent les preuves évidentes de ce que nous avons dit sur cette affaire.

L'avantage remporté par Yvain de Galles était de nature à produire des résultats bien fâcheux pour Édouard III. On avait vu ce monarque mettre à profit la haine de deux Français, Robert d'Artois et Geoffroi d'Harcourt : Charles V employait les mêmes moyens, à la différence cependant que les deux seigneurs français étaient des rebelles, et qu'Yvain, proscrit, dépouillé injustement de l'héritage de ses pères, n'avait obéi qu'à un ressentiment légitime.

La défaite du captal porta la terreur dans tout le Poitou; Duguesclin en profita pour brusquer une attaque sur les places du parti anglais; Soubise, Saint-Maixent, Saint-Jean-d'Angély, Saintes, Melle, Aunay lui ouvrirent leurs portes. On pouvait dire que les murailles tombaient au nom de Bertrand; le cri de *Duguesclin!* était les seuls termes de la sommation. Il ne restait plus à soumettre, dans le Poitou et dans la Saintonge, que Thouars et la Rochelle; la prise de ces deux places offrait bien des difficultés; dans l'une, la garnison anglaise occupait une citadelle inexpugnable avec des vivres pour deux ans; l'autre était défendue par tous les seigneurs de la faction ennemie; plusieurs fois on avait vainement tenté de les réduire. Le connétable résolut d'investir d'abord la première, dont les habitans se montraient très-disposés à servir ses projets. Yvain de Galles, n'étant dans ces parages que pour seconder les opérations des Français, se remit en mer, alla faire sa jonction avec la flotte castillane devant Bordeaux, et revint bloquer le port de la Rochelle.

En même temps Duguesclin concentra ses troupes éparses, et les conduisit dans le voisinage de cette ville ; le lendemain il vint la reconnaître ; il n'avait avec lui qu'une faible escorte et deux bannerets, les sires de Lohéac et de Rostremen. La vue de ces fortes murailles, de ces tours quarrées, de ces vastes fossés pleins d'eau, les surprit beaucoup et surtout le sire de Rostremen, qui fit une exclamation d'étonnement ; le connétable l'en blâma fortement. « Par saint Yves ! s'écria-t-il, si un rayon du soleil pénètre dans l'enceinte de la Rochelle, Bertrand saura bien y pénétrer. »

La vue de cet appareil formidable rassemblé sous leurs murs en imposa aux Rochellois ; ils avaient conçu depuis long-temps l'idée de s'ériger en république ; on savait qu'ils poursuivaient depuis long-temps cette chimère. Ils auraient voulu secouer le joug de l'Angleterre, mais rester indépendans sous la protection de la France. L'acharnement que ces deux puissances montraient pour la possession de leur ville fit sentir aux habitans que la seule liberté dont ils pourraient jouir serait de se choisir un maître ; ils optèrent naturellement en faveur de Charles V qu'ils aimaient par sentiment ; ils députèrent des émissaires à Duguesclin afin de le supplier d'interrompre les attaques dirigées contre leurs remparts, attendu qu'ils espéraient se rendre maîtres eux-mêmes de la citadelle occupée par les Anglais; mais il fallait pour cela que les Français se retirassent, afin de faire croire qu'ils regardaient la conquête de la Rochelle comme impossible. Duguesclin entra dans leurs vues, et fit aussitôt les dispositions apparentes pour le siège; les bourgeois mirent alors leur projet à exécution. Le gouverneur de la citadelle, comme la plupart des guerriers de son temps, ne savait pas lire, il eut à s'en repentir ; le maire de la ville, homme fort adroit, nommé Mondorier, tendit à l'officier anglais un piège assez bien concerté. Il détacha avec beaucoup de soin d'un ancien édit le sceau de cire verte d'Édouard III; cette empreinte tenait, suivant l'usage, au parchemin par des rubans de soie; Mondorier le fixa au bas d'un ordre supposé et adressé au gouverneur. La teneur de ce commandement était de s'entendre exclusivement avec les autorités de la Rochelle pour la défense de cette place, de passer la revue de citadelle dans l'intérieur de la cité conjointement avec les milices de la bourgeoisie, afin de donner plus de confiance à ces derniers. Le maire appela le capitaine anglais, qui, voyant les Français faire leurs préparatifs de départ, crut pouvoir sans danger descendre de son poste; on lui montra le sceau du roi qu'il reconnut fort bien; et, comme il ne pouvait en prendre lui-même lecture, il accepta l'offre que faisait le maire de lui en dire le contenu. Le gouverneur donna dans le piège, et sortit de la citadelle avec les deux tiers de ses troupes; mais à peine avait-il passé la dernière barrière que les bourgeois s'emparèrent du passage, le fermèrent, assaillirent le malheureux capitaine qui, tout déconcerté d'une telle agression, mit bas les armes sans faire de résistance; les bourgeois signifièrent ensuite à ceux restés dans la citadelle qu'on les lierait dans des sacs de cuir pour les jeter à la mer, s'ils ne baissaient incontinent les ponts-levis. La menace d'un supplice aussi affreux jeta la terreur dans l'ame des Anglais; les ponts-levis furent baissés, et les Rochellois occupèrent aussitôt les portes intérieures.

Le maire, député par ses concitoyens vers le

connétable, lui annonça que la ville était prête à le recevoir. «Elle demande seulement, lui dit-il, l'assurance sur votre parole que les prérogatives accordées en 1224 par Philippe-Auguste seront religieusement respectées. — Je vous la donne, dit Duguesclin, en mon nom et en celui du roi de France. Je crois même aller au-devant de vos vœux en décidant que la citadelle soit démolie.» Les députés demandèrent aussi que la Rochelle ne fût jamais séparée de la France, pas même par apanage, ce qui leur fut accordé; enfin les habitans firent l'abandon de plusieurs autres graces pour s'en réserver une qui les touchait extrêmement : c'était de n'avoir aucune autorité étrangère dans leurs murs pendant deux jours (1); au troisième le connétable fit son entrée publique, et alla planter l'étendard français sur la principale porte.

La prise de la Rochelle fut célébrée à Paris comme un grand triomphe. Par une distinction toute particulière, Charles V, en plein conseil, entouré des grands de la cour, écrivit de sa main au connétable, en le traitant de cousin : il le remerciait en termes flatteurs d'avoir rendu à la couronne, par sa valeur et sa sagesse, l'éclat

---

(1) Arcere, Histoire de la Rochelle.

que de longs revers lui avaient enlevé. Mais pendant que le monarque témoignait sa reconnaissance avec la pompe royale, le sujet acquérait de nouveaux droits à sa gratitude; en effet, Duguesclin sortit de la Rochelle pour compléter la conquête du Poitou par la prise de Thouars. Nous avons dit que cette place était le boulevard des seigneurs poitevins de la faction anglaise, et qu'ils avaient rendu cette position inexpugnable; le vicomte de Thouars passait pour le chef de cette coalition avec les sires de Parthenay, de Pousange, Geoffroi d'Argenton, et Louis d'Harcourt. Les succès toujours croissans du connétable ne les avaient pas découragés, ils comptaient sur les prompts secours de l'Angleterre, car il n'était bruit en France que du grand armement préparé à cet effet dans les états d'Édouard III. Ce prince, frappé des disgraces de tous ses généraux, prit la détermination d'aller rétablir lui-même ses affaires; il n'oublia rien pour assurer la réussite de ses projets; une alliance intime fut contractée par lui avec l'Écosse, et resserra les liens qui l'unissaient au duc de Bretagne.

Le vieux Édouard reparut à la tête de ses armées, qu'il n'avait pas vues depuis dix ans; il se montra à leurs yeux revêtu d'une armure; son corps usé n'en pouvait plus supporter le poids. Ses fils, vieux eux-mêmes, l'accompagnaient. Le prince Noir avait retrouvé la vie sous le ciel nébuleux de son pays; la satisfaction répandue sur les traits du héros semblait présager aux Anglais de nouveaux triomphes. La flotte mit à la voile dans le mois d'août 1372, elle portait 20,000 hommes de débarquement, qui, joints à 15,000 autres disséminés dans les différentes places de la Guienne, et à 12,000 restés dans le Poitou, devaient former une masse imposante contre laquelle, selon le monarque anglais, l'activité et le courage de Duguesclin devaient échouer.

On leva l'ancre le 1ᵉʳ septembre; Édouard s'écria en quittant les côtes de l'Angleterre : « Je vais abattre le trône de Charles V; je jure de ne revenir que lorsque j'aurai reconquis ce que l'on m'a ravi (1). » On voit que le vieillard n'avait rien perdu de sa présomption; il venait de faire un serment bien téméraire. Les élémens, jadis dociles à ses désirs, s'y montrèrent opposés cette fois; pendant six semaines les vents se chargèrent de défendre la France, et repoussèrent loin des côtes la flotte ennemie; les tempêtes se suc-

(1) Les historiens anglais.— Kippis, Histoire du prince Noir.

cédant sans interruption en détruisirent une partie; des milliers de soldats furent engloutis dans les flots. Édouard III désespéré fut obligé de chercher un abri dans ses ports; il licencia la moitié de son armée, et alla cacher son désespoir dans le château de Vindsor : l'intérêt de sa gloire aurait dû lui faire un devoir de ne pas en sortir.

Pendant que le roi d'Angleterre menaçait de sa colère ceux qu'il regardait comme des coupables, parce qu'ils lui reprenaient ce qu'il leur avait pris, Duguesclin pressait les préparatifs du siège de Thouars; la ville, remplie de gens de guerre, manquait de vivres; ainsi la hauteur des murailles, la largeur des fossés devenaient inutiles; on pouvait facilement calculer le jour où les seigneurs poitevins se rendraient à discrétion. L'impassible connétable avait su contenir l'impétuosité de ses gens d'armes avides de périls et de gloire; il fit investir la place de tous côtés, ne voulant pas même tenter un assaut qui pouvait coûter bien du monde inutilement; il resta immobile dans son camp, attendant que la famine lui livrât les assiégés; il leur avait fait savoir que s'ils attendaient cette extrémité, il les ferait tous passer au fil de l'épée, chefs et soldats. Le vicomte de Parthenay et les barons poitevins, effrayés de la résolution du connétable autant que de ses menaces, proposèrent un terme moyen; ils savaient que le roi d'Angleterre faisait d'immenses préparatifs pour ressaisir ses conquêtes du continent; en conséquence, ils demandèrent à retarder la reddition de la ville jusqu'au 29 septembre, si dans cet intervalle les Anglais n'étaient pas venus à leur secours; Duguesclin accepta la proposition, mais il exigea des otages. A l'époque convenue, le général français apprit lui-même aux seigneurs poitevins la dispersion de la flotte d'Édouard : cette nouvelle les mit dans la consternation; ils capitulèrent sans restriction ; la prise de Thouars termina la conquête de la province; il ne restait à soumettre que Niort et deux petits forts; les états du Poitou réunis dans la capitale annoncèrent au peuple qu'il était rentré sous la domination de la France.

L'armée marchant sous les ordres du connétable comptait dans ses rangs 60,000 combattans; on y distinguait six princes du sang, les deux maréchaux de France, et l'amiral, soixante barons déployant bannières, et une foule de chevaliers à pennon. Duguesclin y faisait régner une discipline sévère; il espérait avec ces forces réduire la Guienne comme il venait de réduire le Poitou; mais après la prise de Thouars cette armée diminua des deux tiers sans qu'il pût s'y opposer; les volontés du général se trouvaient malheureusement subordonnées à celles d'une quantité de barons sur lesquels il n'avait aucune autorité. Ces chevaliers, animés d'une ardeur martiale, accouraient au moment du danger; ils se retiraient lorsqu'il était passé; cet inconvénient diminuait lorsque les rois commandaient en personne, parce qu'ils avaient plus de moyens pour retenir leurs vassaux sous les drapeaux.

Les princes du sang, le duc de Bourbon excepté, quittèrent le camp pour accompagner les barons du Poitou qui allaient présenter leurs hommages à Charles V; il ne resta auprès de Bertrand que les capitaines soldés, sa compagnie de cent lances, et quelques troupes de noblesse. Quoique ses forces fussent diminuées des deux tiers, il n'en continua pas moins la guerre contre quelques partis qui erraient encore dans le Poitou, et qui venaient de se concentrer auprès de Niort; on sait que cette ville était tombée depuis peu au pouvoir de Perci; la nouvelle armée se formait des débris des divisions du captal, de Lancastre, et de Robert Kenolles. Thomas Hampton en prit le commandement général; il avait pour lieutenant Richard de Mesnil et Guillaume Insell, officiers expérimentés, élèves d'Édouard III et du prince Noir. Les uns et les autres furent étonnés de voir que ces détachemens épars eussent formé un corps aussi considérable : une fois réunis, ils jugèrent qu'ils pouvaient tenir la campagne, et résolurent de ne plus se séparer, car ils pensaient que la cause de tous les désastres passés avait été de vouloir embrasser une ligne trop étendue; selon eux, on n'avait jamais présenté à Duguesclin une masse imposante; ils formèrent le projet de rentrer dans le cœur du Poitou sans se désunir. Nul doute que Hampton et ses collègues ne fussent parvenus à s'y maintenir s'ils avaient eu pour adversaire un général moins habile, moins profond, et surtout moins actif que Duguesclin; celui-ci comprit que son honneur lui faisait une loi de ne rien négliger pour détruire cette nouvelle coalition, dont l'existence prolongée pouvait nuire à sa réputation. Les Anglais et les soldats français eux-mêmes ne doutaient point que, la campagne étant terminée, on ne passât l'hiver dans des quartiers; mais après quinze jours de repos, Bertrand rassembla les compagnies répandues en Saintonge, s'ébranla de nouveau au milieu de la saison la plus rigoureuse, partagea son armée en trois corps, pour attaquer à la fois Lusignan, la Roche-sur-Yon et Chizai; il confia le commandement du premier à Olivier de Clisson, le second à Alain de Beaumont, et se réserva le troisième. Cette agression, faite à la fois sur trois points, devait nécessairement diviser les forces des Anglais, et rompre du premier coup leur projet d'agglomération; néanmoins le connétable se trompa dans ses calculs; Hampton, en général habile, résolut de porter toutes ses forces sur Chizai, investi par les Français, et d'écraser cette portion de l'ennemi, persuadé que la défaite de Bertrand déciderait du sort de tout le reste; en conséquence, il se contenta d'envoyer de faibles détachemens à la Roche-sur-Yon et à Lusignan; il laissa Jean d'Évreux à Niort, et marcha avec le reste de ses divisions vers Chizai; le connétable avait déjà échoué dans plusieurs assauts; la forteresse, commandée par Robert de Myton, homme de tête et de cœur, se défendait vigoureusement.

Bertrand, ayant avis de l'approche de Hampton, fit palissader son camp, et creuser des fossés, dans la ferme résolution de s'y renfermer pour n'en pas sortir. Les Anglais arrivèrent, croyant trouver les Français dans la plaine; ils furent étonnés de les voir retranchés. Jugeant qu'ils perdraient beaucoup de monde si on cherchait à forcer la position, encouragés d'ailleurs par la réserve dans laquelle se tenait l'ennemi, ils s'imaginèrent que le connétable craignait de risquer l'action contre des forces supérieures. Hampton se décida à former le blocus du camp : il étendit sa ligne en croissant devant les retranchemens des Français, adossant le centre à un bois, garantissant sa droite par un ruisseau, et appuyant sa gauche à des rochers. Duguesclin se trouvait dans une position critique, ayant en face de lui un ennemi nombreux, derrière, la garnison de Chizai, dont les sorties l'inquiétaient beaucoup; il ne pouvait échapper à une perte certaine que par un élan d'audace et de courage ; l'intrépidité avait fondé sa fortune, elle seule pouvait le sauver dans cette circonstance : il ne doutait pas d'être secondé par les chevaliers, ses compagnons d'armes, dont tous les jours il était obligé de contenir l'ardeur impétueuse. Le duc de Bourbon, les deux Mauny, Rostremen, Kerouet, Kerimel, Bouestel, Rochefort, Hay Duchâtelet, le jeune Lépinay, Yvon de Kerriec, Herré de Kersaliou, Bizien de Monteville et Maurice du Parc se montraient les plus ardens. Au moment où il allait se concerter avec eux sur les moyens de sortir de ce pas difficile, arriva un héraut apportant de la part de Hampton l'offre de la bataille. Duguesclin parut embarrassé devant l'envoyé anglais; il lui répondit qu'il ne pouvait accepter le combat, et le congédia brusquement. Aussitôt après, le connétable convoqua les principaux capitaines pour leur exposer l'objet du message, et demander leurs avis; le sien fut de passer quelques jours dans l'inaction, afin d'entretenir l'ennemi dans l'idée que la crainte seule le retenait dans son camp, de fondre ensuite sur les Anglais au moment où ils s'y attendraient le moins. Cette résolution fut adoptée sans aucune opposition, et l'on se prépara à se ménager des chances favorables. De leur côté les Anglais, trompés par le refus de Bertrand, vinrent insulter les retranchemens par des bravades; ils criaient qu'ils prendraient le connétable, et qu'ils le conduiraient à Londres enchaîné. Chacun d'eux se disputait déjà la possession de cette belle capture: ils campèrent la nuit en rase campagne, sans palissades, affectant de montrer, par une espèce de négligence, le mépris qu'ils avaient pour leurs ennemis. Deux jours se passèrent ainsi, pendant lesquels le général français ne perdit pas un seul mouvement de l'ennemi; le troisième jour il fit ses dispositions pour mener à heureuse fin une entreprise de laquelle dépendaient sa fortune, sa gloire et peut-être même le salut de l'État. Il forma, dans l'intérieur du camp, son armée sur deux colonnes très-serrées, dont le front assez mince touchait les retranchemens; un corps de cavalerie d'élite commandé par Dubouestel suivit immédiatement ces colonnes; le sire de Beaumanoir fut chargé de garder le camp avec 300 hommes, qui devaient se tenir cachés au fond des tentes, pour faire croire à la garnison de Chizai qu'il n'était resté personne dans l'intérieur des retranchemens. Les palissades, étant très-élevées, empêchaient que les Anglais aperçussent ces mouvemens préliminaires. Enfin, à un signal donné, les pionniers abattirent la partie des retranchemens qui couvraient le front, les madriers cédèrent tout à coup comme une décoration de théâtre; Duguesclin, suivi de sa phalange, déboucha par cette brèche d'un pas ferme mais non précipité. Dès que le terrain le permit, sa colonne se déploya en avançant toujours, et offrit bientôt une ligne revêtue de fer; elle se trouvait divisée en trois corps : le centre avait le connétable pour chef, l'aile gauche Kerimel, et la droite un Mauny; la cavalerie formait un corps de réserve marchant derrière le centre.

A la vue de cette armée s'avançant dans un ordre parfait, enseignes déployées, les Anglais restèrent quelque temps frappés de terreur, mais les chefs surent bientôt rappeler leur résolution; néanmoins la première impression fut si forte, qu'elle ne put s'effacer entièrement. Hampton se hâta d'envoyer au-devant des Français un corps de 200 Poitevins qui lui restaient, espérant que ces troupes légères embarrasseraient la marche de l'ennemi assez long-temps pour que les divisions eussent le loisir de se mettre en bataille; mais dès que les Poitevins furent à portée de trait ils baissèrent leurs armes, et se rendirent. Duguesclin les accueillit, et les fit couler sur l'aile gauche sans interrompre un seul moment sa marche. Les généraux ennemis, peu étonnés de cette défection, attendirent l'ennemi sans se déconcerter; les archers commencèrent l'action, mais leur attaque étant trop lente au gré des deux armées, celles-ci s'abordèrent et se heurtèrent violemment sans rompre leurs rangs; Duguesclin, entouré de chevaliers jeunes et bouillans, qui prenaient de lui les premières leçons de valeur, étonna l'ennemi par ses terribles coups; la hache à la main, il s'élançait dans le plus épais des bataillons anglais, mais la résistance vigoureuse qu'il rencontrait, le forçait de reprendre sa place au centre de la bataille; il s'élançait de nouveau, et de nouveau il était repoussé; enfin Hampton fit approcher un corps de gens d'armes, et fondit avec eux sur Bertrand, rompit les rangs des Français, foula aux pieds des chevaux ceux qui cherchaient à former un rempart en unissant leurs boucliers; il enfonça cette redoutable barrière, et la renversa entièrement; mais il trouva en dernière ligne la réserve des Français, composée également de cavalerie; Bouestel en était le chef : s'avançant rapidement, il attaqua avec impétuosité le général anglais, dont les gens d'armes étaient désunis par suite de la charge qu'ils venaient d'exécuter, tailla en pièces ses soldats, et le fit prisonnier de sa main. Ce succès, sur lequel Duguesclin comptait, lui donna le moyen de rétablir ses rangs rompus par la cavalerie; il le fit avec sang-froid, et se lia de nouveau avec les deux ailes, qui soutenaient péniblement les efforts des Anglais : il passait alternativement de l'une à l'autre, précédé de sa bannière, portée par Tristan du Parc : la vue de cet étendard relevait le courage des Français, et doublait leur énergie.

Cependant les Anglais, privés de leur général, se trouvant sans direction, perdirent l'avantage qu'ils avaient d'abord remporté; il ne régnait dans leur ligne ni ordre ni union, quoiqu'ils combattissent toujours avec une valeur héroïque; ils recevaient la mort sans reculer d'un pas, mais au moment où ils allaient succomber, Jean d'Évreux arriva suivi d'un renfort de cavalerie. Il était gouverneur de Niort; ne pouvant se résoudre à rester derrière les murs d'une ville pendant que les deux partis se choquaient dans la plaine, il sortit avec le plus de monde qu'il put réunir, et arriva en toute hâte sur le champ de bataille lorsque l'aile droite de Hampton se laissait déborder; il arrêta le mouvement, et fournit aux Anglais les moyens de reprendre l'offensive; tout à coup un nouvel incident vint les accabler et décider du sort de la journée; des cris confus partis du camp de Chizai, attirèrent l'attention des combattans; Robert de Myton était sorti de la place avec ses deux cents hommes de garnison pour venir prendre en queue Duguesclin; il traversait le camp qu'il croyait abandonné, mais au moment de franchir l'ouverture pratiquée dans le retranchement, il se vit entouré par les soldats du sire de Beaumont; la surprise de ses gens fut telle qu'ils ne songèrent pas à se défendre; ils furent assaillis par de petits pelotons, sortant des tentes; et comme les Anglais ignoraient à quel nombre d'ennemis ils avaient affaire, ils demandèrent quartier après une faible résistance. Robert de Myton, qui avait le sentiment de sa position de commandant, se battit en brave; mais blessé grièvement, enveloppé de toutes parts, il se vit obligé de rendre son gantelet. Le sire de Beaumont courut au pont-levis, le passa avec sa troupe et une partie de ses prisonniers, fit fermer les portes en hissant sur la tourelle du château le drapeau français. Pendant que ceci se passait dans Chizai, les deux partis qui luttaient au milieu de la plaine, accablés de lassitude, s'arrêtèrent de part et d'autre; sur ces entrefaites, les Anglais envoyèrent un parlementaire pour obtenir une suspension d'armes; ils n'agissaient ainsi que pour éviter une ruine totale; pendant que Bertrand écoutait le messager anglais, plusieurs chevaliers accoururent et lui montrèrent le drapeau français arboré sur les tourelles de Chizai. A cette vue, le connétable comprenant ce qui se passait derrière lui, congédia aussitôt le héraut en lui disant : «Maintenant je ne puis consentir à aucun arrangement; ceux du château et Robert de Myton leur chef sont pris, c'est signe que Dieu nous protège; allez dire aux vôtres qu'ils se remettent en défense, car je ne veux point les attaquer sans les prévenir (1). » En effet, il attendit quelque temps, et puis s'avançant fièrement à la tête de ses soldats que l'enthousiasme transportait, il culbuta l'ennemi. Les Anglais, frappés de stupeur par la prise de Chizai, se virent contraints de plier devant Bertrand, dont l'ascendant devenait aussi irrésistible que celui du prince Noir l'avait été pendant vingt ans; accablés de lassitude, criblés de blessures, ils mirent bas les armes; Froissard convient que pas un seul n'échappa. Ce combat de Chizai se livra dans le mois de juillet 1372.

Le connétable, charmé de la valeur des Anglais dont la fortune avait trahi le courage, les envoya tous en Guienne sans rançon, voulant les vaincre en générosité, comme il les avait vaincus par les armes; lui-même, malheureux à Aurai et à Navarette, n'éprouva point les effets du désintéressement des Anglais, et ce souvenir, loin

(1) Nennil, dist Bertrand, par ma foy je nai envie de paix ne de concorde : ceux du chastel sont desconfits à présent, et Robert Myton prisonnier; c'est signe que Dieu nous donnera victoire prochainement. Allez faire lever vos gens sur piez; car je ne daignerois assembler à eux, se ils nestoient en estat. (Hist. de Duguesclin, par Claude Mesnard, page 529.)

de l'irriter, lui indiquait au contraire la ligne qu'il fallait tenir pour être hors de toute comparaison. Néanmoins, comme il mettait un grand discernement dans ses actions, il n'étendit pas jusqu'à Jean d'Évreux la clémence dont il usait envers les soldats d'Hampton ; Jean d'Évreux était frère de Charles-le-Mauvais, par conséquent prince du sang de France : aussi félon que le roi de Navarre, mais plus courageux, il changea de parti sans pudeur. Le connétable l'envoya à Paris, comme trophée de sa nouvelle victoire, lui donnant pour garde le jeune de L'Espinay qui l'avait fait prisonnier.

Duguesclin, toujours avide de succès, ne voulut pas que la journée se bornât au gain de la bataille de Chizai ; il forma une division de 400 hommes de cavalerie, et la mit sous les ordres du sire de Rostremen, en chargeant ce capitaine d'aller surprendre Niort ; Rostremen arriva à la chute du jour devant la ville, où personne n'était encore instruit de l'issue du dernier combat ; les Anglais de garde, le prenant de loin pour Jean d'Évreux qui rentrait dans la place, le laissèrent avancer : lui et les siens, que favorisait l'approche de la nuit, se précipitèrent vers la première porte, culbutèrent la garde, brisèrent les chaînes du pont-levis, et entrèrent dans Niort en criant *Duguesclin! Duguesclin!* Les bourgeois y répondirent avec acclamation, et leur cité rentra aussitôt sous la domination de la France; ainsi dans un seul jour, le connétable fut vainqueur dans un combat livré en rase campagne, prit une forteresse, et s'empara de la seconde ville de la province. Bien des batailles célèbres n'eurent pas de résultats la moitié aussi importans.

La nouvelle du revers éprouvé par les Anglais devant Chizai suffit pour déterminer les gouverneurs de Lusignan et de La Roche-sur-Yon à ouvrir leurs portes. La capitulation de ces deux places compléta la soumission de la Saintonge, de l'Aunis et du Poitou (1).

Les brillans succès de Duguesclin dans les provinces de l'ouest avaient permis au duc d'Anjou de reprendre l'offensive en Guienne. Les Anglais, resserrés dans leurs limites, se virent au moment de perdre les possessions continentales. Édouard ordonna à son fils, le duc de Lancastre, de conclure une suspension d'armes.

(1) Wasingham, Hume lui-même, souvent impartial, passent sous silence ces trois campagnes si glorieuses pour la France, et surtout si utiles à Charles V ; sans doute qu'ils regrettaient de parler des désastres qui signalèrent les dernières années du règne d'Édouard III.

Charles V, qui ne se laissait jamais aveugler par la fortune, donna les mains à ces arrangemens; il les regardait comme les préliminaires d'une paix définitive; les hostilités cessèrent en Poitou et dans le Midi. Le connétable revint à Paris avec un nouvel éclat de renommée : au bout de deux ans, sa valeur autant que sa prudence avait fait rentrer sous la domination de la France, les provinces qui en étaient démembrées depuis le traité de Bretigni et dont l'acquisition avait coûté à Édouard trente années de combats signalées par trois victoires mémorables.

Jamais la guerre n'avait procuré à la monarchie des bénéfices aussi réels. Cette France, naguère inondée d'ennemis, menacée d'une ruine totale, se relevait avec une nouvelle vigueur et humiliait déjà sa puissante rivale; chacun en rendait grace à Duguesclin; personne ne lui contestait le mérite d'avoir opéré ces prodiges : nous allons voir la fortune du héros entrer dans une phase nouvelle.

LIVRE XII.

Duguesclin passe en Bretagne pour soustraire le duché à la domination anglaise. — Il réduit les principales places. — Il est rappelé, et commence la campagne de 1373. — Le connétable sauve le royaume d'une nouvelle invasion. — Trêve de 1373. — Bertrand épouse en secondes noces Jeanne de Laval Tintiniac. — Il paie la rançon du comte de Pembrock. — Mort des deux Edouard. — Campagnes de 1377 et de 1378. — Conquête de la Guienne. — Prise de Bergerac. — Mort de Laugurant, neveu de Bertrand.

Édouard ne pouvait se résoudre à voir flétrir sa vieillesse par des revers ; en vain s'agita-t-il pour échapper à sa destinée, il en sentit toute l'amertume, et descendit dans la tombe avec le regret de ne pouvoir emporter le titre de *conquérant*; il se vit enlever par lambeaux toutes ses conquêtes. Dans cette position, il eut recours à des moyens qui lui auraient peut-être répugné lorsque la fortune le comblait de ses faveurs. Voyant ses possessions de la Guienne menacées, ses phalanges dispersées, il voulut regagner par la brigue ce que la force des armes venait de lui enlever. Il avait pris pour agent de ses menées ce Charles de Navarre, dit le Mauvais, qui reparaissait toujours sur la scène lorsqu'il s'agissait de susciter de nouveaux embarras à la France. Ce prince, aussi actif quand il fallait s'élancer dans le champ de l'intrigue que soigneux de se tenir à l'écart lorsque des cris de guerre l'appelaient au combat, courut de la Normandie au fond de la Castille, dans le dessein de ménager un nouvel allié à Édouard III; mais, qui le croirait? celui qu'on espérait capter si facilement, était Henri de Transtamarre, qui se montrait tous les jours plus digne d'occuper le trône auquel le courage de Duguesclin et un concours de circonstances merveilleuses l'avaient élevé; il devint l'idole de ses sujets, l'arbitre des Espagnes et le potentat le plus puissant de l'Europe après Édouard III et Charles V. Il n'avait laissé échapper aucune occasion de prouver au dernier sa gratitude; jamais on ne porta plus loin le sentiment de la reconnaissance; néanmoins, Édouard ne jugea pas impossible de le séduire, il lui fit offrir par le Navarrois, et de la part du duc de Lancastre, une renonciation au trône des Alphonses; on sait que le prince anglais avait pris le titre de roi de Castille en épousant la fille de don Pèdre;

il promit, en outre, des places dans la Gascogne s'il consentait à répudier avec éclat l'alliance de la France. Le Castillan montra un noble courroux lorsqu'il entendit cette proposition : « Je suis étonné, répondit-il à Charles-le-Mauvais, que l'on m'ait cru capable d'une pareille lâcheté, et je suis encore plus étonné de vous voir servir les intérêts d'un prince étranger contre le roi votre beau-frère. »

Après cette réponse qui ne souffrait pas de réplique, Henri de Transtamarre invita Charles-le-Mauvais à sortir sur-le-champ de ses États; le Navarrois, qui ne connaissait pas la honte, quitta la Castille non pas avec le désespoir de s'être vu repoussé d'une manière aussi humiliante, mais seulement avec le regret d'avoir échoué dans ses projets (1).

Édouard, dont l'ame était plus élevée, dut applaudir en secret aux sentimens généreux du roi de Castille; il tourna ses vues d'un autre côté, et en désespoir de cause il s'adressa au duc de Bretagne. Les motifs qui avaient engagé Henri de Transtamarre à se montrer inflexible, devaient déterminer Montfort à servir avec chaleur

---

(1) Secousse, Mémoires sur Charles-le-Mauvais, 2e part. — Acad. des inscriptions.

la cause de l'Angleterre; Édouard avait fait pour l'un ce que Charles V avait fait pour l'autre; la reconnaissance devait donc être égale. Le monarque anglais ne fut point trompé dans son attente.

Montfort régnait sur le duché, mais d'une manière désagréable pour lui; la majeure partie de ses sujets s'était opposée avec force à son avénement, et il ne devait son établissement en Bretagne qu'au secours des Anglais pour lesquels il manifestait imprudemment une gratitude odieuse aux yeux de ses sujets. Il détestait la noblesse et en était détesté, le peuple ne l'aimait pas davantage; mais fatigué de la guerre il préférait le voir régner plutôt que de recommencer une nouvelle lutte pour le chasser, de sorte que Jean de Montfort pouvait se regarder comme toléré. Indigné de sa position, il saisit avec empressement l'occasion d'en sortir. La haute idée qu'il avait d'Édouard III l'empêchait de voir que la fortune abandonnait sans retour le vainqueur de Créci; il s'unit étroitement à son beau-père contre Charles V, et, comme il ne doutait pas du succès, il se persuadait qu'il en résulterait pour lui une augmentation de puissance telle que son autorité ne connaîtrait plus d'entraves; les rêves brillans de son imagination s'évanouirent bientôt. La noblesse bretonne, affectionnée à la France dont elle avait partagé la bonne et la mauvaise fortune, montra combien l'alliance de Montfort avec Édouard la blessait ; feignant cependant d'ignorer l'existence du traité, elle ne laissa point éclater son mécontentement, elle désirait que ses murmures fussent pour le duc un salutaire avertissement ; le vicomte de Rohan, député vers Montfort par les hauts barons, lui dit avec cette franchise bretonne un peu rude : « Sir, dès que nous nous apercevrons que vous faites cause commune avec l'Angleterre, nous vous chasserons du duché (1). » La menace n'effraya point le duc ; il mit seulement plus de circonspection dans ses relations avec le roi d'Angleterre.

Édouard tenait à l'alliance du duc de Bretagne, parce qu'il espérait que Montfort occuperait seul les Français sur le point le plus important, pendant que de son côté il les attaquerait dans le midi et dans l'ouest. Mais son nouvel allié n'avait pas mesuré son zèle à l'étendue de ses forces ; dès que Montfort eut levé le masque pour agir ouvertement en faveur de son beau-père, la noblese bretonne se mit aussitôt en

---

(1) Toutes les histoires de Bretagne.

opposition avec lui. Les vicomtes de Laval et de Rohan devinrent les chefs de cette ligue. Le duc appela aussitôt les Anglais et leur livra ses principales places; les barons de leur côté implorèrent le secours de la France. Le peuple ne prenait point encore parti, quoiqu'il vît d'un mauvais œil l'union du souverain avec les Anglais; mais le duc ayant mis un nouvel impôt pour soutenir la guerre, le peuple fit cause commune avec la noblesse. Montfort se trouva forcé de combattre ses sujets. Charles V s'était empressé de répondre à la confiance des bannerets bretons; il chargea Duguesclin de chasser les Anglais de l'Armorique; le connétable réunit sa nouvelle armée auprès de Pontorson, et entra aussitôt dans le duché; il y fut accueilli avec enthousiasme; son nom, ses exploits, l'affection que lui portaient ses concitoyens, devaient le rendre l'arbitre de la Bretagne comme il l'avait été de la Castille; mais, au grand étonnement de tous les partis, il déploya dans cette circonstance délicate un nouveau caractère; on fut surpris de voir un guerrier qui ne respirait que les combats, que l'on savait avide de renommée, proposer des voies de conciliation pour éviter l'effusion du sang; il promit à Montfort, son ennemi personnel, de conjurer l'orage formé contre lui, s'il consentait à rompre ouvertement avec Édouard, se chargeant en son particulier de chasser les Anglais que le duc avait imprudemment appelés dans ses États. Montfort ne sut aucun gré à Duguesclin de sa modération, il ne vit point les sacrifices d'amour-propre que ce grand homme faisait dans l'intérêt de l'humanité, car avec un peu de reflexion il se serait aperçu que Bertrand répugnait à faire la guerre dans son pays natal aux Bretons du parti de Montfort. Jean IV crut s'honorer aux yeux de ses contemporains en mettant encore plus de fidélité dans ses engagemens; rien ne put vaincre son obstination.

Le duc se servit des troupes anglaises pour lever l'impôt que l'on refusait de payer; alors le connétable, voyant qu'il n'y avait plus de ménagement à garder, entra en campagne; les effets de la foudre ne sont pas plus prompts; les Anglais attaqués avec impétuosité n'eurent pas le temps de se reconnaître. Saint-Malo, Dinan, leur furent enlevés dans l'espace de quelques jours. Jugon, commandé par le sire de Guité, voulut résister, mais la place fut emportée; c'était une conquête précieuse, car Jugon passait pour une ville si importante, qu'on disait : *qui a Bretagne sans Jugon, a chape sans chape-*

ron (1). Montcontour, où l'on battait monnaie, tomba également en son pouvoir. La place d'Hennebon fut la première qui tenta d'arrêter la furie des soldats de Bertrand; les Anglais avaient su obtenir des habitans qu'ils serviraient leurs intérêts. Les approches de la ville s'hérissèrent de palissades, les remparts furent couverts de quartiers de pierres destinés à être lancés sur les assaillans.

Le général français ne croyait pas trouver Hennebon sur la défensive; il jugea que son intérêt lui faisait une loi de réduire cette ville sans délai, de peur que l'exemple ne devînt contagieux; en conséquence, il réunit ses trois corps d'armée sur le même point, investit la place, et présida lui-même aux dispositions d'un assaut qui devait être meurtrier. Mais avant de le livrer, il voulut parler aux magistrats; ceux-ci, déjà fort effrayés, se présentèrent aux créneaux, les habitans couvraient les remparts; le connétable s'avança au bord du fossé, et d'une voix terrible leur fit cette sommation : « Il est certain que nous conquetrons et souperons ce soir dans cette ville; mais si un des vôtres

(1) Annales briochines, par l'abbé Rufflet, 1771, in-12, p. 70.

gete pierre ou carrel par quoi le plus petit de nous et de nos garçons soit blecié, je vous ferai à tous tollir la vie. » (Lobineau, t. 1, p. 406.)

A peine eut-il prononcé ces mots, que mille cris se firent entendre sur les murailles, et dans l'intérieur de la ville; la vue de Duguesclin et ses menaces effrayèrent tellement les bourgeois, qu'ils ne voulurent pas attendre un seul moment pour se rendre; les ponts-levis furent baissés malgré les Anglais, et Duguesclin, sans tirer l'épée, se vit maître d'une des plus fortes places de la Bretagne, devant laquelle Philippe de Valois avait échoué. La prise d'Hennebon fut suivie de celle de Nantes. Le duc de Bourbon, fidèle compagnon de Duguesclin, s'y fit remarquer par sa bravoure; il ne resta plus à soumettre que Brest et Derval. Robert Kenolles vint se jeter dans la première, le connétable l'y assiégea; il se retrouvait en présence du général anglais qu'il avait battu si souvent; mais cette fois, Kenolles pouvait lutter avec quelque avantage contre lui, puisqu'il se trouvait retranché derrière les fortifications d'une des meilleures places du continent; d'ailleurs la flotte d'Édouard III, qui tenait la mer, rendait la prise de la ville impossible. Bertrand, que les obstacles enflammaient au lieu de le rebuter, se mettait en mesure de forcer ce poste important, lorsqu'il fut rappelé de la Bretagne par Charles V; ce prince voulait l'opposer aux Anglais, qui, par suite du plan concerté entre Montfort et Édouard, venaient de débarquer à Calais, et s'étaient répandus dans le royaume pour la troisième fois. Tout avait plié devant leurs efforts. Pour céder au vœu général, le monarque s'empressa de faire revenir Duguesclin, que la nation regardait comme son bouclier.

Le duc de Lancastre commandait encore cette nouvelle expédition; il avait reçu l'ordre de porter toutes ses forces en Guienne. Pendant que les affaires de la Bretagne retenaient dans ce pays le connétable et le gros de l'armée française, lui ne devait s'occuper qu'à recouvrer la Saintonge, l'Aunis et le Poitou, perdus dans deux campagnes précédentes. Voilà, si on en croit les historiens anglais, quel fut le plan d'Édouard III; dans ce cas, on a sujet de s'étonner qu'il n'envoyât pas débarquer cette armée sur les côtes d'Aquitaine, sans lui faire traverser la France dans toute sa longueur. Le duc de Lancastre avait sous ses ordres le comte d'Arundel, le duc de Cambridge, et 40,000 hommes; il traînait à sa suite Montfort, qui, obligé de fuir pour échapper au connétable, s'était vu dépouillé de ses États dans l'espace d'un mois. Aussitôt qu'il eut mis le pied sur le sol français, il envoya à Charles V un cartel en termes dont Édouard lui-même ne se serait pas servi; cette bravade était d'autant plus ridicule, que Montfort ne commandait dans l'armée que 60 hommes d'armes. Il se voyait sans cesse obligé de dévorer les affronts dont un souverain déchu est ordinairement abreuvé par les princes étrangers qui embrassent sa défense.

D'après les intentions de son père, le duc de Lancastre devait traverser le royaume en tournant les places fortes, sans s'arrêter devant une seule; ce système d'invasion, si redoutable lorsqu'il est exécuté avec talent, fut créé par Édouard III; pendant trente ans, il avait mis la France sur le penchant de sa ruine. Le monarque voulut se charger de cette nouvelle expédition, mais son conseil s'y opposa; le prince Noir, plus malade que jamais, paraissait n'avoir que quelques instans à vivre; l'Angleterre alarmée réclamait la présence de son roi.

Le duc de Lancastre s'enfonça au milieu de la France (février 1373); il traversa le Boulonnais, l'Artois, la Picardie, sans que personne s'opposât de front à son passage, mais des corps isolés, fort nombreux, le harcelaient sans cesse;

le sire de Renneval, Enguerand de Couci et l'amiral Jean de Vienne, lui causaient un mal incalculable avec une division de cavalerie. D'après un ordre du roi, les habitans des campagnes abandonnèrent leurs habitations, détruisirent les vivres qu'ils ne purent emporter, de sorte que les Anglais se trouvèrent non-seulement en butte aux coups d'un ennemi acharné, mais encore en proie à tous les maux qu'entraînent la famine et les rigueurs de la saison. Malgré tant d'obstacles, le duc de Lancastre serait arrivé en Guienne avec assez de troupes pour remplir les vues de son père, si la France n'avait eu à lui opposer un aussi grand capitaine que Duguesclin. Ce guerrier, forcé de laisser en Bretagne la moitié de son armée pour garder le duché, ne put amener que 10,000 hommes, mais son génie savait se créer des ressources en calculant d'avance ses plans de campagne; c'est le premier général du moyen âge qui ait compris l'art des marches, dont la pratique était alors doublement difficile, vu le mauvais état des routes; il fallait aussi dresser les soldats à braver des obstacles de cette nature, et soutenir leur résolution chancelante. Le nombre d'expéditions de cette nature qu'il fit avec un plein succès, atteste qu'il était parvenu à prendre sur leurs esprits un ascendant que nul de ses devanciers n'avait su exercer avec autant de constance. Ce fait seul prouve mieux la supériorité de son génie, que tous les traits d'audace, souvent fabuleux, dont on a mêlé l'histoire de sa vie. Aucune de ses campagnes ne fut aussi glorieuse que celle de 1373; elle eut pour résultat d'anéantir les dernières ressources d'Édouard, de consolider les conquêtes du Poitou et de la Saintonge, enfin de forcer le monarque anglais à demander la paix.

Au lieu de se porter sur Paris avec toutes ses forces, Duguesclin, qui avait deviné le projet de l'ennemi, sortit de la Bretagne en remontant la rive droite de la Loire, la quitta à Orléans, traversa le Gatinais, et vint camper sur la Seine au-dessus de Troyes; le duc de Lancastre, le sachant au fond de la Bretagne, imagina qu'en sortant du duché Bertrand entrerait dans le Poitou, afin de s'opposer au passage des Anglais par les provinces de l'ouest; en conséquence, dans le dessein de l'éviter, le duc résolut d'aller joindre la route de Bordeaux, en perçant à travers le centre de la France. Quelle dut être sa surprise de trouver Duguesclin devant lui! Les deux armées se rencontrèrent auprès de Troyes; les Anglais présentèrent la bataille; le général français eut beaucoup de peine à retenir l'impétuosité chevaleresque des bannerets, dont l'ardeur augmentait avec les succès; il était trop sage pour compromettre le sort de la campagne dans une seule action; il refusa le combat, s'attachant à ne perdre jamais de vue son ennemi, pour le ruiner en détail; il attaqua son arrière-garde au passage de l'Yonne auprès d'Auxerre, lui tua beaucoup de monde, enleva la bannière du duc de Lancastre et tous ses bagages. Après cet échec Montfort conseilla aux Anglais d'abandonner le projet de gagner Bordeaux par le Bourbonnais et le Limousin; il voulait qu'ils rentrassent dans la Bretagne, en suivant la rive droite de la Loire. On repoussa ses avis avec rudesse, malgré plusieurs nobles qui trouvaient le conseil très-prudent. La mésintelligence se mit parmi les chefs de l'armée anglaise; Duguesclin en profita; il poursuivit Lancastre avec acharnement dans le Nivernais, le contraignit à passer la Loire précipitamment; chaque ruisseau, chaque défilé devenait pour l'ennemi la cause d'une perte notable. Le connétable était toujours en tête des assaillans, faisant ainsi de nouveau cette guerre de partisans qui avait fondé sa fortune. Il passa l'Allier quelques heures après les Anglais, qui, se trouvant alors dans les plaines du Bourbonnais, purent déployer leurs forces; ils offrirent de nouveau la bataille; le connétable la refusa pour la troisième fois.

Louis II de Clermont, possesseur du Bourbonnais, réunit ses vassaux, fit prendre les armes aux habitans, et s'unit à Bertrand pour repousser l'ennemi. Il occupa la Marche, afin de lui couper la retraite de ce côté; le duc de Lancastre fut obligé de s'engager dans l'Auvergne; Duguesclin, mieux guidé, gagna deux jours de marche, et fut l'attendre à l'entrée du Puy-de-Dôme, auprès du lieu où la Sioule prend naissance; il garda la rive droite de cette rivière. Étant resté vingt-quatre heures dans cette position, il crut que l'ennemi avait forcé le passage du Cher; ses officiers partageaient déjà ses craintes, lorsque le châtelain de Besse signala du haut des remparts, avec son cor, l'approche du duc de Lancastre. En voyant les étendards d'Angleterre, les Français ne purent contenir leur impatience, ils demandèrent à grands cris le combat; le connétable, contraint d'engager l'action, s'y prépara avec son habileté ordinaire. L'histoire d'Auvergne (1) fait mention de cette bataille, sans en donner des détails; elle dit

(1) Hist. des dauphins d'Auvergne, par le père Clément.

que la lutte fut longue, et que la nuit sépara les combattans. Elle ajoute que les habitans de ces rudes contrées accoururent de toute part, lorsque les échos des montagnes répétèrent le signal donné par le châtelain de Besse. Il faut bien que le désavantage ne soit pas du côté des Français, puisqu'on voit leur général poursuivre le duc de Lancastre avec le même acharnement. Il entra aussitôt que lui dans le Limousin. Les difficultés locales et les combats partiels causèrent de si grandes pertes aux Anglais, qu'il leur resta tout au plus 12,000 hommes lorsqu'ils arrivèrent en Périgord. Duguesclin survint au moment où le duc de Lancastre allait forcer les portes de Périgueux, dont les habitans avaient secoué depuis peu le joug des Anglais. Ceux-ci, acculés au pied des hautes murailles de cette capitale, livrèrent une nouvelle bataille, dans laquelle leur valeur fut au moment de triompher. Montfort, désespéré de voir la fortune pencher du côté des Français, se jeta au milieu de leurs rangs pour y trouver une mort glorieuse; 100 Bretons restés fidèles à sa cause l'arrachèrent des mains des Normands qui allaient l'immoler. Les soldats de Lancastre, obligés de battre en retraite, livrèrent aux flammes les faubourgs de Périgueux. L'église de

Saint-Jean, une des plus anciennes des Gaules, fut brûlée dans cette circonstance (1); les débris de l'armée battue se dirigèrent vers la Dordogne; les vainqueurs taillèrent en pièces l'arrière-garde commandée par le sire de Norvick, et après cette action ils abandonnèrent les restes de cette formidable armée qui venait de disparaître dans l'espace d'un mois; en effet, le fils d'Édouard avait débarqué avec 40,000 hommes; il lui en restait 6,000 en arrivant à Bordeaux. La France fut garantie de nouveaux désastres, grace à l'habileté et à la constance de Duguesclin. Les légats du pape voulurent interposer leur médiation pendant la longue marche des Anglais, demandant que les parties belligérantes posassent les armes. Le duc de Lancastre, dont la présomption égalait l'imprudence, repoussa ces propositions, ne doutant pas d'anéantir promptement l'armée française. Lorsque le connétable vit que le succès couronnait ses efforts, il refusa à son tour d'entrer en pourparler, disant qu'il n'avait pas les pouvoirs nécessaires pour traiter; enfin, on conclut une trève qui fut signée au mois d'avril 1373 (fin de l'année).

(1) Hist. chronol. des comtes de Périgord, par le père Clémen..

Dans l'espace d'une seule année, Bertrand avait conquis le Poitou, soumis la Bretagne, et sauvé le royaume d'une invasion. Aussitôt la trève signée, il courut se reposer de ses travaux dans son château de Portorson : c'est là qu'il contracta un second hymen. Sa femme, Tiphaine Raguenel, était morte sans enfans en 1372; l'espoir d'avoir un fils engagea Duguesclin à former cette nouvelle union ; Charles V, la France entière, et principalement ses nombreux compagnons d'armes, l'y forcèrent par leurs supplications : ce fut encore en Bretagne qu'il voulut choisir une autre compagne ; les familles les plus illustres se disputèrent l'honneur de s'allier au grand homme. Celle de Laval eut la préférence. Jeanne, fille unique de Jean de Laval Tintiniac, fut saluée duchesse de Molina et comtesse de Longueville ; le peuple, que ces titres pompeux touchaient moins, l'accueillit par de vives acclamations en l'appelant la femme *du bon connétable*. Les noces se firent à Rennes au commencement de 1374; la Bretagne célébra cette union comme une fête nationale. Ainsi Bertrand eut deux beaux-pères qui avaient été au combat des Trente, Robin Raguenel et Alain Tintiniac Laval. Son second hymen le mit en possession de ce château de Montmuran, où vingt ans auparavant il avait été armé chevalier par le maréchal Andhreguen (1).

Une nouvelle trêve signée vers la fin de 1374, permit à Duguesclin de goûter le repos qui le fuyait depuis long-temps; mais dans cet état de tranquillité qui dura deux années entières, il put encore exercer les vertus douces et bienfaisantes qui le distinguaient si éminemment. Parmi les traits qui font éclater sa générosité, on peut remarquer celui dont le comte de Pembrock fut l'objet. On se rappelle que cet officier anglais, pris par Yvain de Galles en 1371, fut amené prisonnier en Espagne; il éprouva les traitemens les plus durs de la part des Castillans, qui voyaient en lui un des plus chauds partisans de don Pèdre : Henri de Transtamarre avait mis sa rançon à un prix tel, que l'Anglais ne pouvait espérer de sortir jamais de captivité; il implora vainement les secours d'Édouard et des princes ses fils; désespéré, il s'adressa à Duguesclin dont il connaissait la magnanimité, et le supplia de briser ses fers. Le héros breton accueillit sa prière; il vendit au roi de Castille toutes les terres qu'il possédait dans ce pays, et

(1) Montmuran rentra dans la maison de Laval après la mort de Duguesclin, qui n'avait pas laissé d'enfans.

en laissa le prix pour payer la rançon de Pembrock; elle s'élevait à 120,000 écus. Le général anglais, n'acceptant ce don qu'à titre de prêt, donna pour caution le duc de Lancastre et les échevins de Bruges; il quitta l'Espagne, et prit la route de Calais, désirant s'y embarquer; mais il mourut sans être entré dans cette ville. Le duc de Lancastre et les échevins de Bruges déclarèrent qu'ils se regardaient comme déliés de leur parole, parce que Pembrock était mort sur les terres de France en état de captivité; Bertrand fut obligé d'avoir recours aux voies judiciaires: la procédure se prolongea jusqu'en 1378. Le connétable, fatigué de ces retards, transporta ses droits à Charles V pour la somme de 50,000 fr., le dixième environ de la créance, et perdit le reste (1). Duguesclin ne se contenta point d'honorer son nom par des actes de désintéressement : il consacra au bien de la France ces deux années qui furent les plus calmes de sa vie. La nature de ces services, en décelant la trempe de son ame, le range parmi les hommes les plus éminens de notre pays; nous voulons parler de l'ardeur qu'il mit à seconder Char-

---

(1) Lobineau, tome 1, page 412. — Ferreras, Hist. de Castille, liv. VIII.

les V dans les efforts que ce prince faisait pour délivrer entièrement le royaume des calamités que lui suscitaient sans cesse les grandes compagnies composées des soldats que l'on licenciait lorsque la guerre cessait. Le moyen employé par Duguesclin, en 1365, avait été mis aussi en usage plus tard par le sire de Couci; mais ce moyen pouvait s'user : il fallait, pour attaquer le mal dans sa racine, créer des institutions fortes, diminuer surtout la facilité qu'avait chaque baron de lever des gens armés. Charles V pensa qu'il pouvait tenter cette entreprise délicate avec le concours d'un guerrier célèbre, dont l'autorité était pour cet objet au moins égale à la sienne, car Bertrand désirant diminuer les calamités de la guerre, n'avait cessé de faire régner dans son armée une discipline sévère. En conséquence Charles V et Duguesclin créèrent en commun des réglemens militaires appropriés aux circonstances. L'histoire générale, qui rapporte tout au roi, attribue à Charles V le mérite de les avoir fondés; mais elle ne peut s'empêcher d'avouer que ce fut d'après *les conseils de son connétable qu'il donna cette ordonnance*, etc.

Le point essentiel était de limiter le nombre des capitaines, et d'empêcher que nul baron pût s'ériger en chef de troupe. Le roi donna, vers la fin de 1373, une ordonnance qui institua des capitaines inamovibles, que l'on appela *capitaines ordonnés*; ils pouvaient réunir sous leurs bannières des hommes armés; le roi les prit tous à sa solde, et s'en servit pour comprimer ceux qui refusaient d'obéir aux ordres du prince : dès ce moment le brigandage organisé sur toute la surface de la France cessa entièrement, ou du moins fut presque détruit (1). Une autre loi rendit distinctes les *compagnies*, des levées du ban et de l'arrière-ban. L'armée se trouva par conséquent divisée en troupes royales permanentes, et en milices temporaires non soldées : de ces deux ordonnances principales, il en découla une infinité d'autres, sur la tenue des troupes, la discipline, la hiérarchie militaire, le campement, le logement dans les villes (2), et même sur l'entretien des routes, objet important, qui, sous l'apparence de pure utilité publique, cache un

(1) Les désastres du règne suivant anéantirent ces belles institutions, qui ne furent remises en vigueur que sous Charles VII, vers le milieu de son règne. Ce prince eut également recours aux lumières d'un grand capitaine : ce fut Arthur de Richemont.

(2) On les trouve réunies dans la collection des ordonnances recueillies par Descamp.

des plus puissans instrumens de l'autorité suprême, l'un des moyens les plus propres à entretenir l'harmonie dans toutes les parties du système administratif. Les Romains en avaient fait un usage admirable pour tenir sous leur domination les peuples de la terre : ils coupèrent les Gaules par de grandes voies, qui venaient aboutir au Latium. Ces grands chemins, toujours bien entretenus, donnaient aux gouverneurs des provinces la facilité d'arrêter les soulèvemens, en se portant sur les divers points avec une incroyable célérité ; mais ces voies, tracées à si grands frais, furent rompues ou comblées pendant la longue anarchie des Carlovingiens. Depuis cette époque, on rentra dans une nuit profonde. Les Capétiens, nés au milieu de l'obscurité de cet âge, durent tout deviner : ils sont en cela dignes d'admiration. Charles V fit un grand pas dans la civilisation en s'occupant des voies publiques ; il conçut même le projet de rétablir les *mansions* des Romains (ce sont les relais de postes); mais la mort l'empêcha de poursuivre cette entreprise. Louis XI en recueillit la gloire sans en avoir eu la première idée.

L'occasion de mettre en pratique les nouvelles institutions militaires se présenta bientôt; le roi de Navarre, toujours inquiet, toujours envieux du repos de la France, voulut le troubler de nouveau; il désira prendre à sa solde les compagnies qui occupaient les places voisines de ses domaines; mais les capitaines ordonnés par le roi, satisfaits de leur sort, fiers de la considération dont ils jouissaient, restèrent fidèles à leur devoir, et dissipèrent les bandes d'aventuriers qui voulaient se former aussi en compagnies. Le Navarrois, comprimé sur tous les points, demanda pardon pour la dixième fois; il l'obtint facilement, car Charles V était d'autant plus fondé à croire que cette tentative serait la dernière, que le prince félon ne pouvait plus compter sur l'assistance de l'Angleterre. Cette orgueilleuse rivale recevait chaque jour quelque atteinte fatale; le prince Noir, l'ornement de son siècle, avait terminé sa vie dans sa quarante-sixième année, le 17 juillet 1376 (1). Le roi de France s'honora lui-même en payant à sa mémoire un juste tribut d'admiration; on célébra dans l'église de Notre-Dame un service funèbre auquel Charles V assista ainsi que les grands du royaume; Duguesclin, comme connétable, présida à cette

---

(1) Arthur Collins, Life of prince of Walles.

cérémonie touchante ; la mort avait fait disparaître toute inimitié nationale ; un peuple généreux, respectant les vertus jusque dans ses ennemis, donnait de magnanimes regrets à la perte d'un grand homme. L'Angleterre pleurait encore le fils lorsqu'elle se vit enlever le père. Édouard III était dans la décrépitude du corps et de l'esprit avant le temps prescrit par la nature ; le mauvais succès de ses armes, la perte de ses conquêtes l'avaient jeté dans un état d'irritation continuelle ; la mort de son fils aîné l'atterra ; ses organes s'affaiblirent, mais il lui restait assez de vie pour sentir les maux qui devaient empoisonner ses derniers jours. La discorde se mit dans sa famille ; il put voir les débats qui s'y élevèrent à l'occasion de son successeur. L'ambitieux Lancastre voulait faire exclure du trône le jeune fils du prince Noir, soutenant qu'il était le fruit d'un commerce criminel ; mais la nation anglaise chérissait trop la mémoire du héros pour abandonner son enfant ; elle défendit ses droits, le fit reconnaître prince de Galles et héritier présomptif de la couronne. Édouard III, libre à cet égard de tout souci, retomba dans l'apathie ; il se renferma au fond de son château de Richemont avec sa favorite Alix, Espagnole de nation, et même parente de Padilla, si on en croit les historiens de la Castille : il y fit une rechute en 1377. Sa maladie empira rapidement. Alix éloigna aussitôt de son appartement les plus fidèles serviteurs, de sorte que le monarque moribond se trouva presque seul; la favorite, voyant approcher l'heure fatale, déroba les effets les plus précieux, et ôta de la main glacée du roi un anneau d'un grand prix ; elle se retira chargée de ces riches dépouilles. Édouard III expira dans les bras d'un simple prêtre, qu'un zèle charitable avait appelé auprès de lui.

La mort d'Édouard III et celle du prince Noir firent perdre à l'Angleterre l'influence dont elle avait joui pendant si long-temps : la France put alors reprendre le premier rang qu'elle occupait jadis sous les derniers Capétiens. Charles V et Duguesclin se trouvèrent en possession du rôle brillant qu'Édouard III et son fils avaient joué pendant trente ans. Le monarque anglais descendait dans la tombe au moment où expirait la trêve conclue en 1375 ; le conseil de régence du jeune Richard, jaloux de prouver que la mort des deux Édouard n'avait point ébranlé le crédit de l'Angleterre, fit de nouveaux préparatifs pour rétablir le duc de Bretagne dans ses États ; la guerre recommença avec fureur. Le duc de Lancastre, que ses défaites passées n'avaient rendu ni plus modeste ni plus habile, voulut commander encore cette expédition; il débarqua auprès de Saint-Brieux avec les comtes de Warvick, Staffort et Spencer, et une armée formidable; il s'étendit le long des côtes, annonçant l'intention de s'emparer des places qui défendaient le littoral : le connétable partit de Paris vers le milieu de janvier 1377, rassembla auprès d'Alençon les troupes royales, composées des *compagnies ordonnées*, des milices de Normandie, de l'Ile-de-France et de la Picardie. Les maréchaux de Sancerre et de Blainville vinrent le joindre avec deux mille nobles, parmi lesquels on distinguait les sires de La Suze, de La Chataigneraie, de Lanvalai, de Brézé, de Belozac, de Botterel, de Rouvré, de Rothelin; les Bretons formaient une division de quatre mille hommes, dont les principaux chefs furent les sires de Rohan, de Lannion, de Beaumanoir, de Porrhoët, de Châteaubriand. Ces forces réunies égalaient celles des Anglais; mais les Français avaient un grand avantage sur leurs rivaux; les succès qu'ils venaient d'obtenir durant six ans les avaient remplis de confiance, tandis que les Anglais, fatigués de la guerre, effrayés des échecs qu'ils essuyaient sans cesse, perdaient cette assurance qui les avait rendus si redoutables sous le prince de Galles. Quoi qu'il en soit, le duc de Lancastre voulut prendre aussitôt l'offensive contre l'avis du duc de Bretagne, qui demandait qu'on s'établît dans quelques places fortes, pour s'y concentrer sans se répandre dans le pays. Jean IV espérait, en agissant ainsi, fournir aux anciens partisans de sa maison les moyens de se rallier à la cause de Montfort. Le général ne voulut pas entrer dans ses vues; fier du nombre de ses soldats, il mit à exécution le plan qu'il avait formé en son particulier, c'était d'attaquer six points différens le même jour. De son côté le connétable, quoique égal en forces, résolut de se conduire vis-à-vis le fils d'Édouard comme il en avait agi à son égard en 1373, et de le vaincre par les mêmes moyens : il se contenta de suivre ses mouvemens, de le harceler en refusant toujours le combat; enfin il se renferma dans la guerre de postes. Le duc de Lancastre conçut l'espoir de lui faire abandonner ce système en tentant un coup hardi; il assiégea brusquement Saint-Malo, place d'armes des Bretons; la possession de cette ville était pour lui de la plus haute importance; Montfort pouvait y établir sa résidence et menacer de ce lieu le reste de la Bretagne. Le général anglais ne doutait pas que la rapidité de ses mouvemens ne dût déconcerter Duguesclin; mais il se méprit étrangement en espérant tromper la vigilance du connétable; à peine avait-il formé le projet d'attaquer Saint-Malo, que Duguesclin se trouva en mesure de le déjouer; ils parurent tous les deux en même temps devant les remparts de la ville. Bertrand poussa des reconnaissances jusqu'au milieu du camp ennemi : dans cette occasion, il trompa encore les Anglais par un excès d'audace; car ce n'était qu'à la tête de quelques divisions de troupes légères qu'il s'était approché de Saint-Malo. Le duc, s'imaginant que Bertrand menait la totalité de son armée, se fortifia dans son camp, abandonnant les travaux du siège; il perdit ainsi plusieurs jours pendant lesquels la ville, qui n'aurait pu soutenir une attaque subite, se mit en état de défense; bien plus, le reste de l'armée française eut le loisir d'arriver, et de se concentrer sur une seule ligne. Le duc sentit sa faute, et offrit la bataille qui fut refusée; il crut réparer cette faute en pressant le siège, mais les divers assauts échouèrent parce que le connétable attaquait le camp toutes les fois que les Anglais faisaient quelques tentatives contre les remparts. Lancastre, désespéré de se consumer en efforts inutiles, brûlant de se rendre à Londres pour suivre ses projets d'ambition, leva le siège aussi brusquement qu'il l'avait commencé. Il voulut se rembarquer au port de Saint-Mahé; il n'y réussit pas; car les habitans fermèrent les portes; il se vit obligé de monter sur un esquif près de Concarneau. Montfort, abandonné de son allié, ne put se soutenir dans le duché; il quitta la Bretagne sans être parvenu à émouvoir ses anciens sujets : son départ fit cesser la guerre. Le connétable eut alors le loisir de tourner ses vues du côté de la Guienne; i lavait conçu avec Charles V un plan de campagne dont la soumission de la Gascogne et de toute l'Aquitaine devait être le résultat; en conséquence, on retira les troupes de la Bretagne, ainsi que de la Normandie, et l'on forma sous Paris une armée de 40,000 hommes. Rien ne fut négligé pour que le succès le plus complet couronnât cette entreprise; chacun brûlait d'y prendre part : outre le duc de Berri et les autres princes du sang, on distinguait dans cette grande réunion de bannerets les maréchaux de Sancerre et de Blainville, le sire de Rohan, de Rieux, Valeran de Luxembourg, le sire de Clisson, le comte d'Armagnac, le sire d'Albret, le prince Yvain de Galles, Pierre de Craon, le Meingre de Boucicaut, Gilbert de La Fayette,

Charles de Beauvoir, Jacques de Montberon, Pierre de La Baume, Charles de Noailles, Amaury de Severac, Alain de La Houssaye, Thibaut du Pont, Hellion de Callac, le sire de Vaudreuil, Maurice de Talleyrand, le vicomte de Rochechouart, Pierre de Mornay. Cette armée marchait sous les ordres immédiats du connétable, dont l'âge n'avait affaibli ni les forces ni l'énergie; sa bannière était portée par le jeune Penhouët, et celle du roi par un seigneur de Puységur, qui devint maréchal de France dans le règne suivant. On leva le camp au printemps de 1378, l'armée fut divisée en trois corps; le commandement des deux premiers fut confié aux maréchaux de Sancerre et de Blainville, le connétable prit celui du troisième; ils franchirent tous ensemble la Loire, et se dirigèrent vers la Guienne par trois points différens. Duguesclin avait choisi la Dordogne pour base de ses opérations. Il balaya dans sa marche les provinces centrales, et en expulsa quelques bandes d'aventuriers qui les dévastaient impunément; il rasa les châteaux-forts qui servaient de refuge à ces brigands, et pénétra ensuite dans le Périgord. Le duc d'Anjou vint au-devant de lui; le connétable voulut remettre entre ses mains le commandement général, mais le prince pensait, comme toute l'armée, qu'il ne pouvait être mieux que dans celles du chevalier breton, dont les glorieux travaux avaient ramené la fortune sous les drapeaux de la France.

On allait porter à l'Angleterre un bien terrible coup, car le but de cet armement était de s'emparer des possessions continentales qui lui restaient encore. La Guienne avait pour gouverneur Thomas Felleton, le même qui avait été si souvent malheureux contre Duguesclin ; néanmoins il passait pour un guerrier habile autant que brave, mais ses talens ne pouvaient suppléer à l'exiguité de ses moyens. L'Angleterre, épuisée d'hommes, n'avait pu envoyer des renforts ; Felleton fit cependant ses dispositions de défense ; il rappela les garnisons trop éloignées du centre, démolit les forteresses qu'il ne pouvait garder, sut réchauffer le zèle des anciens partisans des Plantagenets, et détermina les seigneurs de Duras, de Rosein, de la Rochefoucault, de Mucidan, à prendre les armes en faveur de Richard II.

L'armée française se concentra entre les deux rivières de la Dordogne et de Lisle; elle poussa les Anglais, et les força de reculer jusque sur la Garonne; alors Duguesclin assiégea Bergerac que le duc d'Anjou avait attaqué inutilement. Cette conquête n'était pas facile, car de hautes murailles et une forte garnison défendaient la place; les habitans, depuis long-temps séparés de la France, se montraient disposés à seconder les Anglais.

Felleton, suivi d'un corps nombreux, voltigeait autour de Bergerac; il évitait d'en venir aux mains avec le connétable, enlevant les convois de vivres, surprenant les postes avancés, taillant en pièces des détachemens; enfin, il faisait ce que Bertrand avait fait devant Rennes au début de sa carrière.

Le connétable voyant qu'il ne pourrait prendre la place sans machines de guerre, envoya chercher celles que le duc d'Anjou gardait à La Réole. Il chargea Alain de Beaumont de les amener au camp sous l'escorte de 2,000 hommes; en même temps il détacha Yvain de Galles et Thibaut du Pont avec 1,500 hommes pour observer Felleton et défendre les moulins situés dans la langue de terre resserrée entre la Dordogne et Lisle; l'Anglais voulait les incendier. Felleton trompa la vigilance d'Yvain de Galles, lui déroba sa marche, et occupa le défilé par où devait passer Alain de Beaumont, en revenant de La

Réole; les Français tombèrent dans l'embuscade; mais, quoique surpris, ils se mirent en défense et surent contenir des flots d'assaillans. Felleton, la hache à la main, excitait ses soldats; il abattait les plus vaillans chevaliers; sa valeur et sa ténacité décidèrent de la journée. Les Français accablés ne cherchaient plus qu'à succomber avec honneur, lorsque les cris de *Duguesclin! Duguesclin!* dont retentit tout à coup le vallon, relevèrent leur résolution. On vit paraître bientôt après sur le haut de la colline les bannières d'Yvain de Galles. Ce général, ayant perdu la trace de Felleton, se douta qu'il s'était dirigé vers La Réole pour attaquer Alain de Beaumont; il s'était hâté de le suivre; son arrivée fit recommencer le combat. Felleton, que rien n'étonnait, fondit sur lui avec la même ardeur; le sire de Duras conduisant 200 cavaliers le secondait merveilleusement. Il tua de sa main Thibaut du Pont, réputé le plus intrépide chevalier de la Bretagne. Yvain de Galles, transporté de rage en voyant tomber son ami, se jeta à travers les combattans, immolant aux mânes de son frère d'armes tous ceux qui lui fermaient le passage; il se servait d'une épée longue de six pieds qu'il maniait avec dextérité; il atteignit le sire de Duras, et allait l'abattre d'un seul coup, lorsque le sire de

Rosein arrêta son bras, et demanda quartier pour lui et pour le sire de Duras (1).

Cependant Felleton balançait la fortune par son opiniâtreté. Il combattait à pied depuis longtemps, mais il remonta sur son cheval dès qu'il vit que le sort se déclarait contre lui. Il rompit les rangs des Français qui s'efforçaient de l'entourer. Quelque brillante que fût sa valeur, elle ne put ranimer ses soldats qui, découragés, par la défaite des sires de Duras et de Rosein, reculaient en désordre. Felleton, voulant sauver les débris de sa division, allait battre en retraite, lorsqu'il se vit arrêté par la compagnie de Jean de Mornay. Pierre Dubeuil, chevalier picard, renversa l'enseigne qu'un page portait devant le général anglais. Guillaume de Lignac, banneret du Berri, perça d'un coup de dague le poitrail de son cheval; le coursier s'abattit. Lignac se jeta sur Felleton, lui arracha sa hache et le fit prisonnier : c'était la septième fois que ce général tombait au pouvoir des Français. La défaite du chef fit cesser le combat. Yvain de Galles conduisit au camp les machines de guerre et les Anglais échappés au

(1) Yvain de Galles fut assassiné, vers la fin de cette année (1378), dans sa tente devant Mortagne, par un écuyer anglais qu'il avait pris à son service, et qui médita ce crime pendant cinq ans.

fer des vainqueurs. Duguesclin, ne craignant plus d'être inquiété dans ses lignes, fit toutes ses dispositions pour se rendre maître de Bergerac. Selon sa coutume il somma d'abord le gouverneur; celui-ci, appartenant à la maison d'Albret, répondit que son honneur exigeait qu'il ne se rendît qu'après avoir essuyé plusieurs assauts. En conséquence le connétable résolut de diriger contre la ville une attaque générale à laquelle l'armée entière devait prendre part; il fit confectionner un nombre prodigieux d'échelles, et en chargea les soldats de la seconde ligne; ceux de la première devaient faire pleuvoir une grêle de traits sur les remparts afin d'en écarter les assiégés, pendant que ceux de la troisième marchaient pour soutenir les deux premiers corps. La disposition de toutes ces troupes prêtes à s'élancer vers les murailles offrait un spectacle imposant; des centaines de trompettes donnèrent le signal, alors les trois lignes s'avancèrent rapidement avec leurs bannières déployées. A la vue de ces masses d'hommes couverts de fer qui couraient vers les murs, les habitans de Bergerac placés aux créneaux furent saisis d'épouvante; ils poussèrent des cris déchirans, et demandèrent à capituler. En vain le gouverneur voulut-il les rassurer, ils n'écoutèrent rien, et arborent malgré lui la bannière blanche. Dès que

Bertrand vit paraître cet étendard, il fit arrêter l'armée sans permettre qu'on appliquât une seule échelle, de peur que les soldats ne se ruassent sur les habitans. La capitulation se fit dans toutes les formes; et, grace à Duguesclin, le sang ne coula point. La prise de Bergerac fut suivie de celle de Blaye, de Saint-Macaire, et de Cadillac. La conquête de cette dernière place coûta cher au connétable, car il fit devant cette ville une perte qu'il ressentit vivement; le sire de Langurant, neveu de Tiphaine Raguenel sa première femme, fut tué, victime de cette présomption chevaleresque si ordinaire dans ce siècle et qui passerait aujourd'hui pour de la démence. Cadillac était défendu par Bernard Courant, chevalier gascon d'une grande réputation de courage. Langurant fut chargé de resserrer la garnison. Un matin, laissant tous ses gens dans un bois voisin, il arriva seul au bord des fossés de la place : « Où est donc Bernard votre capitaine? demanda-t-il au poste du rempart. Allez lui dire que Langurant l'invite à venir rompre une lance en l'honneur de sa dame. » La joute ne fut point refusée; Bernard Courant sortit de la place, se battit pendant une heure avec Langurant, reçut plusieurs blessures, et tua le Breton qui l'avait provoqué si imprudemment.

Après tant de conquêtes, Bordeaux fut serré de près. Le sire de Lestrade, gouverneur de cette ville, déployait beaucoup d'activité pour la mettre sur un pied respectable de défense. Les Anglais, chassés de tous les points importans, n'osaient plus tenir la campagne devant le connétable; ils ne le regardaient qu'au travers de leurs créneaux, dit Mézerai. Le projet de chasser l'ennemi des provinces méridionales allait recevoir son entière exécution, lorsque des ordres réitérés rappelèrent Duguesclin à Paris; il y arriva chargé de lauriers, qu'il avait moissonnés en acquérant de nouveaux droits à la reconnaissance publique. Mais c'est au moment où il semblait que la fortune ne se lassait point de le combler de ses faveurs, qu'il trouva le terme de ses propérités; la calomnie déchaînée contre lui l'abreuva d'amertume, et hâta la fin de sa glorieuse carrière.

LIVRE XIII.

Nouvelle guerre de Bretagne. — Montfort rentre dans le duché. — Disgrace de Duguesclin. — Sa mort.

Nous avons vu Montfort, chassé trois fois par ses sujets dont il n'avait pas voulu partager le ressentiment contre les Anglais. Le roi de France avait aidé les Bretons dans leur rébellion; depuis cette époque, c'est-à-dire pendant cinq ans, le duché n'eut point de gouvernement; il vécut sous la protection de Charles V qui s'étudia à rendre son autorité la plus douce possible. Il combla les Bretons de ses bienfaits, et s'imagina que celui qui les toucherait le plus serait de les ranger entièrement sous ses lois; il médita son projet pendant plusieurs années, cachant à tout le monde ses secrètes intentions; il rougissait de les avouer, parce qu'elles n'avaient point pour base cette droiture qui avait fait jusqu'alors la gloire de sa vie. Au moment où l'on s'y attendait le moins, il cita devant la cour des pairs le duc de Bretagne retiré en Angleterre; il l'accusait du crime de félonie. La procédure commença, et fut une suite de violations juridiques. Comme Montfort s'était attiré l'animadversion générale, personne ne prit sa défense; on en marqua d'autant moins de regret que le duc ayant toujours manifesté une haine violente contre Charles V, le monarque français paraissait user seulement du droit de punir un vassal dont il avait à se plaindre; mais on était loin de soupçonner quel était le véritable but auquel tendaient les efforts du roi. L'ajournement fut indiqué du 1er au 4 septembre 1378. Le duc ne comparut point. Le 9 du même mois, Charles V vint tenir son lit de justice; il exposa lui-même la série des griefs imputés à Montfort; il appuya sur son alliance avec l'Angleterre quoique vassal de la couronne de France, et sur l'ardeur avec laquelle il avait excité Édouard à porter la guerre au sein de son propre pays; il finit par déclarer Montfort coupable de lèse-majesté. Après cette conclusion, l'avocat général appela trois fois Jean IV à la table de marbre (1). Personne ne s'étant présenté pour répondre, il prononça la peine capitale contre Montfort, et la

(1) Cette table de marbre fut brisée et anéantie lors de l'incendie du Palais, au commencement du dix-septième siècle.

confiscation de la Bretagne au profit de la couronne.

Cet arrêt retentit dans tout le duché, et produisit sur la population l'effet d'une commotion électrique; les Bretons avaient combattu mille ans pour conserver leur indépendance, et se voyaient au moment de perdre le fruit de leur persévérance. Ils se levèrent tous pour se soustraire au joug qu'on voulait leur imposer. Les dissensions nées de la querelle des deux maisons de Blois et de Montfort cessèrent aussitôt; les haines particulières disparurent; les Rohan et les Châteaubriand, les Duchatel et les Kergorlai, les Laval et les Mallestroit, les Goyon et les Kérimel, unirent leurs gantelets. Ces guerriers qu'on avait vus dans les plaines d'Aurai se chercher au milieu de la mêlée, s'empressèrent d'étouffer toute espèce de ressentiment pour mieux défendre en commun l'honneur et l'indépendance de leur pays.

La noblesse, le clergé, le peuple, les hommes de tout rang, de toute condition, se réunirent pour défendre une aussi belle cause; chaque ville, chaque bourg devint une place de guerre; il se forma des fédérations dans le moindre canton; un même esprit animait la Bretagne. On vit chaque baron renvoyer au roi de France les bienfaits qu'il tenait de lui, aucune considération d'intérêt personnel ne vint rompre cet accord, et nul ne songea à vendre ses affections; les garnisons françaises furent chassées de presque partout; des troupes nationales organisées comme par enchantement occupèrent les forteresses et les principales villes. Une pareille opposition étonna Charles V; en vain chercha-t-il à mettre la désunion parmi les Bretons, il ne put y parvenir: il voulut alors user de la force; mais cette résolution ne les effraya point. Comprenant que le principal objet pour eux était d'avoir un centre commun, ils prirent une détermination qu'il aurait été difficile de prévoir; ils rappelèrent spontanément Jean IV, que naguère ils avaient chassé, aimant mieux vivre, disaient-ils, sous un prince qui *prie souvent que sous un roi qui commande toujours.* Ils députèrent vers lui les sires de Kersaliou et de Quelen pour le supplier de revenir dans le duché.

Cette résolution fut prise le 16 avril 1379, dans le conseil fédératif de Rennes, et approuvée par ceux de Nantes et de Vannes, enfin par toute la Bretagne: on croit que le sire de Lohéac eut le premier l'idée de former un pacte fédéral; il s'adjoignit quatre maréchaux, Amaury de Fontenai, Geoffroi de Kerimel, Jean de Goyon, et

Eustache de la Houssaie; ces cinq barons se partagèrent l'autorité administrative jusqu'au retour de Montfort. Nous nous faisons un devoir de rappeler ici le nom des autres principaux Bretons qui formèrent cette ligue, dont l'existence fut un des faits les plus mémorables du moyen âge.

Les sires de Beaumanoir, second fils de celui qui vainquit les Anglais au combat des trente, du Coetmen, de Plusquellec, Guillaume de Montauban, du Perrier, de Guitré, de Vauclor, de Tremigon, Plumengat, la Soraie, Kersaliou, Montafilant, La Hunaudaie, Pledran, Feron, Lemoine, Beaubois, Lanvallai, Coetguen, Chef-du-Bois, Plorec, Thomelin, Pargaz, Treziguidi, Richard, Quelen, Alain et Jean de Malestroit, Blossac, Jean de Raguenel, neveu de la première femme de Duguesclin, Champagné, Duplessis, Mahé, Saint-Pern, Leveyer, Montgermont, Jean de Serent, qui avait été au combat des trente et à la bataille d'Aurai, le plus vieux de tous ces nobles (1).

Le sire de Rohan se trouvait en France pour le moment; il accourut, et se rangea du parti de la ligue, ce qui donna à cette association une

---

(1) Lobineau, tome 1, in-folio, page 425.

nouvelle puissance. Jeanne de Penthièvre avait été dépouillée de son héritage par Montfort, mais le traité de Guérande lui assurait la possession du duché, dans le cas où Jean IV mourrait sans postérité. Elle avait essayé de faire valoir ses droits éventuels, lors du procès jugé si arbitrairement par Charles V. Voyant ses protestations sans effet, elle quitta la France, où elle s'était retirée, et rentra en Bretagne, ne voulant pas rester étrangère au mouvement national qui se manifestait dans ce pays; elle confondit ses intérêts avec ceux de son ancien ennemi (il faut faire observer que Jean IV n'avait pas encore d'enfans). La réunion de ces deux maisons rivales acheva de consolider la fédération; les Bretons en armes sur tous les points attendirent l'ennemi de pied ferme : « Nous prouverons au roi, disaient-ils, qu'il est aussi dangereux de nous avoir pour ennemis, qu'il est avantageux de nous avoir pour amis. »

C'est alors que Charles V rappela Duguesclin; il lui avait caché avec soin pendant quatre ans ses projets sur la Bretagne ; il espérait que le nom de ce grand capitaine, en réveillant dans le cœur des Bretons des souvenirs de gloire, ranimerait l'affection qu'ils n'avaient cessé de montrer pour la France. Le connétable arriva au Louvre, et fut étrangement surpris d'apprendre que le roi avait prononcé, par un simple arrêt, la réunion du duché; mais la surprise fit place à la terreur lorsqu'il fut instruit, par la bouche même de Charles V, qu'on le chargeait d'exécuter l'arrêt; jamais guerrier ne s'était trouvé dans une si fausse position. Devait-il abandonner la France, dont il était le connétable, au service de laquelle il avait acquis tant de gloire, ou bien pouvait-il, pour servir les vues ambitieuses du prince, aller combattre ses compatriotes, et porter le fer et le feu dans une terre qui se faisait un bonheur de lui avoir donné le jour? Quels que furent les motifs qui le décidèrent, il est certain qu'il crut ne pouvoir pas se dispenser d'obéir aux ordres de Charles V; peut-être que le rappel de Montfort trompa sa conscience, en lui faisant voir qu'il allait agir contre les intérêts de son mortel ennemi, qu'il n'avait jamais reconnu pour duc de Bretagne. Quoi qu'il en soit, ce fut avec le plus vif regret qu'il se prépara à remplir sa mission. Il ne nous appartient pas de décider s'il commit en cela une faute, notre objet est de peindre les hommes, et non pas de les juger.

Duguesclin entra en Bretagne avec sa compagnie de 100 lances, et 4000 hommes de troupes soldées; combien son cœur dut souffrir, en comparant l'accueil qu'il reçut alors avec les cris de joie qui ordinairement annonçaient son arrivée dans le duché. Jadis on accourait sur son passage; chacun voulait le voir; les villes envoyaient des députations à sa rencontre; maintenant on le fuyait; les cités se fermaient dès qu'il paraissait, on le maudissait; ses compagnies, composées de gens d'armes levés dans ses domaines, l'abandonnèrent en entier, ses écuyers même refusèrent de rester à son service; de vieux Bretons, tous les amis de son enfance, qui avaient blanchi avec lui dans les combats, quittèrent ses quartiers; il resta seul. Cet abandon général l'affecta vivement; aussi ne fit-il que de faibles efforts pour remplir les vues du monarque français; il essaya de maintenir plusieurs villes dans l'obéissance de la France, mais il fut repoussé de partout, et se vit obligé de se renfermer dans Saint-Malo, pour ne pas tomber au pouvoir de ses compatriotes courroucés qui le harcelaient sans cesse; ils mettaient en pratique contre lui les leçons qu'ils en avaient reçues. Il fortifia Saint-Malo, et n'en sortit qu'à l'arrivée du duc d'Anjou, qui accourait avec des forces considérables; ce fut du haut des remparts de cette ville que Bertrand vit arriver dans le détroit la flotte anglaise, portant Jean de Montfort ; ce prince, naguère honni, chassé par ses sujets, était devenu tout à coup leur idole ; il entra dans l'embouchure de la Rance le 3 août 1379; une foule immense couvrait les deux rives, le saluait de ses bruyantes acclamations ; un nombre infini de barques entouraient le vaisseau qu'il montait, on s'avançait même dans les flots pour le mieux voir, la plage retentissait de cris de joie ; chacun demandait au prince pardon du passé. La noblesse s'unissait au peuple; les sires de Rohan, de Laval, jadis les plus zélés partisans de la maison de Blois, le suppliaient de les admettre au nombre de ses amis. Duguesclin pouvait voir du haut des tourelles de Saint-Malo cette fête de famille, à laquelle il ne lui était pas permis de prendre part.

Cependant, l'arrivée de Montfort avait encore augmenté l'enthousiasme des Bretons. Les tentatives de Charles V échouèrent complètement ; le connétable ne réussit dans aucune de ses entreprises, et même il ne put empêcher Beaumanoir, son élève, d'entrer en Normandie et de ravager impunément cette province. Le fils de Carenlouet entra sur les terres de Clisson, s'empara de la majeure partie de ses possessions ; car Olivier s'était également déclaré contre la fédération. Son beau château de Clisson (1) fut au moment de tomber entre les mains des Bretons. Pour comble de maux la mésintelligence se mit entre Bertrand et le duc d'Anjou; aussi le connétable pressa-t-il Charles V d'accepter la trève qu'on lui offrait; car il pensait que cette guerre pouvait avoir pour le royaume les conséquences les plus funestes : mais on ne lui en sut point gré; il encourut même la disgrace du roi. Les

(1) Ce magnifique château, une des merveilles de la Bretagne, bâti dans le site le plus pittoresque, fut détruit lors de nos dernières guerres civiles. M. François Cacault, ancien agent diplomatique, rentrant à Nantes, sa ville natale, en 1805, conçut l'idée patriotique de relever les ruines de ce château et d'y placer une très-belle collection d'objets d'art qu'il rapportait d'Italie. Il consacra une fortune considérable à ce noble projet. Ses efforts furent couronnés de succès, grace au concours de plusieurs artistes célèbres qu'il avait attirés à Clisson, notamment M. Lemot, statuaire, membre de l'Académie des beaux-arts, aussi distingué par ses talens que par ses qualités personnelles. M. Lemot opéra des miracles, et fit sortir d'un monceau de décombres un château que l'on va visiter par curiosité. Charmé de la beauté de ces lieux, il y acheta un domaine et y fit bâtir une habitation en harmonie avec l'architecture du château. C'est là que ce grand artiste est mort en 1827. Il avait publié, sous le voile de l'anonyme, un ouvrage extrêmement bien fait, intitulé : *Voyage pittoresque à Clisson*, in-4° avec dessins.

historiens varient sur l'époque où le connétable tomba en défaveur; la plupart attribuent cette disgrace à l'envie que Bureau de la Rivière portait au héros breton. Ce ministre jouissait de l'entière confiance de Charles V, ce n'était point un de ces stupides favoris que le caprice seul du maître élève aux dignités. La Rivière passait à juste titre pour un homme de mérite; il avait une érudition remarquable pour le temps où il vivait; il plaisait au roi en entrant habilement dans ses vues d'innovation. Son crédit égala bientôt son adresse. Ce fut certainement d'après ses avis que Charles V songea à réunir la Bretagne au royaume. La non-réussite de ce projet dut naturellement blesser son amour-propre; aussi accusa-t-il le héros breton d'avoir favorisé secrètement Jean de Montfort. Cette accusation tomba d'elle-même aux yeux du public, mais Charles V y ajouta foi. Sans doute il voulait se venger sur quelqu'un du mauvais succès de son entreprise. Il écrivit au connétable une lettre fort dure, dans laquelle il laissait voir clairement les soupçons les plus odieux sur sa fidélité. Pour toute réponse, Duguesclin renvoya aussitôt l'épée de connétable, et fit ses préparatifs pour se retirer en Castille. Sa détermination de se rendre en Espagne plutôt qu'en Bretagne atteste la loyauté de sa conduite.

La disgrace de Duguesclin fit éclater dans Paris une indignation telle, que l'on craignit un moment de voir troubler l'ordre public; le clergé, les corporations, l'université, les syndics des métiers, adressèrent des suppliques au roi; les provinces voisines de la capitale les imitèrent; « c'était, dit Vely, le cri de tout un peuple qui vengeait le mérite outragé. » Une nation aussi libre dans la manifestation de ses opinions n'était pas dans un état de servitude comme le pensent beaucoup d'écrivains. Il faut le dire à la gloire de Charles V, ce prince ne persista point dans son erreur, il ne méprisa point la libre expression du vœu de ses sujets : son noble cœur ne pouvait céder long-temps à des insinuations perfides, il voulut que la réparation fût aussi éclatante que l'offense avait été cruelle.

Le duc d'Anjou et le duc de Bourbon allèrent par ses ordres trouver Bertrand en Normandie pour le supplier de reprendre l'épée de connétable *et l'assurer de l'estime entière du roi.* Les deux princes, accompagnés d'une suite nombreuse, arrivèrent au château de Pontorson; ils trouvèrent le héros s'apprêtant à quitter la France pour aller chercher un asile en Espagne où il avait donné un trône. Le duc d'Anjou lui présenta l'épée de connétable: « Venez ici, dit-il, l'épée d'honneur de votre office ; reprenez-la, le roi le veut. » Bertrand répondit à cette invitation par un refus positif. Leurs supplications ne purent le fléchir : les deux princes revinrent à Paris sans avoir rien obtenu. La cour et le peuple apprirent avec un véritable chagrin le refus de Duguesclin, le regardant comme une calamité d'autant plus grande, que l'Angleterre faisait de nouveaux préparatifs pour porter la guerre au milieu du royaume : déjà une partie de l'armée ennemie était débarquée sur les côtes de la Guienne, et quelques divisions éparses venaient de pénétrer en Languedoc, en Auvergne, et même dans le Bourbonnais. Charles V envoya un nouveau message pour instruire Bertrand de la marche de l'ennemi, et le supplier une seconde fois de reprendre l'office de connétable : Duguesclin n'était pas homme à persister dans sa fatale détermination quand l'État se trouvait menacé ; il reprit les insignes de sa charge. « Le monarque a fléchi son sujet, » dit à cette occasion M. de La Harpe dans son Eloge de Charles V.

Peu de temps après, le connétable rentra dans Paris ; le roi le combla des marques de son affection, et s'efforça de lui faire oublier par toute sorte d'égards la mortification qu'il avait essuyée ; mais les prévenances du monarque ne pouvaient consoler le Breton de sa disgrace passée. La perte de l'affection de ses compatriotes lui avait porté un coup trop sensible; il devint inquiet, morose; dès ce moment sa vie fut flétrie; cette profonde tristesse fut le véritable principe de la maladie qui le conduisit au tombeau. L'amitié de Sancerre diminuait ses ennuis sans en détruire la cause; la guerre pouvait seule faire une heureuse diversion. Le roi, qui le savait, saisit l'occasion qui se présenta, et le chargea non-seulement de chasser les Anglais des terres de France, mais de commencer la conquête entière de la Guienne, projet qui avait été abandonné à cause de l'expédition de Bretagne.

Le connétable, charmé de ne plus être obligé de porter les armes contre ses compatriotes, fit ses dispositions pour commencer la campagne, quoique l'année 1379 fût très-avancée; le maréchal de Sancerre devint son premier lieutenant: ces deux illustres amis formèrent la résolution de chasser les Anglais de la Guienne. Ces sortes d'associations guerrières avaient eu lieu souvent dans le siècle précédent, surtout en Palestine, entre les barons qui s'étaient croisés; tout ce qui rappelait le beau temps de la chevalerie transportait Duguesclin; la mort ne pouvait même interrompre ces sortes d'entreprises;

lorsque l'un des deux frères d'armes périssait dans les combats, l'autre continuait l'*emprise*; il fallait qu'il la conduisît à bonne fin ou qu'il y trouvât la mort.

L'armée qui partait de Paris comptait tout au plus 10,000 hommes, mais elle devait se renforcer dans les provinces du centre et de l'ouest. Duguesclin, en prenant congé du roi, lui dit : « Sire, je ne sais si je retournerai du lieu où je vas, je suis vieilli et non pas las, mais je vous supplie très-humblement s'il y a moyen que vous fassiez la paix avec le duc de Bretagne et aussi que le laissiez en repos en se soumettant à son devoir, car les gens de guerre du pays vous ont très-bien secouru en toutes vos conquêtes, et peuvent encore le faire s'il plaît vous en servir. — Je pense depuis long-temps, lui répondit le roi, à terminer cette guerre, et j'en prendrai l'occasion s'il s'en présente d'honnêtes moyens. »

Duguesclin, plus tranquille depuis cette déclaration, quitta la capitale; il traversa de nouveau le royaume, et rentra dans la Guienne au commencement de mars 1379, le dernier mois de l'année. La vue de ces lieux qui furent si long-temps le théâtre de ses exploits fit disparaître un moment sa mélancolie; il retrouva un reste de son ancienne vigueur. A son approche, les

Anglais abandonnèrent le plat pays, et se renfermèrent dans les forteresses qui leur restaient sur les rives de la Dordogne et de la Garonne ; le connétable les chassa de quelques-unes ; mais la rigueur de la saison le força de prendre des quartiers d'hiver : tout fait croire qu'il ne revint point à Paris, et qu'il passa le temps de la cessation des hostilités chez le duc de Bourbon. Ce prince tenait sa cour auprès de Moulins ; il avait prié instamment Duguesclin de venir le visiter dans ses domaines ; le duc fut à sa rencontre avec les principaux bannerets du Bourbonnais et de l'Auvergne, il lui rendit des honneurs réservés au roi seul : les fêtes se succédèrent sans interruption. Le connétable reçut des mains du prince le collier de l'ordre de l'Espérance, et une large coupe d'or qu'il accepta, avec promesse de s'en servir à chacun de ses repas. Duguesclin quitta le Bourbonnais pour aller au Puy en Velay visiter l'église consacrée à Notre-Dame, une des chapelles les plus célèbres du midi des Gaules ; il y déposa une armure complète, et combla de ses dons le temple saint. Cette église, une des plus anciennes de la chrétienté, menaçait ruine parce qu'on avait construit beaucoup de caves auprès des fondations ; on éleva deux piles pour soutenir le vaisseau ; Duguesclin encouragea même les travailleurs par sa présence (1). Le connétable allait partir du Puy pour revenir en Auvergne, où ses troupes se réunissaient, lorsqu'il reçut une députation des habitans du Gévaudan; ce pays, coupé de forêts et de montagnes, hérissé de forteresses, offrait aux Anglais un refuge inexpugnable; ils s'emparèrent de quelques châteaux, s'y établirent, et y résistèrent à toutes les attaques des habitans. Ils sortaient de leurs retraites, pillaient les campagnes, levaient de fortes contributions, et tenaient le pays dans un effroi perpétuel. Les malheureux villageois abandonnèrent la culture des terres pour se retirer dans des cavernes; ils regardèrent comme un bienfait du ciel l'arrivée de Duguesclin. Quoiqu'ils eussent peu de communication avec les autres provinces, cependant le bruit des exploits du héros breton était parvenu jusqu'à eux. Ils l'intéressèrent facilement; le récit de leurs infortunes suffit pour le toucher; son ame généreuse regardait comme une gloire d'adoucir les maux de ses semblables; il leur promit de s'occuper sans délai de les délivrer de ces tyrans. Il entrait aussi dans ses

(1) *Discours sur Notre-Dame du Puy*, par Odo de Gissay.

vues d'expulser les Anglais des provinces limithrophes de la Guienne avant d'entreprendre de les chasser entièrement de celle-ci. Il se transporta aussitôt en Auvergne où l'armée française se réunissait. Le maréchal de Sancerre, son premier lieutenant, arriva bientôt après avec Olivier de Clisson et les deux Mauny (1). Le connétable se trouva à la tête de 15,000 hommes. Au lieu de se diriger vers la Guienne par le Périgord, Bertrand passa en Velay, franchit les montagnes qui séparent cette province du Gévaudan, et commença les hostilités dans le mois de mai 1380. Le désir de justifier la confiance des habitans de ce pays, de les affranchir de l'espèce d'esclavage dans lequel ils vivaient, lui rendit une partie de sa première ardeur. Il se rappelait que, vingt-cinq ans auparavant, dans une occasion semblable, la Normandie était venue implorer son assistance.

Cependant les Anglais ne s'imaginaient point de voir Duguesclin au milieu des affreuses montagnes du Gévaudan; ils perdirent leur assurance, en entendant prononcer son nom; ils ne manquaient point de courage, mais ils redou-

(1) Cette famille, originaire de Normandie, était divisée en deux branches, dont l'une servait en France et l'autre en Angleterre.

taient d'avoir à lutter contre la fortune d'un général que le sort trahissait rarement. Ils abandonnèrent les points de peu d'importance, et se renfermèrent dans Châteauneuf-Randon, forteresse bâtie au pied des montagnes de Mende, auprès des sources du Lot et de l'Allier; ils concentrèrent leurs bandes dans cette place, qui passait pour inexpugnable; mais Duguesclin n'était pas homme à se guider sur les opinions du vulgaire. Il forma aussitôt le siège de Châteauneuf-Randon, et jugeant que cette conquête demanderait beaucoup de temps, il s'établit dans un camp fortifié, qui bloquait la ville de tout côté. Il annonça qu'il était déterminé à ne point abandonner la province sans avoir pris la place. Plusieurs assauts furent livrés sans produire des résultats satisfaisans; le sire de Roos, gouverneur de la forteresse, guerrier brave et expérimenté, s'était mesuré plusieurs fois avec Duguesclin : il sut si bien ménager ses ressources, qu'après un mois de siège les Français n'avaient pas gagné un pouce de terrain; mais comme lui-même, avait perdu beaucoup de monde en soutenant des attaques consécutives, il envoya demander des secours au sénéchal d'Aquitaine, qui, ayant été instruit de la reprise des hostilités en Gévaudan, se rapprocha d'Agen.

Le connétable, irrité de l'opiniâtre résistance des Anglais, redoubla d'efforts, multiplia ses attaques, en conduisant lui-même les soldats à la brèche. « Mes amis, leur disait-il avec la verve de ses premiers ans, Dieu le veut, nous aurons ces gars, et si le soleil pénètre dans Randon, nous y entrerons aussi (1). »

L'armée, d'abord inquiète sur la santé de son général, poussa des cris de bonheur, en le voyant déployer une ardeur, une activité incroyable; mais son allégresse fut de courte durée; la fatigue accabla bientôt le connétable, un affaissement total succéda à ce moment de bien-être. Le lendemain, se déclara une maladie que l'on jugea aussitôt mortelle, mais on cacha au connétable son véritable état. Il n'éprouvait que le regret de se voir arrêté dans son expédition. Il tenait extrêmement à se rendre maître de Châteauneuf-Randon, défendu par un guerrier dont il prisait le caractère. Le maréchal de Sancerre, Olivier de Clisson, et les autres généraux, le rassurèrent en lui promettant d'agir vigoureusement contre la place; en effet, ils firent les dispositions d'un assaut général. La ville fut cernée de tout côté, et l'armée française s'avança de front et sur trois

(1) Oronville, chroniqueur contemporain, in-8°, p. 142.

lignes contre la muraille. Olivier de Mauni conduisait la gauche; le maréchal de Sancerre la droite, et Clisson le centre; avec lui marchaient les machines de guerre, les catapultes, les crocs, les engins. La première ligne était composée d'archers armés à la légère, portant chacun une échelle. Les trompettes réunies donnèrent le signal, leur son éclatant fit tressaillir l'ame toute martiale de Duguesclin; il demanda sa cuirasse, et, malgré les prières d ses écuyers, il sortit de sa tente armé de pied en cap, et voulut encore guider les combattans. Sa présence inattendue doubla l'ardeur des Français; les cris de *Duguesclin! Duguesclin* se firent entendre sur les différens points; les Anglais montraient une valeur sans égale. Le sire de Roos, toujours en haleine, se portait à l'endroit où le danger paraissait le plus pressant; il amortissait les coups des béliers, brisait les crocs au moment où ils s'attachaient aux créneaux, mais son activité ne put résister aux efforts des assiégeans; une partie du rempart s'étant écroulée sous les coups répétés de la catapulte, offrit une large ouverture; elle fut aussitôt fermée par les assiégés. Les plus braves chevaliers français avaient été mis hors de combat en voulant forcer cette barrière; d'autres avaient trouvé la mort en plantant leurs bannières sur les bastions; de leur côté, les Anglais venaient de faire une perte énorme : la nuit sépara les combattans. Duguesclin décida qu'on donnerait un autre assaut le lendemain, mais au préalable il fit sommer le gouverneur, en lui renvoyant ses blessés et en proposant des conditions très-honorables. Le sire de Roos avait pu juger de l'étendue de ses pertes : ce qui lui restait de troupes était, pour la plupart, hors d'état de combattre; ses murailles, démantelées et ébranlées par les coups des engins, menaçaient de céder au moindre effort; il était à craindre que la place ne fût enlevée de vive force. Il assembla un conseil de guerre, et proposa de faire une capitulation conditionnelle, c'est-à-dire de rendre Châteauneuf si, à une époque déterminée, le sénéchal d'Aquitaine n'était pas venu au secours de la place; sa proposition fut unanimement approuvée. Le général français pouvait profiter de son avantage, et prendre la ville le lendemain sans condition; il préféra la voie de conciliation; il souscrivit à ce que le gouverneur tînt encore six jours. Les termes de la suspension d'armes portaient que si le 12 juillet personne ne s'était présenté pour faire lever le siège, le sire de Roos *rendrait la place à Bertrand Duguesclin*. Cette convention étant ratifiée, les hostilités cessèrent, et le connétable non-seulement permit aux Anglais de sortir pour faire des vivres, mais encore il partagea avec eux ceux qu'il avait dans son camp; il invita le gouverneur à venir prendre le clairet et les épices.

Cependant les fatigues du siège avaient empiré l'état de Duguesclin; les symptômes les plus alarmans se manifestèrent; on ne put cacher plus long-temps au connétable son danger. Il en reçut la nouvelle avec un calme intrépide; on l'avait vu pendant quarante ans affronter sans crainte la mort dans les combats, on le vit aussi regarder sans effroi l'approche d'un trépas inévitable; il se prépara en héros chrétien à ce terrible passage. Après avoir rempli avec recueillement tous ses devoirs de religion, il retrouva quelques forces; il s'entretint avec les chevaliers, la plupart ses élèves, il les exhorta à rester fidèles au roi de France, à le servir avec zèle; il leur parla aussi des devoirs du soldat et du général : « Souvenez-vous que partout où vous ferez la guerre, les gens d'église, les femmes, les enfans, le pauvre peuple, ne sont point vos ennemis, et que vous portez les armes pour les défendre, et non pour les opprimer. Je vous l'ai toujours recommandé; je vous le répète encore, en vous disant un éternel adieu. » C'est ainsi que le héros breton consacrait ses derniers accens à plaider la cause de l'humanité.

Duguesclin avait fait un effort pénible pour parler à ses officiers; il s'assoupit un moment, et puis il demanda son épée de connétable. La vue de cette arme, qu'il avait toujours portée sans reproche, parut ranimer ses esprits; il la prit dans ses mains défaillantes, et s'inclina devant la croix qui en surmontait le pommeau, baisa ce signe révéré, en se faisant découvrir sa tête blanchie par les ans et par de glorieux travaux; il remit ensuite l'épée à Olivier de Clisson, en lui disant : « Vous direz au roi que je suis bien marri, que je ne lui ai fait plus long-temps services. Si Dieu m'en avoit donné le temps, j'avois bon espoir de vuider son royaume de ses ennemis d'Angleterre; il a bons serviteurs qui s'employeront à cet effet, et vous, messire Olivier, pour le premier. Je vous prie de reprendre l'épée qu'il me commit quand il me bailla l'état de connétable. Je lui recommande ma femme et mon frère. Adieu, je n'en puis plus. » Après ces mots, il laissa tomber sa tête sur la poitrine de l'inconsolable Sancerre; il la souleva quelques instans après pour jeter un dernier regard sur ses compagnons d'armes et sur ses soldats, prosternés religieusement autour du lit funèbre. Ses yeux se fermèrent pour toujours, et sa belle ame s'envola (le 13 juillet 1380, à midi).

On n'entendit bientôt plus dans le camp que sanglots et gémissemens; chaque soldat croyait avoir perdu son père; tous rappelaient sa bonté, sa bienfaisance, et nullement sa valeur, car les vertus touchent bien plus les hommes que le courage. Les Français ne furent pas les seuls qui rendirent hommage à sa mémoire; les étrangers se plurent aussi à lui payer un juste tribut d'admiration. Le sire de Roos était convenu de livrer *la place au connétable Duguesclin* le 13 juillet si personne ne s'était présenté pour faire lever le siège : les traités s'exécutaient alors à la lettre, et ne souffraient aucune interprétation indirecte. La mort du connétable pouvait, d'après les lois de la guerre, dispenser le général anglais de tenir sa parole; d'ailleurs il lui était facile de profiter de la consternation de l'armée française. Il annonça du haut des remparts, au maréchal de Sancerre, qu'il allait venir rendre à Duguesclin les clefs de Châteauneuf; en effet, il sortit de la place dans les dernières heures du jour avec sa garnison, pour exécuter une capitulation dont les fastes de la guerre ne fournissaient point d'exemple. Il traversa le camp au milieu d'une haie formée de soldats français et d'habitans de ces lieux agrestes, descendus des montagnes pour joindre leurs regrets à ceux de l'armée; en voyant l'air morne des guerriers des deux nations on aurait cru que les Anglais et les Français ne faisaient qu'un même peuple : naguère le prince Noir avait reçu en France un semblable témoignage d'admiration. Que doit-on donc penser d'un siècle où les hommes savaient s'estimer ainsi ?

Après une marche assez longue le gouverneur parvint à la tente du connétable; il fut reçu par le maréchal de Sancerre qui s'était placé devant le front de l'armée rangée en bataille; la bannière de Duguesclin était roulée, et plantée en terre devant la ligne, en signe de deuil. Dès qu'il aperçut le corps de Bertrand gisant sur un lit de parade avec les insignes de sa charge, le sire de Roos s'inclina profondément, et déposa les clefs de Châteauneuf sur les pieds du défunt en disant d'une voix émue: « Messire Duguesclin, c'est à vous que je rends les clefs de la place dont j'étais gouverneur ; » en même temps il tomba à genoux devant le corps, et par un mouvement spontané tous les assistans l'imitèrent. Dans ce moment la plaine, les hauteurs voisines, le camp entier, offrirent le spectacle de personnes de tout âge, de tout rang, prosternées devant les dépouilles mortelles d'un grand homme; les derniers rayons d'un beau jour vinrent éclairer cette scène attendrissante.

Le surlendemain, les gens de la maison de Duguesclin commencèrent à embaumer son corps; ils envoyèrent les entrailles au Puy, pour être déposées dans l'église des Jacobins, fondée par la maison de Polignac (1); puis, pour se conformer aux dernières intentions de leur maître, ils se mirent en devoir de le transporter à Dinan, où il voulait être enterré, dans l'église des Dominicains, auprès de sa première femme, Tiphaine Raguenel : Bertrand avait toujours affectionné Dinan, qu'il appelait *sa ville de prédilection*; sa famille y avait un hôtel que lui-même habita long-temps (2); le château de Bellierre, que Ti-

(1) On éleva dans cette église un monument sur lequel la figure de Duguesclin était représentée en relief. Ce tombeau, pratiqué dans le mur, est couvert maintenant par des boiseries, et les entrailles, renfermées dans un cœur de plomb, sont déposées à la sacristie.

(2) Cet hôtel existe encore; le vénérable abbé Bertier y a établi depuis longues années un atelier de charité. Ainsi les malheureux ont trouvé un asile dans la maison où s'éleva le preux des preux : on ne pouvait mieux remplir les intentions manifestées par les dernières paroles du bon connétable.

phaine lui apporta en dot, était voisin; son parrain, Bertrand de Saint-Pern, était également de Dinan (1); les bacheliers et les écuyers dont il composa sa première compagnie, qu'il appelait *ses Gars*, et qui l'accompagnèrent vingt ans dans les combats, sortirent tous de Dinan ou des villages voisins.

Les écuyers du connétable se mirent en route à la fin de juillet avec le convoi funèbre; ils traversèrent une partie de la France, et passaient par le Mans pour entrer en Bretagne, lorsqu'ils rencontrèrent les officiers du roi, qui leur ordonnèrent, de la part de Charles V, de conduire ces restes précieux à l'abbaye de Saint-Denis : le monarque voulait que le héros breton reposât dans la sépulture royale (2).

Charles V, ne voulant point priver entièrement la ville de Dinan d'un dépôt qu'elle réclamait vivement, lui envoya dans une boîte de plomb le cœur de Duguesclin. L'enthousiasme avec lequel les habitans et tout le duché reçurent les restes précieux de leur illustre compa-

(1) Les descendans en ligne directe de cet illustre Bertrand de St.-Pern existent encore, et n'ont cessé d'habiter Dinan.

(2) Voyez ci-après la description du service fait en 1389, par ordre de Charles VI, en Mémoire de Duguesclin.

triote, atteste que Bertrand n'emporta point dans la tombe la haine des Bretons, comme quelques écrivains l'ont pensé : en effet, personne n'ignorait les efforts qu'il fit pour réconcilier Charles V avec la nation bretonne, et chacun en ressentit une vive reconnaissance; aussi son pays, voulant venger sa mémoire des attaques de quelques obscurs détracteurs, lui a-t-il élevé des statues. Rennes, Nantes, Dinan, St.-Brieux, en ont décoré leurs places publiques; la France, à laquelle il appartient tout entier par ses services et par sa gloire, vient également de lui élever une statue dans sa capitale, et l'a placée au milieu des plus illustres renommées dont s'enorgueillit notre patrie.

D'après les intentions de Duguesclin, son cœur fut placé dans l'église des Dominicains de Dinan, auprès de Tiphaine Raguenel, sa première femme (1), et sous une pierre tumulaire de marbre noir, sur laquelle on incrusta en lettres d'or l'inscription suivante : « Cy gist le cueur de Messire Bertrand Duguesclin, connestable de France, qui trespassa le xiii julet l'an iiie iiii^{xx}

(1) Le 9 juillet 1810, sous le ministère de M. Champagny, le cœur de Duguesclin fut transféré de l'église des Dominicains, devenue propriété particulière, dans celle de St.-Sauveur. (Voyez ci-après un extrait du procès-verbal.)

(1380), et dont le corps respose auecques ceux des rois à Sainct-Denis en France (1). »

(1) Le corps de Duguesclin ne fut point mis d'abord dans le lieu où il resta ensuite plusieurs siècles; car on le plaça aux pieds de Charles V. Nul doute que cette disposition n'ait été commandée par Charles VI. Ce prince voulut que par une distinction particulière on attachât au-dessus de ce tombeau une lampe qui devait toujours brûler; ces ordres furent observés jusqu'en 1709; des réparations notables que l'on fit alors à l'église St.-Denis, demandèrent le déplacement de cette lampe, que depuis lors on ne revit plus. La tombe de Duguesclin se trouvait à l'endroit même qu'occupe maintenant l'escalier de droite par lequel on descend dans les caveaux.

Lors de la profanation des tombeaux de Saint-Denis, on ne trouva dans celui de Duguesclin que quelques os du corps, mais la tête était tout entière, et l'on en détacha quelques parcelles de cheveux. Ces restes furent mis dans la fosse où l'on jeta les corps des Bourbons. Ainsi, la dernière poussière de Duguesclin alla se confondre avec celle des rois : c'était une fin digne de ce grand homme. Les profanateurs voulurent briser la statue de Bertrand, qui couvrait le couvercle de son tombeau; mais cela n'eut point lieu, grace à l'intervention de quelques amis des arts, notamment de M. le chevalier Lenoir. Cette statue, haute de quatre pieds et quelques pouces, fut légèrement endommagée; elle existe encore, et sera bientôt remise à son ancienne place.

C'est par erreur que nous avons dit dans une note du livre 1 que l'on avait pris l'empreinte en plâtre du visage

Duguesclin n'eut point d'enfans de ses deux femmes : il laissa un fils naturel, nommé Michel, qui servit dans les guerres de Charles VI, mais l'histoire n'en fait pas mention ; on sait seulement qu'il eut de grands démêlés d'intérêt avec Jeanne de Laval, seconde femme de son père. Les écrivains assurent que Bertrand eut un autre fils naturel d'une demoiselle de Soria, et que le marquis de *Las Fuentes*, tué devant Rocroi, à la tête de l'infanterie espagnole, descendait de ce bâtard. Le connétable avait eu trois frères, *Olivier*, *Guillaume* et *Robert*, morts tous trois sans laisser d'enfans mâles. Ainsi s'éteignit la branche aînée des Duguesclin. La branche cadette eut pour auteur Bertrand Duguesclin, frère puîné de Renaud, père du connétable, et dont les descendans prirent les titres de *Duguesclin seigneurs de la Roberie*. Cette branche s'est perpétuée jusqu'à nos jours, et vient de s'éteindre dans la personne de madame la duchesse de Gèvres, née Duguesclin de la Roberie.

de Duguesclin. Cette empreinte se prit sur la statue, ce qui n'en était pas moins précieux, puisqu'il est constant que toutes les effigies qui ornaient les tombeaux étaient faites d'après les plâtres pris sur la figure du défunt.

LISTE

DES CHEVALIERS ET ÉCUYERS BRETONS

QUI ACCOMPAGNÈRENT DUGUESCLIN DANS SES DIVERSES EXPÉDITIONS.

Chevaliers. Jean de Beaumanoir, Robin Denneval, Jean Devienne, Henry de Mauny, Olivier de Mauny, Montauban, de Retz, Bardoul, de Beauchamp, Alain et Olivier de Beaumont, Guillaume de Bizien, de Bitisy, la Boisiere, de Braqmont, de Brieulx, de Bron, Geoffroy Budes, de Cambray, Jean de Ceris, de Cœsquen, de Tusseraz, Henry le Cor, Jean de Cournom, Guy Dangauville, André Daverton, de Saint-Didier, Geoffroy de Dinan, Guillaume Dorenhe, Geoffroy Feurier, du Fresne, Olivier du Guesclin, Robert de Guité, Raoul de Lalé, de Lanvalay, St. Lidier, Raoul de Lisle, de Loubin, de Mailechat, Bernard de Mareuil, Jean Martel, Eustache de Mauny, Laurent de Meel, de Molaironville, Robert de Mombret, Guillaume de Montbourcher, de Montenay, Monluc, de Montjan, de Morel, Jean du Mur, de de Villiers, Jamet Oeillecoute, de Passy, de Pingail, de Penhodic, du Perier, de Pendren, de Pommereuil, Bertrand de S. Pern, de Porçon, de Pons, de Penhoedic, Jean Raguenel, de la Rivierre, Alain de Rohan, de Roquebertin, Elie du Rouvre, de Roux, le Boux, Jean de Roye, Rus de Kergouardet, de Tibol, Tigueran Deudin, Jean de Tréal, Maurice de Trezy-Guidy, Pierre Trousseau, de Vieux, Jean de Villiers, Jean Adam.

Ecuyers. Olivier Aiguillon, Rolant Aleguer, Alimmas, Ambaut, de Amery, Ancel, Jean Anne, Robin Andrieu, Guillaume Appert, Arblans, Aubertin, des Aunois, Aubant, Aubert, Aubert, Augier, Aumont, Ausquetier, de Baille, de la Barre, de Bangane, de Baille, de Bara, de Baulz, de la Heuse, Guy le Baveux, Bazin, Pierre Barbé, Pierre de Beauce, de Beaurivily, Geffroy Bevetars, Jean Bernart, Pierre de Beaucé, Geoffroy Belvestre, Eon de Bec, de Berangant, de Belleyaux, Guillaume Bechart, Pierre le Belonel, Perrin Berenguier, Rolant le Bequené, Pierre de Beaussi, Guillaume Bernart, Jean Bermet, de Besu, Jean Burnel, Perrin Bernier, Jean Becquet, Geoffroy de Been, Robert Berengier, Jamet Bertin, Mahiet de Beusencourt, Yvon Bessile, Henry le Begaignon, de Bintin, Geoffroy le Blanc, Jean Blandin, de Blarut, Bertin de Blois, Regnaut de Bloce, Guillaume Boais, Robin de Boars, Jean Bodart, Boitel, Jean Bodart, de Bomar, Botin, Bodin, de Boisrousseau, du Bois-Regnaut, de Boisgency, du Boisjourdain, Bosguillaume, Collin du Bonars, Bouillon, Olivier Bonsel, Raoul Bongay, de Boredon, du Bours, Jean Bostot, Botierel, Bouchard, Bourgeon, le Bouc, le Bouteiller, Pierre de Boulegny, Hoppin Boudes, Robinet de la Bouteillerie, Thiebaut Boyars, de Brais, Robin de Bray, de Brebaus, de Brebaut, de Brechaut, de Bregy, de Brehant, Jean de Breillet, de Breon, Bressel, le Bret; de Bretuchet, Briaut, Simon de Briant, Guillaume le Brigant, de Briorne, Brocoart, Jean Brossin, Broutin, de Broeil, de Brueil, Brunel, Joachim Budes, de Bufencourt, de Bure, de Buris, de Burleon, de Burtin, de Bussy, Cadin, Caderis, Cadris, Cadrez, Cambray, Canel, de Candurre, de Canaber, de Cambout, Cartier, Cavel, Ccrode, de Cerlis, de Ceris, Cesse, de Cesnoen, des Cirvets, de Cisrevast, Chambalant, la Chapelle, Charil, le Chambre, Chaperon, de Châtillon, de Champigny, Chanu, Charnay, du Châtelet, Champion, Chamberrier, le Charpentier, Chopegrat, des Chesnes, Chelberon, Chemin, de Cheaus, le Chievre, Raoul Chas, Thibaut de Chasteaubrient, de Cuirans, de Chartiers, Clavez, Clerice, du Clos, de Clicano, de Coarcorden, Coatval, de Coaquen, Rollant Coaletgier, Coclet, de la Codroye, de Coefbely, Coequen, de Cogale, de Coëtoreden, le Coint, de Coecqueriden, le Coch, Coenem, Colet, Cosnel, Corbel, Couillet, Coquel, Coppegorge, Cossas, Cormoray, Corsay, Eliot de Cosré, Guillaume Cossé, Jean Cossay, Coubil, Corbigny, Coquelot, Coronde, Coubil, Cosre, Coulomp, Couvran, Cournilliere, la Court, de Corval, de Courcy, Coustou, de Craine, Crequy, Criquart, des Croez, Gilles de Croy, Dagoureaux, Dangoulmant, Dautry, Dardel, Darennes, Darcy, Dannon, Danneton, Daverton, David, Davy, Daugé, Dauville, Dauseboq, Decrux, Demené, Demandon, Denfluet, Denfernet, Dentry, Desperen, Despineuses, Desprez, Desquais, Dies, Divarge, Diomont, Geffroy Dit, Dodeman, de Dombretan, Dominé, Macé Doré, Dosraine, Doualen, Dugué, Duparc, Droch, Eccleguier, Enne, des Eaux, Emery, Esnieres, de l'Espinay de l'Espine, Faléstra, Fauconnier, Ferratiere, de Fayel, Ferchaut, Fernelot, Ferrandi, Ferrande, Ferriere, des Ferriers, Feron, le Fessu, de Fiesses, Flombart, du Fresne, la Freté, du Frest, Folet, de la Forest, le Forestier, de Forma, de la Fosse, Guillaume du Fournet, Gajot, Galon, le Gallois, Galoppes, Gamadel, Garin, Gavaler, de Gauville, Gautier, Gelibert, Jean Gellin, Jean Gelvin, Gadifez de Gensz, Louis Gensalers, Jean Gentil, Ancellet Geoffroy, Maistre Geoffroy, Macé Giffra, Guillaume le Gimeudel, Robert Giron, Macé Gralen, Mabiet de Graleville, Garcy de Graniermes, Compagnon de Greilcourt, Thibaut de Gringe, Jean de Griveton, Jean Groignet, Cordelier de Gruebine, Alain de Goillon, Jean Gomest, Robert le Gouge, Robin Gourmel, Guillaume de Guebriant, Guillaume de Guemou, Geoffroy le Guiardier, Bertin Guillart, Jean Guillotieaux, Guillaume le Guendrel, Maurice de Guinguanou, Guchebert, de Guë, Guerin, Gueren, la Guorbloye, Guyadont, de Hac, Halle, Halebert, Hamelin, Hardoin, Harpin, Harel, Hazarts, Hastac, Hay, Haubois, du Heaume, la Helotiere, Henry, Hennequin, Hercoart, Heraut, de Henaut, Hermès, Herminin, Hermine, Hervé, de Hevon, Hierry, Hirel, Hissier, Hodeuc, Houdetot, Hojaume, Hongrat, Hounestre, Houssé, du Houx, Hubant, Hubert, Huet, Hunneaust, Huon, Hurgaut, Janvier, Jaret, Jatot, Javerton, Jeuston, Infat, des Isles, Jomar, Jonuar, Jourdan,

Jullien, Keradier, Kerdès, Kersaliou, Kerveten, Kerville, Labbé, Laida, Ladverty, de la Lande, Languevan, Langiane, Langlois, Languenan, Lamy, Laval, Larin, S. Laurens, Laonnoy, Layens, Lallemant, Lanvallay, Lalbareste, Largillier, Larchier, Largentage, Leame, Leet, Lemé, Lemenan, Lemeneven, Lemolan, Lenguengniere, Lenroc, Lermine, Lerablée, Leschappé, Lesormel, Lespine, Lesnu, Lessart, Lescot, Leuret, Leures, Letun, Liel, Lesglantier, Lievon, Lievre, Liemy, Lierre, de Libus, Lindeloix, Lisle, Listre, Lituny, Lizart, Lobin, Loges, Lonc, Loncannay, Logny, Longuenue, Langevin, du Lorieu, Louppes, Lou, Lorret, Lorros, de Loussel, Lucas, Menassin, Magneville, Maisiere, Mailechat, Maillart, Majoré, Maiguy, Malherbe, Mauguimer, Manhugeon, Manzugeon, Mauhurey, Marcel, Martel, Maroeil, de Marsnel, de la Marche, de Mauny, Mauvoisin, de Mauvinet, Medren, Merhan, Meleart, Medrenes, Mene, Merien, Mercier, Mesantais, Mès, Meudon, Meurneures, Meyer, Misonart, Moyne, Mocque, le Moine, Monet, Montmoron, Moncheaux, Mongerois, de Moncergnaut, Monsereau, Monsenaut, Monsonguir, Montener, Mordret, Morel, Morillon, Morin, la Motte, Moulcent, Murdrac, Navigny, des Nez, Neuville, Neval,

Neuven, de Normel, Ocquel, Ogier, Olivier, Oppinel, Orsoy, Orengier, Osmond, Oynel, de Pacy, Pagary, Page, Pain, Paragat, Parent, Parier, Passegant, Payen, Piedouë, Peidelou, Pellerin, Pelistre, S. Peon, Percevot, Perchaux, Perigné, de Perigny, Perles, Perragin, Peronville, Perquenan, Perrin, Peurier, Piedevache, du Pin, Pinel, Pinterville, Plaffraguen, Plequen, du Plesseis, de Pleurs, Plones, Pluer, Plufagar, Plumangar, Pray, Prelay, de Prery, Prigneur, Prestel, Pomble, Pontaynè, Pontbriant, Portevin, Poingneur, St. Pol, Polnié, Pons, Vieux Pont, Porçon, des Portes, Pourcel, Pustoleneec, Quertier, Quebriac, Quedillac, Quelen, Quenneton, Queredrer, Quernas, Querguinion, Querbignon, Querlam, de Querguevilly, Quervigné, Quingnion, Quoetrimel, Ravot, de Rais, Raciere, Ramullier, Regnaut, Regonabet, Remery, Renait, Rian, Richart, la Ride, Rigaut, Rivry, Rolant, la Roche, Rousse, Romelin, Romilliar, Romar, Rosmillart, Ronde, Rossy, Royer, Rouge, Rougier, Roussel, Roux, Roxant, Roy, Rufiart, Rufract, Ruffy, la Salle, de Sains, Salien, Sanay, Santin, Santudes, Sandreville, Santchen, Saras, Sarbaye, Sauvage, Savary, Sebaut, Sedille, Sencé, Seurment, Seville, Seuvilly, Sifren, Simon, Simonnet, Simple,

Sissey, Sombois, Sommet, Songrac, Taillier, Taillandier, de Taucy, Terode, Tessou, Tesson, Texue, Tinel, Tirecoq, Thelen, Thiebaut, Thibaut, Thomassin, Torcé, Torchy, Toufflet, Tournem, la Tour, Tourneur, Tornoy, Torode, Touche, Tracy, Tregarenteuc, Tremereuc, Trendont, Tregrandeul, Tremerant, Tremiel, Treuville, Troitiercou, Tuel, Tuisse, la Vache, Vallée, Valence, Valoigne, Valon, Walsomme, de Vare, Vasseur, de Vaulx, Vautvallier, Vayer, de Vaz, de Vé, le Venour, du Vergier, de Very, Viel, de Viellemer, de Vien, de Villiers, la Vieuville, de Vieux, Villart, Villeis, Villebreme, Villemaire, de Visque, Visdelou, Vitel, Vitré, Voisins, Volence, la Voye, le Voyer.

DESCRIPTION

DU SERVICE FUNÈBRE FAIT EN 1389 EN L'HONNEUR
DE DUGQESCLIN (1).

Jesus-Christ qui a grant poissance,
Vueil tous ceulx de mal garder,
Qui du connestable de France
Monsieur Bertrant orront chanter.
Oyr porront de l'ordenance
Comment le Roy, qu'en doit amer,
Fist faire à Saint Denys en France
Memoire du noble guerrier.

L'an de grace trois cent mille
Et quatre vins et puis neuf ans,
Sept jours en May ne fut pas guile,
Fist de France li roys poissant

---

(1) Extrait d'un poëme fait à cette époque par Guillaume de la Perene, et intitulé : Faits des Bretons en Italie sous le commandement de Silvestre de Budes, un des élèves de Duguesclin en 1378 pendant le pontificat de Grégoire XI, siégeant à Avignon. Le poëme se trouve en entier dans le troisième vol. in-f°, p. 1457 du Père Martenne, *Thesaurus anecdotorum*.

Faire en service mult noble
De Bertrand, qui tant fut vaillant :
Maint roy, main duc, maint comte amblere
Furent au service presans,
    Oncques mes si noble assemblée
Ne fut veue nullement :
Là ot mainte thorche alumée
Et maint cierge certainement,
    Huit destriers, c'est chose prouvée,
Furent en armes noblement,
De Bertrant, qui l'ame ayt sauvée,
Orent les armes plainement.
    Quatre destriers qui en l'église
Furent à l'offrande menez ;
Deus en y ot de telle guise
Comme pour un tournay armez ;
Et les autres deus en la guise
De guerre furent ordenez.
Quatre escuiers plains de franchise
Ot sus com les destriers armez.
    Deus escus y ot pour la guerre,
Et deux auxi pour le tournay,
S'il est nul qui me veuil en guerre,
Qui les portat ; mult bien le say.
Je croy oncques homme sus terre
Ne vit mes ossi bel arroy :
Puis prescha l'Evesque d'Ausserre :

Meis ains de l'offrende diray.

Il y avait quatre bennieres :
Deus pour guerre et deus pour tournay.
Quatre espées nobles et cleres :
Deus d'un et deus d'autre pour vray.
Or vuege conter la matière
De l'offrende sans nul delay.
Là fesaient mainte prière
Pour Bertrant, prince, duc et roy.

Le franc conte de Longueville
Porta le primier des escus,
Freres fut Bertrant sans guile
Dieux recieve s'ame la sus.
Li cons de Dammartin nobile
Fu avec luy, n'en doubte nuls,
Le second escus par saint Gile
Fu porté du seignour Cremus.

Alain de Biaumont sans doubtance
Li porta, et deus chevaliers,
Monsieur Olivier sans failliance
De Maugni y porta le tiers.
Le quart escu par reverance
Fu porté de nobles guerroyers
Maugni, Beaumanoir en presence,
Et le Bègue fesait le tiers.

Puis y fut noblece hautaine,
Quant vint aux espées porter :

Quar le noble duc de Touraine
En porta l'une sans doubter.
Et le comte de, chose est certaine,
De Nevers volt après aler.
Les autres de pensée saine
Allèrent après présenter.
   De Navarre monsieur Pierre
Porta la tierce vrayment,
La quarte presenta grant erre
Henri de Bar certainement.
Je croy qu'ongues en nulle terre
Ne fut plus noble parement,
Qu'il ot pour ceux qui gist en terre,
A qui Dieu fasse sauvement.
   Quatre benoieres sans défaillance
Alaon après présenter,
L'une emporta par reverance
Le Baudrain bien Loy nommer
Trezigindi de Saliance,
Et la seconde volt porter
Le marechal sans défaillance,
Qui Blainville se fait nommer.
   Monsieur Guillaume Desbordes
Avec celluy qui la portait,
Et la tierce portait li Borgnes
De Moubouchet avec estroit
Un escuier qui mult est nobles,

Daugenais et la quarte avoit.
Grantpré, Beaujeu auxi par ordre
Checun son office fesoit.

 Après cela je vous affie,
Furent présenter li cheval,
Le primier je vous certifie
Mena monseignour de la Val,
La Bret en fu en sa compaignie
Cliçon le bon, seignour loyal,
Mena l'aulte quelques nul die
La Marche fut o luy égual.

 Et le tiers destriers sans eloigne
Si fu présenté noblement
Par le noble duc de Bourgogne
Et de Bourbon certoinement.
Le quart destrier sans millissome
Si présenta très-noblement
Duc de Lorraine sans vergoigne
Felipe de Ber ansement.

 Quand l'offrande si fut passée
L'evesque d'Auxerre prêcha,
Là ot mainte lerme plorée
Des paroles qu'il leur recorda.
Quar il conta comment l'espée
Bertran de Glaiequin bien garda,
Et comme en bataille rngée
Pour France grant poine endura.

Les princes fondroint en lermes
Des mots que l'evesque monstroit.
Quar il disoit : Plorez, gens d'armes,
Bertrant qui tres tant vous amoit,
On doit regretter les fez d'armes
Qu'il fist au temps qu'il vivoit.
Dieux ayt pitié sus toutes ames
De la sienne, quar bonne estoit.

Charles li noble roy de France,
Qui Dieux doint vie et bonne fin,
A fait faire tellement de remembrance
Du noble Bertran de Claiquin :
Qu'on doit bien avoir souvenance
Du noble guerrier enterrin
Dieux otroit à s'ame honorance
Et ceuls, où sont li Seraphim. Amen.

EXTRAIT

DU PROCÈS-VERBAL DE LA TRANSLATION DU CŒUR
DU CONNÉTABLE DUGUESCLIN,

DANS L'ÉGLISE PAROISSIALE DE ST.-SAUVEUR DE DINAN.

(Juillet 1810.)

Pour remplir le vœu de S. E. le ministre de l'intérieur (M. de Champagny, duc de Cadore), MM. Raymond Levalier, maire de Dinan, et Charles Neel, sous-préfet de l'arrondissement, ont fait de la manière suivante la translation du cœur de Duguesclin de l'église des Dominicains dans l'église St.-Sauveur.

A cinq heures du matin (9 juillet), le bruit du canon et le son des cloches ont annoncé la cérémonie. Le sous-préfet avait fait dresser dans une salle de son hôtel une chambre ardente représensant une grotte sépulcrale, décorée des armes du connétable et de celles de Typhaine Raguenel, née à Dinan; la Motte-Broons, qui donna le jour à Bertrand, est une des communes de cet arrondissement.

Un autel d'une forme antique surmonté d'une urne cinéraire renfermant le cœur de Duguesclin, était placé au milieu de la grotte. Sur le pourtour on lisait diverses inscriptions, dont la plus remarquable était celle-ci :

Il fut l'épée et le bouclier de la France.

M. le baron Roullé, préfet du département, et M. le baron Caffarelli, évêque de St.-Brieux, n'ont pu assister à la cérémonie, le premier parce qu'il présidait le conseil général, le second à cause de sa tournée dans un point fort éloigné. M. le général Henri Boyer, commandant le département, y a été présent, ainsi que toutes les autorités civiles ainsi que toutes les autres autorités, les officiers retraités, et les membres de la Légion-d'Honneur; les communes environnantes, et une foule de Bretons accourus de tous les points, furent présens à cette solennité.

A dix heures le clergé et les autorités civiles et militaires ont été introduits dans une des salles de l'hôtel; M. le sous-préfet et M. le curé de St.-Sauveur ont prononcé un discours à l'issue duquel le cœur de Bertrand a été placé sur un brancard disposé à cet effet, et le cortège ecclésiastique a ouvert lentement la marche. Le brancard était porté par M. le commandement d'armes et M. de Sevizay, major de dragons. Les coins du poêle étaient tenus par M. de Castellan, ancien brigadier des armées navales, et MM. Janlin, le Masson et Touron, capitaines d'infanterie retraités; d'autres officiers portaient les torches funéraires. Suivaient le commandant du département, les autorités civiles et militaires et les membres de la Légion-d'Honneur. L'escorte se formait de la gendarmerie, des soldats de Douanes, des sous-officiers de recrutement, et de la garde nationale. Les rues étaient couvertes de branches de cyprès. Le cortège s'est dirigé vers la place du Champ; c'est dans ce lieu que, suivant la tradition, Duguesclin vainquit le déloyal Thomas de Cantorberi. Le brancard ayant été déposé sur un autel, le maire a proclamé aussitôt, au bruit de l'artillerie, que cette place porterait désormais le nom du héros. Le cortège a repris ensuite son ordre et s'est rendu à l'église St.-Sauveur; une pyramide étincelante de feux et surmontée d'une urne cinéraire, avait été disposée au-dessous du dôme de la flèche.

Le brancard a été déposé sur l'estrade préparée pour le recevoir; l'on a chanté l'office divin en grand chœur; le curé de St.-Sauveur a célébré la messe. Après l'évangile, le curé de Bédé a prononcé l'oraison funèbre. A l'issue de ce discours l'urne a été portée dans le caveau disposé pour la recevoir. Elle renfermait le cœur du connétable et celui de Tiphaine Raguenel sa femme. On l'a scellée en présence du peuple. Les armoiries du connétable ont été placées dans le vitrail en face du monument; elles venaient de l'église des Dominicains.

(Extrait du procès-verbal communiqué à l'auteur en 1828 par M. Sevoy, sous-préfet de Dinan.)

FIN DE LA 2ᵉ PARTIE DU TOME TROISIÈME.

ERRATA.

1ʳᵉ partie, page 250, ligne 13, *au lieu de :* de la rive gauche de l'Ebre, *lisez :* de la rive gauche de l'Arlençon.

TABLE

DU TROISIÈME VOLUME.

IIe PARTIE.

BERTRAND DUGUESCLIN,

CONNÉTABLE DE FRANCE.

LIVRE IX.

Pag.

Duguesclin est conduit à Bordeaux et resserré dans une étroite prison. — Sa conversation avec le prince Noir. — Il est mis à rançon — Il sort de captivité, et conduit en Espagne une nouvelle armée; il met en déroute celle de don Pèdre devant Tolède; il défait une seconde fois, à la bataille de Montiel, ce prince et les Africains ses alliés. — Mort tragique de Pierre-le-Cruel.   3

LIVRE X.

Duguesclin est rappelé d'Espagne par Charles V, qui le nomme connétable de France. — Bertrand chasse les Anglais du voisinage de Paris, et commence, malgré l'hiver, la belle campagne de 1370. — Il bat les Anglais au combat de Pont-Vallin, détruit en détail une armée de 30,000 hommes, et sauve le royaume d'une nouvelle invasion. 58

LIVRE XI.

Campagne de 1371. — Conquête de l'Aunis.— Conquête de la Rochelle. — Combat de Chizai. — Duguesclin y met en déroute les Anglais et fait rentrer le Poitou sous la domination de la France. 113

LIVRE XII.

Duguesclin passe en Bretagne pour soustraire le duché à la domination anglaise. — Il réduit les principales places.— Il est rappelé, et commence la campagne de 1373. — Le connétable sauve le royaume d'une nouvelle invasion. — Trève de 1373. — Bertrand épouse en secondes noces Jeanne de Laval Tintiniac.—Il paie la rançon du comte de Pembrock. —Mort des deux Edouard. —Campagnes de 1377 et de 1378. —Conquête de la Guienne. — Prise de Bergerac. — Mort de Laugurant, neveu de Bertrand. 153

LIVRE XIII.

Nouvelle guerre de Bretagne.— Montfort rentre dans le duché.—Disgrace de Duguesclin.— Sa mort. 190

FIN DE LA TABLE.

www.ingramcontent.com/pod-product-compliance
Lightning Source LLC
Chambersburg PA
CBHW070831230426
43667CB00011B/1757